创新视角下的高职教育管理

廖伏树　著

光明日报出版社

图书在版编目（CIP）数据

创新视角下的高职教育管理 / 廖伏树著 . -- 北京 : 光明日报出版社 , 2021.5

ISBN 978-7-5194-5996-3

Ⅰ . ①创… Ⅱ . ①廖… Ⅲ . ①高等职业教育—教学管理—研究 Ⅳ . ① G718.5

中国版本图书馆 CIP 数据核字 (2021) 第 077946 号

创新视角下的高职教育管理

CHUANGXIN SHIJIAO XIA DE GAOZHI JIAOYU GUANLI

著　　者：廖伏树

责任编辑：鲍鹏飞　　　　封面设计：黄伟娟

责任校对：张慧芳　　　　责任印制：曹　净

出版发行：光明日报出版社

地　　址：北京市西城区永安路 106 号，100050

电　　话：010-63169890（咨询），010-63161930（邮购）

传　　真：010-63161930

网　　址：http://book.gmw.cn

E － mail：baopf23@yeah.net

法律顾问：北京德恒律师事务所龚柳方律师

印　刷：河北文盛印刷有限公司

装　订：河北文盛印刷有限公司

本书如有破损、缺页、装订错误，请与本社联系调换，电话：010-63161930

开　本：170mm × 240mm

字　数：275 千字　　　　印　张：15.75

版　次：2021 年 5 月第 1 版　　　　印　次：2021 年 5 月第 1 次印刷

书　号：ISBN 978-7-5194-5996-3

定　价：69.00 元

前言 *Preface*

高等职业教育是属于高等层次的职业教育，是一种特殊类型的高等教育。职业教育是现代国民教育体系的重要组成部分，从2014年占据高等教育半壁江山起，高职教育已经从以规模扩张为主的外延式发展转向“质量提升、特色凝练和品牌创建”为主的内涵发展，回归“育人”本质是高职教育发展的必然选择。教育部在2015年颁布的《教育部关于深化职业教育教学改革全面提高人才培养质量的若干意见》的指导思想是：全面贯彻党的教育方针，按照党中央、国务院的决策部署，以立德树人为根本，以服务发展为宗旨，以促进就业为导向，坚持走内涵式发展道路；适应经济发展新常态和技术技能人才成长成才需要，完善产教融合、协同育人机制，创新人才培养模式，构建教学标准体系，健全教学质量管理和保障制度；以增强学生就业创业能力为核心，加强思想道德、人文素养教育和技术技能培养，全面提高人才培养质量。多年来，党和政府制定了一系列发展职业教育的政策、法规，并在财政上给予了大力支持，为职业教育的发展创造了有利条件，使大批职业院校得到了快速、健康的发展。但是，当下，职业教育的主要矛盾，已经转变为人民群众和经济社会对优质职业教育的需要和不平衡不充分的发展之间的矛盾，在充分肯定成绩的同时，也必须看到职业教育发展中还存在很多困难和问题：现实与人民群众和经济社会对优质多样的高职教育与技术技能人才的需求还存在着较大差距；职业教育发展不平衡，办学条件较差，规模、结构、质量和效益还不能很好地适应经济社会发展的需要，特别是职业教育的体制、运行机制中还有一些深层次的问题没有得到解决，妨碍了职业教育管理功能的有效发挥。基于此，编者结合自身高职教育管理的实际工作经验编撰了此书。

本书以创新为视角，分别研究了高职院校系（部）建设、学生管理、师资管理、专业建设、教育实践建设、体制管理、文化建设、科研与就业管理，并对民办高职院校教育管理进行了相关的拓展，以期探求高职教育教学管理的规律与模式，从而为经济社会发展和培养更多的高素质、高技能人才提供理论基础。

目录 Contents

第一章　绪论

高职教育专业培养质量已经成为我国政府和社会关心的教育问题之一，探讨高职教育管理问题是促进我国高职教育健康稳定发展的重要前提。本章将在总结教育管理学相关内容的基础上，探讨高职教育的基本知识，分析高职教育管理的创新。

第一节　教育管理学

教育管理学是研究高职教育质量管理的一门学科。教育管理学的产生和发展，推动了高职教育质量管理理论的产生和不断完善。

一、教育管理学的产生

教育管理学的出现是在把教育管理当作一种专门的研究领域之后才开始的，它的产生有其自身的理论和实践基础。

从实践基础来讲，近代大工业的兴起和生产力的发展导致对教育的极大需求，而对教育的需求又导致公共教育制度的建立。随着公共教育制度的建立，学校规模扩大了，学生入学人数大大增加，教育的投入也相应增加，影响教育的各种因素也随之增加，这样就使得教育管理工作变得复杂起来，加上政府对教育事务及其管理日趋重视，客观上促进了对教育管理进行专门研究的需要。

从理论基础来讲，20 世纪兴起的工业管理理论，为教育管理工作超越原来的经验式管理提供了可能，教育管理者可以借鉴这些理论分析教育管理问题，并逐步形成自身的理论框架。一方面是学校组织本身的发展；另一方面是工业管理理论的兴起和影响，教育管理学由此应运而生。作为一门学科，教育管理学产生于 20 世纪初期，而自20世纪50年代以来，在科学方法的引入下，这门学科逐渐趋于成熟。欧美国家的教育管理学在发展过程中受一般管理理论的影响较大，经历了古典管理理论影响、人际关系理论影响、科层制组织理论影响、行为科学影响等几个阶段。从20世纪初起，作为整个"新学"体系的一部分，我国开始引进国外教育管理方面的学术著作，20世纪20—30年代起一些学者尝试编著符合我国教育管理自身特点的著作，到20世纪80年代，我国的教育管理学获得了较大发展。

二、教育管理学的发展

在相当长的时间内，人类社会的教育管理活动呈现出一种经验管理的形态，即管理者在管理过程中凭借个人或某一团体积累的知识和经验来实施管理。

经验管理所依靠的，主要是个体的亲身感受、直接体验以及传统的习惯定式，因此其局限性是显而易见的。从古代的教学活动到近代教育制度的建立，人们对教育事业的管理基本上属于一种经验模式。教育管理的经验模式，在发展过程中形成了一系列的基本特点：管理者把个人的经验作为教育决策和判断的依据；办教育的水平实际上就代表了教育管理者的经验水平；办学经验始终停留在经验水平层次，难以上升到理论高度，更难以大面积推广；当教育处于较稳定状态时，管理有效，一旦教育发生剧烈变革，管理就会产生困难。

如果说历史上的学校教育事业因其规模有限，采用经验管理的模式尚能奏效的话，那么到了现代大工业社会时代，随着学校教育规模的急剧扩大，入学人数的大量增加，过去的那种经验管理的模式显然已经远远不够。大约从20世纪初起，教育管理开始逐渐由经验管理走向科学管理。促使这种管理形态发生变化的原因有：大众对教育的需求以及随之而来的公共教育制度的建立；现代心理科学的发展，使得人们对人的学习心理和行为特点有了更多的了解；现代实验教育学的兴起，激发了人们把教育作为一项实验来研究的兴趣，科学的方法由此被引进教育研究之中；企业管理理论的崛起，促使教育管理者用企业管理理论和方法思考教育管理问题；民主主义思想的传播，使广大教师对专断式的经验管理方法产生怀疑、抵触的心理；现代教育技术的发展，使管理者有可能借助现代化的技术手段观察和分析教育教学中存在的问题。所有这些因素结合在一起，为教育模式的转型提供了强大的驱动力。

教育的科学管理模式同样也呈现出一些鲜明的特性：管理过程中更看重管理理论的指导作用，不再盲目轻信个体的感受、经验；教育管理的机构层次分明，分工明确，制度健全，职权责一致；管理过程中注意运用调查、统计、测量等自然科学常用的技术手段来分析教育教学中存在的问题；比较注重民主管理的方法，强调参与与决策的重要性；管理的模式具有较大的推广价值；有较强的适应性，既能适应稳定时代的教育事业的管理，也能适应变革时代的教育事业的管理。

教育管理由经验管理发展到科学管理，无疑是一个巨大的进步，完成了一次历史的飞跃，教育的科学管理也因此而比传统的经验管理有着更大的优越性，从而成为当今教育管理的主流。

三、从六方面推进职业教育现代化

2016 年 12 月 12 日，教育部部长陈宝生在教育部与福建省政府在福州联合召开的现代职业教育发展推进会上表示，职业教育为经济升级铺路，为脱贫攻坚助力，为人的成长筑基，不仅是生产，也是生活，关系到国家发展的大局，与每个人都息息相关。职业教育一端要瞄准产业，一端要瞄准学生，深化体制机制改革，坚决啃下硬骨头，为打造技术技能强国、全面建成小康社会做出应有贡献。

陈宝生用六个关键词对职业教育发展提出了明确要求：

一是要让职业教育“香”起来。要持续不断地宣传职业教育在经济社会发展中的特殊地位，对培养多元化人才的重要作用，积极转变成才观念，为职业教育发展提供思想前提，创造良好环境。

二是要让职业教育“亮”起来。要牢固树立质量意识，将质量意识贯穿教学、管理和人才培养中，让高质量的毕业生成为职业教育的品牌和代言人。

三是要让职业教育“忙”起来。有市场就门庭若市，没市场就门可罗雀，要通过抓住经济转型升级和供给侧结构性改革的契机，积极调整专业结构，对接产业链需要，适应市场需求。

四是要让职业教育“强”起来。通过把学校建在开发区里，把学科建在产业链上，下功夫培育职业教育发展后劲，不为升格、不图虚名，实现职业院校在专业、管理、特色上的全面成长。

五是要让职业教育“活”起来。要贯彻好《职业教育法》和《民办教育促进法》，推进放、管、服改革，落实省级统筹权和职业院校办学自主权，为职业教育提供更大政策支持。

六是要让职业教育“特”起来。要把职业教育打造成“名优土特产品”，培养一批名师，提供优质教学，服务区域经济社会发展，实现专业、技能、教学方法各方面特色发展，推进产学结合，把职业教育打造成闪光品牌。

六个方面形象生动的明确要求，角度独特，内涵丰富，脉络清晰，言近旨远，是加强职业教育和教师工作的纲领性文献，是推进职业教育改革发展的行动指南。

四、《职教 20 条》及其意义

2019 年 2 月，国务院出台了《国家职业教育改革实施方案》（简称《职教 20 条》），对深化职业教育改革做出重要部署。《职教 20 条》针对一些多年来未解决的困扰，甚至是阻碍职业教育发展的关键性、核心性问题，提出了一系列突破性的解决方案，具有划时代和里程碑意义。

（一）职业教育地位有重大突破

多年来，我国的职业教育一直处于参照普通教育办学的状态，从专业设置、课程设置，到师资配备都在模仿普通教育办学，学科属性明显，职业属性不足。《职教 20 条》开篇第一句话就明确提出："职业教育与普通教育是两种不同类型的教育，具有同等重要的地位。在改革发展目标中再次重申，职业教育要由参照普通教育办学模式向企业社会参与、专业特色鲜明的类型教育转变。"这宣告着多年来我国职业教育参照普通教育办学的历史将终结，职业教育是二流教育的形象将逐渐改观，地位将得到极大提升。

（二）职业教育国家标准有重大突破

没有标准就没有质量。近年来，教育部联合行业企业先后发布了一系列职业教育标准，对于提升教育质量发挥了积极作用。《职教 20 条》提出，要构建职业教育国家标准，持续更新并推进专业目录、专业教学标准、课程标准、顶岗实习标准、实训条件建设标准（仪器设备配备规范）建设和在职业院校落地实施。这意味着我国职业教育将全面进入国家标准时代，职业教育质量将得到极大提升。

（三）双师型师资队伍有重大突破

双师型师资队伍是职业教育质量的根本保证。据统计，目前我国中职学校双师型教师占比达到 31.5%，高职院校"双师型"教师占比达到 39.7%。但总体而言，真正具备双师素质的教师还不够充足。《职教 20 条》提出："从 2019 年起，职业院校、应用型本科高校相关专业教师原则上从具有 3 年以上企业工作经历并具有高职以上学历的人员中公开招聘，特殊高技能人才（含具有高级技工以上职业资格人员）可适当放宽学历要求，2020 年起基本不再从应届毕业生中招聘。"这意味着以往职业学校在"黑板上种田"的时代将彻底终结，实践课教师短缺的局面将逐渐破解，职业教育将开启真正的“双师型”师资时代。

（四）校企合作有重大突破

产教融合、校企合作是职业教育的核心和关键环节。但多年来，“校热企冷”的问题一直没有得到根治，合作效果始终不尽如人意。《职教 20 条》提出：“在开展国家产教融合建设试点基础上，建立产教融合型企业认证制度，对进入目录的产教融合型企业给予金融 + 财政 + 土地 + 信用的组合式激励，并按规定落实相关税收政策。”这意味着多年来我国职业院校“投亲靠友”寻找合作企业的时代将逐渐终结，“校热企冷”的局面将逐渐被打破，多年困扰职业院校的“非制度性”校企合作状态逐渐破冰。

（五）毕业生待遇有重大突破

初高中生升学选择院校类型和专业的重要依据是毕业后能够有较丰厚的收入和较高的社会地位。20 世纪 80 年代，之所以有许多高中毕业生争相报考中等职业学校，原因在于考上中等职业学校就成为国家干部，农村户口的学生可以转为城镇户口。近年来，尽管职业院校毕业生就业情况良好，但由于所从事的职业与许多普通高校毕业生相比待遇不好，且工作环境不理想，社会地位也不高，因此，职业院校吸引力不足，已成为不争的事实。

《职教 20 条》提出：要“提高技术技能人才待遇水平”，鼓励企业职务职级晋升和工资分配向关键岗位、生产一线岗位和紧缺急需的高层次、高技能人才倾斜，积极推动职业院校毕业生在落户、就业、参加机关事业单位招聘、职称评审、职级晋升等方面与普通高校毕业生享受同等待遇。逐步提高技术技能人才特别是技术工人的收入水平和地位。机关和企事业单位招用人员不得歧视职业院校毕业生。这意味着职业教育的吸引力将逐步增强。

（六）一专多能有重大突破

提倡一专多能，还是提倡专业化，是世界各国职业教育都面临的艰难选择。不过，从人的全面发展或者解决结构性就业矛盾的层面来说，“一专多能”无疑是职业教育的理想选择。近年来，无论是国家层面，还是地方乃至职业学校层面，为缓解结构性就业压力，都在提倡和推动职业学校学生考取职业资格证书，但缺乏国家层面的制度安排。《职教 20 条》提出：将“启动 1+X 证书制度试点工作”，鼓励职业院校学生在获得学历证书的同时，积极取得多类职业技能等级证书，拓展就业创业本领，缓解结构性就业矛盾。这意味着在 1+X 制度框架下，职业院校学生的综合素质将得到极大提升，全面发展的“一专多能”时代即将来临，结构性就业矛盾将逐步得到缓解。

第二节　高职教育的基本知识

什么是高职教育？高职教育具有哪些特点？高职教育在整个教育系统和社会经济中的地位与作用如何？高职教育与其他教育和社会经济如何协调发展？这是研究高职教育专业质量保障问题首先必须要解决的最基本的理论问题。

一、高职教育的内涵

（一）高职教育的产生及发展

中国职业教育体制确立于清光绪二十八年（1902）的《钦定学堂章程》。当时把实施职业教育的学堂叫实业学堂。实业学堂分三级，简易实业学堂修业 3 年，中等实业学堂及高等实业学堂各修业 4 年。1913 年中华民国政府公布《实业学堂令》，规定此类学校以教授农、工、商必需知识技能为目的。随后又公布了《实业学校规程》，分实业学校为农业、工业、商业、商船及补习学校数种。

1912 年 12 月 22 日，民国政府教育部又公布《专门学校令》，把高等实业学堂称为“专门学校”，以教授高等学术，培养专门人才为宗旨。1917 年 5 月，教育界和实业界的黄炎培等 48 人在上海发起创办中华职业教育社，将实业教育正式改名为职业教育。由此可见，当时的高等实业学堂相当于现在的高职院校。

随着民族工业的不断发展，中国需要大批技术人员，不少资产阶级民主派教育家在清末实业教育的基础上，以“实用主义”教育思想为指导，提倡职业教育，从而使高职教育得到了相应的发展。至1925年，全国共有开设专修科的大学共67所。1929 年，中国国民政府颁布了《大学组织法》和《专科学校组织法》，规定专科学校以“教授应用科学，培养技术人才”为宗旨。

我国现代高职教育的前身是产生于 20 世纪 70 年代末的职业大学。1980 年，我国第一所现代高职学院——金陵职业大学在南京成立，标志着我国现代高职教育的产生。同年，教育部又批准建立了 13 所职业大学。到 20 世纪 90 年代末期，我国高职教育进入了大发展阶段，1999 年全国独立设置的高职院校多达 161 所，名称也改为“高等技术学院”或“职业技术学院”。2000 年高职学院增至 184 所，2001 年增至 386 所。2002—2007 年的五年期间，我国普通本专科招生数年均增长 25.82%，在校生年均增长 25.60%；普通本科招生数年均增长 24.20%，在校生年均增长 21.80%；高职教育招生数年均增长速度 36.50%，在校生年均增长 33.75%。

2012—2019 年，我国职业在线教育市场规模增长迅速，从 181.2 亿元达到 806.4 亿元，年复合增长率达 23.77%。根据《质量年报》数据，2018 年，全国共有 285 所高职院校全日制在校生人数超过 1 万人（其中 8 所院校超过 2 万人），490 所高职院校在校生人数在 5000 ~ 1 万人，403 所高职院校在校生人数低于 5000 人（其中 37 所高职院校在校生人数低于 1000 人）。

高职教育是我国高等教育体系的重要组成部分，也是我国职业教育的重要组成部分。高职教育与其他类型的普通高等教育既有联系，又有区别，高职教育既属于高等教育的范畴，又具有职业教育的属性。

职业教育是“以服务社会主义现代化建设为宗旨，培养数以亿计的高素质劳动者和数以千万计的高技能专门人才”为目标。根据联合国教科文组织 1997 年修订的《国际教育标准分类》，高职教育属于高等教育的第五层次 B 类教育。高职教育主要培养“高技能专门人才”，也就是以培养技术型人才为主的高等教育。

高职教育最本质的特征可以归纳为三个主要的方面：

1. 高职教育的培养目标是“高技能专门人才”，属于技术型人才范围，培养在生产一线或工作现场从事为社会谋取直接利益的工作，能够直接生产社会物质产品和服务产品（区别于学术型人才和工程型人才）的高级技术人才。

2. 高职教育培养的人才应具有形成技术应用能力所必需的基础理论知识和专业知识，具有较强的综合运用各种知识和技能解决现场实际问题的能力，具有相当多的智力含量，不是简单的技能操作（区别于技能型人才）。

3. 高职教育培养的是知识、能力、情感等均衡发展的，具有创新精神、终身学习能力和可持续发展的高技能专门人才。高职教育的其他特性都是围绕着这个本质而产生的，并为这个本质所制约。

（二）高职教育的概念

界定概念是为了明确概念所反映的事物的本质属性，以便明确事物本身及与事物本身相近或相关的其他事物的区别。笔者根据逻辑学给概念下定义的一般法则，对高职教育的概念进行界定。按照逻辑学法则，给概念下定义时通常要注意两点：一是选准其邻近的“属”，即涵盖范围比自身更广且同它最接近的上位概念；二是要确定其“种差”，即该概念区别于同一属下其他概念的限制性条件。

首先是要选准其“属”，解决“类型”问题。“高职教育”这个概念具有双重属性，即既具有高等性，又具有职业性。“高职教育”属于“高等教育”的范畴。所谓高等教育，是指中等教育以上程度的各种教育。同时，高职教育具有职业性，隶属于职业教育范畴，是以职业能力培养为主要目标的高等教育。因此，高职教育与中等职业教育培养目标相比具有“高等性”，与高等普通教育培养目标相比具有“职业性”。

其次是要确定“种差”，解决“层次”问题。要明确高职教育概念的种差，解决其层次问题，关键是要选定一种合适的依据来对其相关层次进行科学的划分，使得该属下的所有概念之间既无重叠部分，又包括所有组成部分。根据国家对职业教育的划分，职业教育分为初等、中等和高等职业教育，分别对应初等教育、中等教育、高等教育。高职教育是职业教育的最高层次，包括专科、本科、硕士、博士层次的职业教育，但专科层次的高职院校数量最多，也是培养我国高技能人才的主战场。

综上所述，高职教育可以界定为：高职教育是由高职院校实施的，旨在培养以职业能力为本位、以技术型（或高技能）人才为培养目标，具有一定的基础理论知识、专业知识、创新精神、终身学习能力和良好情操的可持续发展的高技术专门人才的高等教育。

二、高职教育的特点

高职教育在人才培养目标上有其自身的特点，主要包括高等性、职业性、实践性、区域性和开放性等几个方面。

（一）高职教育的高等性特点

高职教育属于高等教育范畴，高等性是高职教育培养目标定位的基准。因此，高职教育课程设置要具有高等教育的知识水平，与中等职业教育相比，高职教育专业基础理论应该更深，使学生掌握相当多的理论知识，并具有发展潜能和创新能力。

（二）高职教育的职业性特点

高职教育与普通高等教育的最大区别在于它的职业性。职业性是高职教育培养目标定位的内涵。高职教育是按照社会职业需要设置相应的专业，学生入学就明确了职业方向，入学后通过必备的科学文化知识、专业理论知识和职业所需的技能学习，学生不仅要获得毕业文凭，而且还要取得国家已建立的代表其职业能力和技术水平的职业资格证书或技术等级证书,使其毕业时能够胜任较高技术要求的岗位，直接从事专业对应的岗位。

（三）高职教育的实践性特点

中国职教学会学术委员会副主任、职业教育学博士生导师刘春生认为，高职教育的实践性主要表现在课程设置和实践能力的培养两个方面。在课程设置上，高职教学实习课程所占的比例远远高于普通教育，并且强调理论与实践并行，知识与技能并重；在教学方法上，它比普通教育更强调教育与生产劳动相结合，强调“手脑并用”与“学做合一”；同时，由于高职教育培养的是一线高级技术工人，他们具有相对完整的实践能力和理论知识。因此，他们所受的教育必然带有突出的实践性特点。

（四）高职教育的区域性特点

区域性是高职教育培养目标定位的地方特色。区域经济的结构性和发展的不平衡性决定了高职教育具有区域性特点，决定了不同地区所需要的“专才”能力结构应是不一样的。从区域经济的结构性来讲，不同地区的资源状况、产业结构、开发方向等是不一样的；从区域经济发展的不平衡性来讲，不同地区的经济基础、生产力水平是不一样的，这就决定了不同地区所需要的“专才”岗位结构是不一样的。因此，高职教育应根据区域经济的特点设置专业。

（五）高职教育的开放性特点

与其他类型的普通高等教育相比，高职教育更需要开放办学，它以市场需求为导向，以行业、企业为依托，通过走产、学合作，校企结合之路，面向社会，依靠企业，被社会所接纳，为企业服务，成为社会经济发展的生力军。主要表现在：高职教育包括职前、在职、转职、晋职的多元职业教育与培训体系；包括专科层次、本科层次、硕士层次、博士层次协调并存的多种教育层次；具有全日制、半全日制、业余方式共存的灵活的人才培养形式；具有人才培养、技术服务、经济创收并行的多种职能；培养学生的方式是通过工学结合、校企结合等方式进行的；实习实训基地、实验设备、师资等资源是共享的；高职教育是通过市场需求来确定人才培养的类型和规模的。

三、高职教育的功能

人才培养、科学研究和服务社会是高等教育的功能，高职教育既具有高等教育特征，又具有职业教育特征。高职教育的主要功能可以概括为以下几个主要的方面：

（一）培养高技能专门人才

以市场职业需求为导向，培养高技能专门人才是高职教育和普通高等教育的显著区别。高职教育强调以培养学生高级专门技能为核心，它以职业岗位群的需要为依据制订教学计划，在进行职业能力分析的基础上，构建学生的知识能力和素质结构。并且职业知识和职业能力的提高，主要着眼于产业结构和产品结构的调整，通过不断更新教学内容、调整课程结构培养学生掌握新设备、新技术的能力，使毕业生具有适应性强的职业特点。同时，高职教育培养的是将设计、规划、决策变为物质形态的产品或对社会运行产生具体作用的技术型人才，工作场合是基层部门、生产一线和工作现场，工作内涵是将成熟的技术和管理规范转变为现实的生产和服务。

（二）服务于地方经济的发展

高职院校是根据地方的社会、经济、文化教育、人口等因素来办学的，其出发点和落脚点主要是为地方经济建设服务，其专业设置、课程内容、服务项目都密切适应地方和行业需要，突出体现服务于地方和行业的特征。其社会区域经济服务功能主要表现在为区域经济造就高素质技术型人才、传递和再生产科学技术、发展知识产业和营构市场经济软环境等多个方面。

（三）开发和探索实用新技术

高职教育通过为企业培养人才，加深了高职院校对企业的了解。企业在生存与发展过程中，需要不断地使用新技术与新工艺。这些新技术和新工艺既可以由企业自身研制完成，也可以与其他部门共同完成。高职教育面向生产一线，可以凭借天然的优势和较强的技术开发能力为企业进行实用新技术的开发。

四、高职教育的地位与作用

（一）高职教育在教育系统中的地位和作用

1. 高职教育在教育系统中的地位

高职教育是职业教育的最高层次，它隶属于高等教育子系统，是整个教育系统的重要组成部分。按照系统的可分性思想，教育系统从纵向可以分成三个阶段，横向可以分成三大类型。从纵向阶段来说，教育系统可分成初等教育、中等教育和高等教育；从横向来说，教育系统可以分成普通教育、职业教育和成人教育三大类型。为了更好地对高职教育进行分析，本书将高职教育从普通高等教育中分离出来，这样高等教育就包括高职教育、普通高等教育和成人高等教育三大类型。

高等教育是教育系统中最复杂的子系统，高职教育、普通高等教育和成人高等教育各类型都包括专科、本科和研究生三个层次，高职教育和普通高等教育又可以进一步分成专科、本科、硕士和博士四个层次。高职教育以中等教育（含中等职业教育和普通高等教育）为基础，在掌握一定的文化基础知识（或一定技能）的基础上，中等学校的毕业生通过选拔考试方式进入高等职业院校学习。高职学生既学习高等教育的知识，又学习高级专门技术。

2. 高职教育在教育系统中的作用

教育肩负着培养社会需要的各级各类人才的重要任务。正确认识高职教育在整个教育系统中的作用，首先需要了解教育的培养类型。不同的人才类型具有不同的社会功能；不同的社会功能，要求不同的人才智能结构；不同智能结构的人才，要求有不同的教学内容及其相应的课程体系，因而决定了不同教育类型的不同人才培养规格。教育的性质是由其培养的人才的性质决定的，不同的教育形式最根本的差别在于其培养的人才的差异性。教育形式的不同，实际上就是培养目标的差异。对教育性质的判断，实际上就是对培养目标的解析。

学术界在教育培养人才的类型问题上已经基本上达成共识，即教育可以培养四类人才：学术型人才、工程型人才、技术型人才和技能型人才。其中普通高等教育主要培养学术型和工程型人才，而职业教育主要培养技术型和技能型人才。社会需要的人才类型，从本质上说，是由不同的社会需要所决定的。在科学原理（客观规律）转化成为社会直接利益的过程中，存在着两个转化：一个是科学原理演变为工程（或产品）设计、工作规划、运行决策；另一个是将工程原理应用于实践从而转化为工程、产品等物质形态。两个转化需要两大类人才：一类是发现和研究客观规律的人才；另一类是应用客观规律为社会谋取直接利益的人才。前者是学术型人才，后者是应用型人才（包括工程型人才、技术型人才和技能型人才）。整个教育系统可以培养出上述四类人才。

技术型和技能型人才主要指根据工程型人才设计出来的图纸、计划、方案等进行操作或运作，使之成为现实的生产力、可以直接应用的社会成果的人才。技术型人才和技能型人才都是指在生产第一线或工作现场从事为社会谋取直接利益的工作，只有经过他们的努力才能使工程型人才的设计、规划、决策变换成物质形态或者对社会产生具体作用。两者的区别在于所含的智力成分不同，智力含量的多寡是决定其是技术型人才还是技能型人才的依据，但没有严格的界限。

综上所述，高职教育主要培养上述四种人才中的技术型人才，是教育系统中的重要组成部分。

（二）高职教育在社会经济系统中的地位和作用

1. 高职教育在社会经济系统中的地位

在重视教育发展的国际社会中，教育和经济发展具有很高的相关性。将教育和就业融为一体，把青年教育培训与就业紧密地联系起来，使教育和培训成为推进国家经济增长的动力和降低失业率的最好的方式。中国经济的发展，从产业结构上看，正由传统产业向高科技产业转变；从合作领域上看，正由国内的舞台向国际化的舞台转变；从企业规模上看，正由单一化向多元化转变；从劳动力需求上看，正从劳动力的成本优势向劳动力的素质优势转变。

中国当前最紧缺的人才是尖端人才和高技能人才。高职教育是培养高技能人才的主战场。可见，高职教育在社会经济发展中占有不可取代的重要地位。

首先，随着中国经济的高速增长，中国正在继欧洲、美国、日本之后，向世界制造业的中心迈进。中国经济体制改革研究基金会秘书长、北京大学经济学教授樊纲认为，中国不仅必须成为世界工厂，而且能够成为世界工厂。原国家发展和改革委员会宏观经济研究院副院长、中国社会科学院研究生院投资系博士生导师刘福垣认为：世界上很多国家在全球经济一体化过程中都在千方百计地发展自己的经济，都在力争提高自己在世界制造业中的份额。美国、欧洲、日本已经是世界制造业的中心之一，改革开放以来，中国制造业增长是全球最快的。由于中国制造业发展水平高于世界平均水平，中国制造业在全球市场中的份额呈不断增长态势。从1990年至2006年的16年间，中国从占世界制造业增加值的4.1%上升到9.5%，表明中国制造业日益成为世界制造业的新生力量，已经在世界制造业中名列前茅。

其次，高速增长的中国经济需要数以千万计的高级技术人才。世界制造业中心的形成不仅要靠政治、经济等外部条件，而且更需要大批技术工人、技师和高级技师。我国目前技术工人和技师占产业工人的比例以及质量与发达国家相比还有很大差距。以软件行业为例，高级工人缺口高达42万人，这与我国经济社会的发展需要是极不相称的。诚然，我们可以通过人才引进的方式解决少数尖端人才紧缺的问题，但大批技术人才只有立足本土进行培养才能满足经济社会发展的需要。

最后，高职教育是培养高级技术人才（高级工）的主战场。技术型人才对应国家职业资格等级中的二级，即高级工。这一层次的人才培养主要通过高职教育来完成，高职教育之所以培养这一人才是由高职教育的目标及特点决定的。高职教育的培养目标是培养适应生产、建设、管理、服务一线需要的高等技术应用型人才，这就规定了高职教育的双重属性，既具有高等教育的一般属性，又具有职业教育的特殊属性；既是一个教育的层次，又是与普通教育互为补充的教育类型；既具有教育事业的育人成才的共性功能，又具有其他各高等教育不可替代的职业教育功能。

2. 高职教育在社会经济系统中的作用

高职教育不仅负有适应经济社会发展的职责，而且肩负有通过培养创新型人才引领经济社会发展的使命。前者是显性的，是创立高职教育的出发点，是高职教育的主要功能；后者是隐性的，将随着经济社会的发展逐渐显现出来，它既能体现教育的本质特征，又能凸显自身教学特色的生命力之所在。高职教育在经济发展中的作用主要表现在以下几个方面：首先是为经济发展提供高技能人才支撑，从而促进社会经济的发展。早在19世纪60年代，英国就形成了如下共识：英国要维持在世界上的领先地位，越来越依赖自身技术和技能水平的提高。职业教育担负着把可能的劳动力转化为社会需要的现实高素质劳动者的任务，高职教育的主要任务就是为地方经济建设和社会发展需要培养大批高级技术应用型人才。这种人才是生产分工中的重要阶层，在生产过程中起着纽带和环节的作用，既是技术骨干，又是生产现场的灵魂。高职院校培养的人才通过两种转换促进经济的发展：最初，高职教育以劳动力为载体，通过劳动力培训，把生产过程中的工作岗位所需的知识技能等转移到劳动力身上；然后，劳动力通过职业培训，根据社会需求，到相应的工作岗位就业，实现生产过程中的人的因素与物的因素的结合；最后，劳动力通过劳动，把储存在他们身上的知识、技能发挥出来，生产出经济效益，发挥出职业技术教育的经济功能。

其次是为技术革命提供创造基地，从而推动社会经济的发展。高职院校具有一批技术人才和较为先进的实验设备，是一个能参与技术创新、技术交流、技术转化和技术贸易的基地。一方面可以把自己的科研成果、发明创造、先进工艺、先进技术通过技术市场转化为生产力，推动区域经济的发展；另一方面，还可以根据区域经济发展的科技需要调整自己的科技方向和科研计划，使之更符合区域经济和社会发展的需要，产生更大的经济效益和社会效益。同时，高职院校还可以利用人才优势，接受企业的委托，或者主动和企业的工程技术人员合作，对企业生产经营中遇到的难题进行研究、开发和解决，使学校和企业科技人才相互渗透，推动企业的发展，增强区域经济发展的活力。高职院校还可以充分利用各种软科学研究，走进信息市场，为政府特别是企事业单位的发展规划重大建设工程及技术攻关项目提供咨询、参谋和决策意见，更好地推动区域社会经济的发展。

五、高职教育的协调发展

（一）高职教育与教育的协调发展

1. 高职教育与中等教育的协调发展

职业教育是建立在基础教育之上的技术性教育。职业教育又分为初等职业教育、中等职业教育和高等职业教育三大层次，其中高等职业教育是建立在中等职业教育和普通高等教育的基础之上的，其规模和质量受中等教育的制约。教育系统是社会大系统的子系统。由于我国幅员辽阔，人口众多，各地区的社会经济发展水平不尽相同。因此，各地应根据本地区的社会经济发展水平、教育的普及程度以及专门人才的需求情况，有计划地实施小学后、初中后、高中后的教育分流，相应地发展从初等到高等的职业教育和各种形式的职业培训，以适应社会经济发展和不同层次人才的需要，做到初、中、高等职业教育之间结构比例的合理与协调发展。从系统平衡来说，高职教育的层次构成必须放在整个教育层次构成的总体中进行，建立中等教育与高职教育相互衔接、相互沟通的教育模式。

2. 高职教育与普通高等教育的协调发展

社会经济的发展需要不同类型、不同层次的人才。对于高层次人才需求来说，社会需要学术型、工程型和技术型三种人才，普通高等教育培养前两种人才，技术型人才主要通过高职教育来培养。学术型教育追求建立深厚的理论功底，培养从事理论研究的高级人才。工程型教育培养开发、设计型人才。而技术型教育则注重培养解决实务性问题的能力。社会对于这三类人才的需求从理论上讲呈现三角形，即学术型人才较少，工程型人才较多，技术型人才最多。

教育系统是整个社会大系统中的一个子系统，而普通高等教育与高职教育是这个系统中两个既相交又互补的子系统。在知识经济时代，这个核心系统已成为整个社会大系统发展和前进的动力，社会大系统围绕由普通高等教育和高职教育构成的核心系统运转。高职教育与其他普通高等教育的协调发展将有利于社会经济的协调发展，是构成整个教育系统，乃至整个社会系统健康发展的基础。

3. 高职教育数量与质量的协调发展

衡量高职教育的发展数量与质量是否合理是一个系统而复杂的问题。我国现代高职教育经过 20 多年的大力发展，已经初具规模。与此同时，高职教育的质量开始受到人们的广泛关注，高职教育应该从注重数量发展转向注重质量发展，也就是要追求数量与质量的协调发展。

高职教育质量既包括人才培养的结果，也包括人才培养的全过程，因而高职教育的质量观也应有所不同。“一技之长”的人才培养目标不是评价高职教育质量的唯一标准，“为经济建设服务”不是高职教育的主要目的，毕业生能适应市场需求也涵盖不了高职教育质量的全部内容。高职教育质量应该是一个多层面、高层次的概念，它不仅包括上述各个方面，还应包括高职毕业生的综合素质；既包括促进学生个体全面发展的功能，也包括高职学校的所有教育教学活动，如教学与科研活动、社区技术推广与服务活动等。

数量与质量是相互依存的，一定规模的教育只有在高质量的保障下才能实现可持续发展，也只有在规模与质量协调发展的前提下才能充分发挥高职教育的社会效益和经济效益。要在满足质量的前提下，求得数量的发展，使数量和质量满足社会发展的需求。因此，高职教育的发展必须是有质量的数量增长和有数量的质量增长的有机统一。

4. 高职教育自身的协调发展

职业教育是整个教育系统中的一个子系统，是教育体系的一个类型。它既建立在基础教育之上，又同普通教育一样可分为多个层次。从教育自身来说，高职教育的发展规模既有与其他教育类型的合理配比问题，也有自身的层次比例问题。高职教育作为一种教育类型，和普通教育、成人教育并存。随着社会对高级技术人才需求量的持续上升，并且要求他们所掌握的知识、技术和能力更高，各类技术人才的学历层次已经进一步提高。高职教育不是“专科层次”的“终结性”教育，而是包括专科、本科、硕士、博士四个层次的高等职业教育。因此，高职教育自身应建立四个层次的协调发展，依托社会经济、市场和行业需求，发挥高职教育与职业培训相互延伸的特点，使高职学历教育与职业资格证书并举，形成多种形式、多种层次的办学机制，并使初等、中等、高等职业教育相互衔接、相互沟通，构建以职业教育为核心的终身教育体系。

（二）高职教育与区域经济的协调发展

1. 高职教育与社会经济发展的辩证关系

高职教育与经济发展和科技进步有着直接的紧密的关系。高职教育的发展，不仅会直接或间接地推动经济发展和科技进步，同时高职教育的发展也会受到一定历史阶段的经济发展水平、科技进步程度的制约。两方面协调地发展，必将会促进高职教育与经济、科技发展的良性循环和相互推进；如果两方面失去协调，则可能相互受阻，滞缓发展，造成资源浪费。在一定的历史时期，任何一类教育的衰落都将影响教育的全局，最终必将损害教育整体对经济社会发展需求的适应能力。可见，高职教育的发展必须符合与社会经济协调发展的要求。

高职教育与区域经济相互依存共生的关系表明：高职教育受经济与教育两大规律的制约，高职教育既要满足经济发展的要求，又要充分发展自身。高职教育要根据经济发展需要进行专业结构调整，目的是使高职专业结构与本地区的产业结构和经济发展格局相匹配，使高职教育所培养的人才在数量、质量，特别是在专业类型及知识结构等方面最大化地满足社会经济发展的需求。因此，高职教育要从市场经济需求出发，做到学校教育结构与区域经济结构相统一，对于人才培养的数量和类型要通过市场需求来确定。高职教育要遵循教育规律，充分体现区域性、多样性和灵活性特点。区域性是指高职院校依据学校所在地的特点，并根据自身的优势设置特色专业，以提升学生质量；多样性是指市场经济是多方面的，适应它需要的高职教育应该是多层次的，包括学历教育和短期培训等形式；灵活性是指高职教育的环境适应性，即高职院校在专业设置、人才培养数量、规格上要随着区域经济的发展变化而变化，只有这样，高职教育与区域经济才能实现协调可持续发展。

2. 区域经济综合实力是高职教育发展的物质保障

首先，在社会经济与职业教育的关系中，社会经济发展影响并决定着职业教育的产生和发展的规模结构和水平，同时也决定了高职教育的发展速度。区域经济发展状况决定社会为高职教育提供多少社会剩余产品，提供多少受教育的对象。社会经济总量水平使区域教育投入存在明显的差异。同时，区域经济发展的状况影响就业率。调查表明，经济发达地区对高职毕业生的需求大于经济欠发达地区。依据对 2006 年 12 月底高职高专院校毕业生就业率统计，新疆高职毕业生就业率为 63.5%，四川为 66.2%，安徽为 67.6%，而福建则为 82．14%，北京为 88.5%，广东为 89.1%。可见，经济的发展是高职教育就业率提高的基础。

其次，区域产业结构决定了高职教育的专业结构。不同地区的产业特点对劳动力的类型结构有不同的要求，区域产业结构变动和发展趋势及其对劳动力类型的需求结构对高职学校的专业设置有着直接的影响。劳动力需求结构反映了产业结构对劳动力的需要，高职院校培养人才的类型不仅要反映区域内劳动力的构成状况，也要反映区域内劳动力的供给结构状况。

最后，区域技术结构决定了高职教育的层次结构。区域技术结构的变动和发展及其对劳动力层次的需求直接影响高职学校培养人才的层次。我国各地、各产业间技术构成水平发展很不平衡，既有先进的产业和企业，也有技术水平十分落后的地区、产业和企业，因此，高职教育必然是多层次的。就我国的现实情况而言，高职教育发展的主体是专科层次。而在发达地区，由于职业岗位在技术水平上的分化，使岗位技术难度加大，岗位技术层次高移，导致岗位技术成分的提升和劳动内涵的丰富。为满足本地区经济发展对人才类型、层次的需求，高职教育培养的技术型人才必须向本科甚至研究生层次延伸。

3. 高职教育的发展对社会经济增长的能动作用

首先，高职教育发展对社会经济具有促进作用。人力资本理论认为，教育可以通过提高劳动生产率促进经济的增长。人力资本理论创始人、美国经济学家舒尔茨在《教育和经济增长》（1961）一文中，对美国 1929—1957 年教育投资增量的收益率进行了测算，发现 1957 年美国教育对国民经济增长的贡献率为 33%。另一位美国经济学家丹尼森用不同于舒尔茨的计算方法得出，美国1929—1957年教育对国民收入增长的贡献率为35.3%。

人力资本理论自提出以来，许多经济学家运用各种方法对教育的经济作用进行了实证分析。迄今为止，国内外许多学者都认为，教育对于国家中长期经济增长有促进作用。20世纪80年代，美国经济学家罗默、卢卡斯等人提出了“新增长理论”，将知识和技术看作经济增长的内生变量，并认为通过教育和培训获得特殊知识和专业化的人力资本是经济增长的主要因素。它们不仅可以使自身获得收益，而且能够促进其他要素收益的增长，从而保证长期的经济增长。罗默的经济增长模型说明，拥有大量人力资本的区域会取得较快的经济增长速度，人力资本水平低下是欠发达地区区域经济增长速度较慢的主要原因。世界发达国家的经验表明，经济发展迅猛的深层次原因，主要是中等教育和高等教育的加速发展，从而产生了高素质的劳动力。高职教育是区域经济发展的第一推动力。例如，2004年科技进步对江苏工业、农业经济增长的贡献率分别为45.0%和58.2%，其中有10%左右来自职业教育培养的毕业生的贡献。随着我国经济增长方式实现从外延式到内涵式的转变，高职教育对经济增长的作用也越来越明显。其次，高职教育的发展对社会经济发展具有制约作用。高职教育的良性发展对社会经济发展具有推动作用。反之，如果高职教育的规模、结构、质量和速度不符合社会需求，高职教育的发展将会制约社会经济的发展。高职教育层次结构的调整和完善应遵循系统平衡原则和供求平衡原则。从供求方面来看，高职教育的规模、结构、质量和速度，必须与经济和社会发展对高职教育的巨大需求与有限供给、人民群众对高职教育的巨大需求与庞大人口教育群的制约、高职教育对经济的巨大需求与有限的承受能力等多种因素进行综合考虑，以实现宏观教育总量的供需平衡。如果高职教育的规模超出了社会的需求，就很容易造成人力资源的浪费，归根结底是社会物质资源的浪费；如果高职教育的规模小于社会的需求，高职教育为社会提供的人才就不能满足社会需要，势必影响和制约社会经济的发展；如果高职教育的结构和社会所需要的结构不一致，高职教育培养的人才和社会需求相互“错位”，也将制约社会经济的发展；如果高职教育的质量偏低，所培养的人才不能满足社会对技术型人才的需求，也必将影响社会经济的发展；如果高职教育的发展速度低于或高于社会经济发展的速度，也将影响经济的发展。总之，由于高职教育的经费投入相对于其他类型高等教育来说更多，因此，任何一个方面的不协调相对于其他类型的高等教育都将会造成更大的人力、财力和物力浪费，也就更加制约了社会经济的发展。

综上所述，高职教育具有培养高技能专门人才、为地方经济服务和实用技术的开发引领等三大主要功能；高职教育在整个教育系统和社会经济中具有极为重要的地位与突出作用；研究高职教育与其他教育和社会经济的协调发展问题，可为高职教育专业质量保障体系的深入研究提供理论基础与支撑。

第三节 高职教育管理的创新分析

一、高职院校教育管理的发展现状

我国高职教育的快速发展起源于 20 世纪 90 年代，随着我国改革开放力度的加大，市场经济的快速发展，对个人技能型人才的需求逐渐增加，从而带动了我国职业教育的发展。高职院校的教育管理工作经过多年的调整与发展，目前取得了很大的进步，但同时也存在一些缺陷，主要表现在以下两个方面。

（一）高职院校学生教育管理取得的进步

首先，高职院校对学生教育管理工作基本达成了共识，把学生作为学校基于管理工作的中心。在学生培养目标的确立上，除了要重视学生技能素质的培养外，对学生的价值观教育和基础教育也非常重视，以便于学生在未来更好地适应社会、服务社会，这就在一定程度上避免了高职教育的功利性，有助于保障职业人才的培养规格。

其次，高职院校院、系两级教育管理模式已经比较成熟。随着高职院校招生办学规模和专业设置规模的扩大，院、系两级教育管理模式也逐渐得以确立，并且经过多年的发展，系级管理部门拥有比较大的管理自主权，可以负责专业班级的具体教学管理工作，而校级管理部门可以将教育管理工作的重点放在宏观管理上，做到学校教育管理工作的有效分工，避免了职能交叉和重复管理等问题，在很大程度上保障了教育管理工作的规范化、科学化。

（二）高职院校教育管理中存在的主要缺陷

首先，高职院校对传统教育管理经验的依赖性比较大。有不少高职院校的学生管理工作，就是依赖传统管理办法对学生进行严格的强制性管理，缺乏与时俱进、管理创新的意识，如依据学校的学生教育管理制度对学生进行统一化、标准化管理，导致学生管理工作体现出严重的制度化和程序化特征。但是高职学生在学校应该拥有一定的自由度，学生群体的个体差异也比较明显，有些学生的个性化素质比较强，所以过于依赖传统管理经验容易忽视学生的个性化需求，严重时会引起学生的抵触情绪和叛逆心理。

其次，高职院校的教育管理工作主要采取的是事后管理模式，过于强调教育管理的任务，缺乏教育管理的主动意识和灵活思维，容易造成学生教育与管理的脱节。如高职院校的一些管理人员，认为教育管理工作就是代表学校管理学生，学生只是管理的对象，而不是服务的对象，当出现教学问题或学生犯错时，再采取相应的管理措施，所以多是采取“事后管理”手段，“事前管理”“预防管理”意识比较薄弱，管理手段也不够先进，最终影响了教育管理工作的质量和水平。

最后，高职院校的教育管理队伍缺乏稳定性。由于高职院校的教育管理工作涉及的内容比较多，所以对教育管理人员的需求量也比较大。但是由于很多一线管理人员多是刚参加工作不久的青年教师，教育管理经验比较缺乏，所以对职业岗位的适应性比较低，容易出现离职现象。同时，很多院校不够重视教育管理人员，待遇和地位都处于较低水平，对他们缺乏有效的培养和薪酬激励措施，所以容易影响他们的工作积极性，最终导致教育管理队伍缺乏稳定性和均衡性，限制了教育管理工作的有效创新和发展。

二、高职院校教育管理创新的必要性

（一）知识经济时代的诉求

21 世纪是一个知识经济时代，社会开放程度越来越大，全球化趋势加剧。知识经济时代对高职院校教育教学管理提出了更高的要求，只有不断创新高职院校的教学管理，才能发挥管理对高职院校教育教学发展的促进作用，不断提升高职院校人才培养质量；才能顺应知识经济时代的诉求，为社会输送高素质职业人才。

（二）教学管理提升的诉求

教学管理作为高职院校的一个有机组成部分，随着高职教育的发展与时代的发展而不断变化。在新的发展形势下，高职院校教学管理只有不断创新，才能改变教学管理低效的现状，为高职院校教学管理注入新鲜活力。因此需要不断创新教学管理理念，转变教学管理模式，创新教学管理方法，充分发挥教学管理的应有价值，为高职院校人才培养提供有力支持。

（三）创新人才培养的诉求

我国社会进入转型期，需要高职院校培养创新型人才。然而高职院校教学管理现状不利于学生创造能力的发展，学生缺乏创造意识，创新能力薄弱。高职院校教学管理的创新，将带动高职院校教育教学创新，在高职院校营造浓厚的创新氛围，强化学生创新思想与意识，从而满足社会对创新型人才的诉求。

（四）教育现代化的诉求

信息化时代的到来，加快了教育现代化进程。高职教育作为我国高等教育的有机组成部分，必须顺应信息化时代的诉求，不断创新高职院校教学管理，利用现代化信息技术手段，提升高职院校教学管理水平，探索基于信息化平台的教学管理模式，拓宽高职院校教学管理视野，促进我国高职院校教学管理与国际接轨。

三、实现高职院校教育管理创新的意义

（一）有利于满足教育发展的要求

无论是在高等教育还是在高职教育中，招生规模不断扩大，学生进入大学的机会也越来越多，高职教育应该顺应教育发展潮流，改革创新教学管理模式，不断深入发展高职教育，满足市场对多元化专业人才的需求，不断提高教育工作者和管理者的职业素养和综合素质，深化教育改革，做好高职教育工作，为社会和市场提供高素质的专业技能人才。

（二）有利于高素质专业人才的培养

高职院校是培养社会人才的重要场所，高职教育是教育事业的重要组成部分，社会经济的发展与进步离不开人才的培养，只有不断完善教育事业，各大院校才能源源不断地为社会输送高素质专业人才。培养高素质专业人才，需要各高职院校不断改革教学方法，创新教育模式，针对市场和学生个性发展要求制订可行的教育发展计划，为学生提供学习和实践平台，提高发展空间，培育出满足市场需求的高素质专业人才。

（三）有利于教育改革的不断推进

为了满足时代发展的需求，相关教育部门十分重视教育改革，并加大教育投资和改革力度，不断深化改革，保证高质量人才教育培养。高职院校是培养专业性

强的技术型人才，与普通高等教育的目的和任务不同，需要政府和有关部门的足够重视和关注，建立符合社会主义市场经济体制的教学管理模式，在教育改革的浪潮中勇往直前。

四、高职院校教育管理的创新及应用实践策略

（一）实现从功能管理向效能管理的创新

目前高校的教育管理工作，基本上还是按照功能角度进行划分并组建管理组织结构的，如根据学校的教育功能、政治功能、经济功能、文化功能等分别确立教学管理、行政管理、经济管理和校园文化管理等目标，然后逐个去实现。但是这在实现基本管理目标的基础上，很难进一步提高学校教育管理的效能。随着高职院校教育管理任务的日益繁重和复杂，在有限的教育管理资源内追求管理效能已经成为必然趋势。对此，高职院校的管理要积极确立效能目标，对传统的组织管理目标进行优化和调整，探索学校教书育人和教育管理的内在作用机制，明白如何管理才能将工作做得更好，从而逐渐确立学校的效能管理模式。例如，高职院校各个院系部门之间可以实现教学楼、实训楼、图书馆、教师等资源的共享，在整体上对教育资源进行优化配置，避免搞“平均主义”，实现有限教育资源的充分利用，减少一些不必要的资源消耗。同时，基于高职院校效能管理模式构建的现实需要，学校可以加强目标管理、全面质量管理、科学教育评价等教育管理手段的应用，促进学校教育管理行为的有效改善。

（二）实现从职能部门管理向整体优化管理的创新

高职院校传统的教育管理工作，基本都是以“分工制”为基础的，所以通常会根据教育管理工作任务组建教学管理部门、行政管理部门、后勤服务部门、外联部门、校园文化管理部门等。这种传统的功能管理模式，虽然内部分工比较明确，各个部门与人员的职责、职务会比较明确，但容易造成各个部门之间的“各自为战”，有时学校的教学主管部门很难实现与其他部门之间的统一指挥、有效协作。例如，学校的财务部门、人事部门与教学管理部门基本实现相互孤立，当出现矛盾冲突时，各个部门会相互扯皮、内耗，所以本位主义和小团体思想会比较严重，不利于高职院校整体教育管理目标的实现。整体优化管理模式的创新与应用，就是要求学校打破传统的职能管理思想，树立现代化的管理思想，要求学校各个部门的管理工作都必须具备整体意识和系统思维，当出现部门利益之间的冲突时，要以整体利益为主，

做到顾全大局，以学生的利益为根本出发点，在教学管理和学生管理工作上多给予支持与协助。在具体实践中，高职院校可以加强规划理论与方法、对策理论与方法、特色管理理论的创新应用，这对于协调部门之间的矛盾和冲突，构建整体优化管理模式可起到显著的促进作用，进而加快学校现代管理模式的构建与实现。

（三）实现从封闭强制管理向柔性开放管理的创新

由于当前社会环境的复杂性，很多高职院校倾向于强制化的封闭管理模式，以学校的教育管理制度为依据，对学生进行统一化、标准化的管理，但是这样很容易与部分学生的学习与发展相冲突。此外，有些学生干部在学生管理工作中对辅导员的依赖性比较大，而辅导员往往还承担比较多的学校管理任务，加上师生比例严重失调，所以很难对学生实施有效的管理和引导。同时，带有强制性的封闭管理模式，学生只是被管理的对象，而不是被服务的对象，所以教育管理工作缺乏“服务学生”的主动意识，也缺乏情感教育因素的有效导入，很多管理者甚至不了解学情、不认识学生，机械性的教育管理工作很难实现理想的效果。对此，高职院校要进一步强化“以人为本”的教育管理思想的导向作用，积极转变过去“训导型”“封闭型”的落后管理理念，将学生看作是管理工作的核心，树立为学生发展服务的管理理念，积极创设开放型、咨询服务型的教育管理工作模式，管理者与管理对象之间开展更多的情感交流和互动，借助柔性管理措施对学生进行正确的引导教育。例如，学校心理疏导机制的建立和完善，可以有效监控学生的思想动态，当发现学生有心理问题时要对其进行疏导，避免问题扩大化；以人为本的校园文化的建设，也可以赋予校园文化更多隐性管理职能，能够在潜移默化中起到教育管理的相关作用和职能；校园制度设计的人性化，有助于实现学生对规章制度从被动遵守向主动遵守的有效转变，避免校园管理制度对学生的束缚，让学生管理工作变得更加和谐。

（四）实现从“单主”向“双主”管理的创新

高职院校传统的教育管理工作是以“教”为中心的，主要是针对教师的教学任务和管理者的管理任务进行组织设计和实施的“单主管理”“单向管理”，学生在学校的教育管理工作中处于从属地位。这一传统模式虽然能够方便教师组织管理以及控制管理进程，将以教师为代表的管理者的主体作用充分体现出来，但是学生在校园管理工作中的主体地位却遭到了严重忽视，不利于学生主体意识的培养，以及参与校园管理工作积极性、主动性的激发。从“单主”向“双主”管理模式的创新、转变，就是要求高职院校要进一步提升学生在学校教育管理工作中的主体作用和智能，赋予学生更多的管理自主权，老师等管理人员要更好地充当组织、引导职能，注意学生的自主管理动态，做到及时监督与有效指导，切忌“越权”和不当干预，达成“双主”管理模式下双方之间的平衡。例如，高职院校的院系或班级在做出一些重大决定时，学校要完善沟通反馈机制、学生参与机制，吸引学生积极参与管理工作，并给予学生一定的决策权、参议权，及时听取他们的意见、建议，营造出公开、公正和公平的管理氛围，这样可以更好地保障学生的切身利益，促进学生的自主管理。

（五）实现从传统人工管理向信息化管理的创新

在传统的高职教育管理模式下，很多教育管理都是“依靠人”来实现的，不仅需要投入大量的人力、物力，管理效率也比较低。而随着信息化社会的到来，现代信息技术为高职教育管理工作提供了很多的技术支持，学校的传统管理思维方式要做出积极转变，并加强信息化管理模式的构建，使其更具“数字化”的特征。例如，学校的素质测评、学籍管理、招生管理、就业指导等工作可以通过信息化平台来实现；学校的心理咨询服务可以通过即时通信软件进行匿名沟通；各类通知和文件的下发可以通过电子文件的形式下发；学校的财务管理、人事管理、档案管理等都可以组建电子档案；图书馆管理可以实现在线预约、电子文献阅读与共享等。可以说，高职院校的信息化管理模式的创新、实践与应用，成为必然趋势，对教育管理工作的发展能够起到很好的辅助作用。

第二章　创新视角下的高职院校系（部）建设

高职院校实施院系两级管理后，教学系（部）作为高职院校教学管理体制中的最基层组织，是教学、学生管理、科研工作的具体承担者和专业建设的载体。系部建设直接关系专业的发展和学校的整体办学水平。采取积极措施，扎实抓好系部建设，系部才能肩负起培养合格人才的神圣职责，才能保障高职院校的改革、建设与发展。

第一节　系（部）的教学与学生管理工作

高职院校的系（部）是高职院校技术业务、教学成果、学生管理等工作组织管理的基本单位。系（部）工作职能有行政性和专业技术性两个方面的内容。系（部）的学生管理、上级部门精神传达、教职工政治思想、组织工作等划归为行政部门负责。教学管理、教学成果、教学奖励、实验室建设、专业设置、专业建设、专业发展目标等划归专业技术性部门负责。各部门又可根据工作需要酌情分设下级部门，并且各个部门的工作岗位具有不均等性，根据具体时期的工作需要指定安排。因为教学与专业技术性工作难度大，创新要求高，技术性强，相对而言，行政性工作组织性强，有规律可循，约定俗成，所以专业技术性的工作职能应摆在首要位置。

系（部）的专业技术职能与行政职能既要分开又要合作。系（部）的专业技术职能包括教学管理职能（常规教学质量管理、教学档案管理、教学案例管理等）、专业建设职能（专业建设、发展方向、目标及目标实现等）和绩效管理职能（教学质量监督评价、新技术应用与推广、新技术开发、专业科技成果等）。三种职能相辅相成，缺一不可：教学是基础，专业是依据，绩效是保障。系（部）的行政职能包括学生管理（学生卫生、组织纪律等）、组织协调（对外联络、协调关系、调剂、宣传等）等。搞好学生管理，营造一个良好的系（部）学习环境；搞好组织协调，树立系（部）形象，扩大系（部）对外的影响。系（部）的专业技术职能和行政职能都要为系（部）发展服务，这不能靠行政手段，而有必要通过系（部）建设来加强两方面的合作。

系级组织是学校教学、学生管理机构的基本单位，是学校教学、学生管理的基础。高职院校系级组织机构一般设主任 1 人，支部书记 1 人，副主任 1 ~ 2 人（教学管理工作副主任、学生管理工作副主任），秘书或干事多人（教学工作秘书、学生工作秘书）。根据学科分类，设立多个教研室。系级教学管理机构既是执行机关，又是服务部门；既是纵向、横向工作的联络点，又是教学目标管理的信息反馈站。其工作涉及面广，上情下达，下情上报，承上启下，衔接各方，事务十分庞杂，关系重大，是学校教学管理的实体。各个教学环节都由系具体组织实施、监控、测评和总结改进。系级教学管理的水平决定学院各学科的教学质量。系主任全面负责系教学管理工作，系可根据情况设教学秘书或教务干事，处理日常教学行政的具体工作。学院各教学研究室（简称“教研室”）是按学科分类和相近课程而组成的基层教学研究组织。教研室是直接联系教师和学生，面对学生进行教学活动，最了解学生学习状况和教师教学水平的“前沿阵地”，是连接教学双方的纽带，是提高教学质量的关键部位。学院的教学管理需要各系的教学管理的配合，各系教学管理则要以各教研室管理为基础。因此，教研室的教学管理是学院教学管理的基础环节，起着十分重要的基础作用。教研室的主要任务是按教学计划规定实施教学工作，开展教学研究和科技工作，不断提高教学质量和学术水平。

在整个管理体系中，院、处、系、教研室是教学管理系统中的纵向系列。院级教学管理职能机构，需要加强和系、教研室的纵向联系。教学管理人员要经常深入教学第一线，进行指导和协调工作，要做到上情下达，下情上报，严格要求，协调一致。同时，教学管理还需要依靠人事、科研政工、财务学生、后勤等管理部门的协调与配合，这是教学管理系统的横向系列。各级教学管理机构在加强纵向联系的同时，应当密切与学校各部门的横向联系。学院各个管理部门的工作，都要服务与服从教学工作。

根据系（部）的组织结构图和机构设置图，我们很容易就能确定系（部）的主要任务有两个方面：一是教学管理工作；二是学生管理工作。

一、系（部）的教学管理工作

1. 系（部）教学管理工作的地位和功能

（1）系（部）教学管理工作的地位

高职院校教学管理一般采用院系二级教学管理体系。系（部）教学管理处于基层教学管理的地位。系（部）教学管理在高职教学管理中的基层地位是相对于学院来说的。院级教学管理应处于决策指挥、整体协调的地位，在当今的高职院校里，院级教学管理既不可能也没必要进行具体的教学管理，院级教学管理应当从日常事务性工作中解放出来，集中精力去研究人才培养模式、考试方法、实践教学改革、课程建设、教学资源管理、学风建设、教学过程的组织管理等。系（部）教学管理应处于主体和实体的地位，系（部）教学管理要以教学过程管理为主，主要负责管理本系的教学工作，按照培养计划和教学大纲的要求，科学地安排教学活动的各个环节；认真组织教学实施，加强教学过程管理。

（2）系（部）教学管理的功能

从系（部）教学管理的地位中，我们可以把系级教学管理的功能概括为组织功能、协调功能、指导功能、监督功能、档案功能与凝聚功能等六个方面。

组织功能是指系（部）具有组织开展各种与教学有关的活动的功能。具体包括专业培养方案的制订和适时修改、组织课堂与实践教学、组织科研课题与教学改革课题的申报等。专业培养方案作为培养专业人才的“根本法”，必须由熟悉本专业的专家来制订，适时修改也是如此，这个工作由系（部）来负责是比较恰当的。组织课堂教学除了要排好课之外，更为重要的是要精心地搭配好教师，使各个教师能发挥专业特长，使学生尽可能多地接触具有不同知识背景的老师。组织实践教学主要是组织专业社会实践活动毕业实习、毕业论文和实验实习课教学。进行科学研究与教学改革研究是搞好教学的重要环节，而进行科学研究与教学改革研究往往是需要团队联合攻关的，所以以系（部）为单位组织科研课题与教学改革课题的申报是有利于形成科研团队的。

协调功能是指系（部）具有协调各种关系的功能。具体包括协调教与学的关系、系（部）与学院的关系、系（部）与系（部）之间的关系、系（部）与学院职能处室的关系、系（部）与教研室的关系、系（部）与合作教学单位的关系等。协调教与学的关系包括协调教师与教师、学生与学生、教师与学生三个方面的关系，协调系与学院的关系主要包括协调系的发展与学院发展的关系、系（部）利益与学院利益的关系、系（部）工作与学院工作的关系，协调系与教研室的关系主要是系（部）的有些工作如何通过教研室来合理分担。

指导功能是指系（部）有指导学生学习的功能。具体包括指导学生的专业学习，指导学生的思想道德修养，以及指导毕业实习、毕业设计与毕业论文。

监督功能是指系（部）具有监督教师教学与学生学习的作用，具体包括对教师的教学过程进行全程监控、对学生的学习情况和思想状态进行监控。

档案功能是指系（部）具有对教师与教学有关的资料和材料、对学生与学习有关的资料和材料进行收集整理与归档的作用。

凝聚功能是指系（部）具有把全系教师和学生凝聚起来的作用。

2. 系（部）教学管理的基本内容

系（部）教学管理一般包括教学计划管理、教学运行管理、教学质量管理与评价，以及学科、专业、课程、教材、实验室、实践教学基地、教学管理制度等教学基本建设的管理。

（1）教学计划管理

教学计划是学院保证教学质量和人才培养规格的重要文件，是组织教学过程、安排教学任务、确定教学编制的基本依据。教学计划一经确定，必须认真组织实施。教学计划的制订一般要经过三审一定。学院提出制订教学计划的原则意见和要求，系（部）组织专业教师进行社会、行业和市场调查，拟订教学计划交系（部）、教务处审议，交专业指导委员会审定，最后由院长审核签字后下发执行。审定后的教学计划所列各门课程、环节的名称、学时、学分、开课学期、考核方式等均不得随意改变，执行过程中需要调整时，由系（部）在论证的基础上提出调整意见，然后向教务处提出变更申请，经分管院长批准后方可执行。

（2）教学运行管理

教学运行管理是按教学计划实施的对教学活动的最核心、最重要的管理，它包括以教师为主导、以学生为主体、师生相互配合的教学过程的组织管理和以院、系教学管理部门为主体进行的教学行政管理。其基本点是全院协同，上下协调，严格执行教学规范和各项制度，保持教学工作稳定运行，保证教学质量。教学运行管理包括：

①制定课程教学大纲。学院负责制定教学大纲的原则及规定，系（部）组织有关教师编写，经系（部）、学院相继认定，批准施行。

②教学方式和教学环节的组织管理。系（部）的任务是：a. 组织任课教师认真研究讨论教学大纲，选用与大纲相适应的教材及教学参考书，编制教学周历和教案，开展教学观摩活动。b. 组织任课教师针对高职教育特点研究教学方式方法，注重对学生实践操作能力的培养和新技术、新方法的应用训练。c. 积极开展计算机辅助教学、多媒体教学等现代教育技术的应用，增加教学信息量，提高教学效益。

③实践性教学环节的管理。实践教学是教学过程中的一个极其重要的教学环节。学院负责实践教学任务书的下达以及实践教学运行的检查，系（部）负责制定实践性教学环节的教学大纲和计划，以及实践性教学的组织与管理，并严格考核。

④日常教学管理。日常教学管理是系（部）教学管理的重点，学院根据专业人才培养方案，负责将每学期教学任务下达系（部），对各系（部）教学秩序进行抽查，制定教学检查意见。系（部）负责教学任务的落实或外聘教师，组织学生选课，对本系（部）教学秩序进行经常性检查，组织期初、期中、期末教学检查，办理调、停课手续。

⑤成绩和学籍管理。学院负责全院学生成绩汇总；制定本院的学籍管理办法，审查学生学籍变动申请和学生处理意见并发文公布；负责汇总学生注册情况。系（部）负责成绩的管理与维护，督促所属教师按规定时间提交学生成绩，并将原始成绩单存档；根据学籍管理办法负责每学期办理学生注册手续；根据需要，提出学生学籍变动申请，并及时对所属学生提出处理意见。

（3）教学质量管理

教学质量是系（部）教学管理的终极目标，处于系（部）教学管理的中心地位，系（部）各项管理都要服务与服从教学质量管理。教学质量管理包括：

①教师教学质量评价。教师教学质量评价主要包括：学生评教、教师互评、系（部）领导和督导组评价。学院负责评价标准办法的制定和学生评价的处理、汇总分析；系（部）负责学生评价、领导评价、督导组评价及教师互评的组织实施。在教师教学质量评价体系中，学生评教应占有较大权重。

②教学质量监控。学院负责院级教学督导组的管理和领导听课情况汇总，并将有关问题及时反馈给系（部）；系（部）负责院级教学督导组的管理和系（部）听课情况汇总，并及时解决教学中发现的问题。

③考试、考核管理。学院负责考试工作实施细则的制定和修订；每个专业确定2～3门课程（低年级最多不超过4门）在每学期最后一周集中进行考试，由学院统一组织管理。除学院统一组织的考试课程外，其余课程的考试由课程所在系（部）进行管理，以课程所在系（部）管理为主。考前，系（部）应对监考人员进行培训和召开学生动员会，严肃考风考纪。

3. 系（部）教学管理的基本任务

系（部）教学管理的基本任务是：研究教学及其管理规律，改进教学管理工作，提高教学管理水平；建立稳定的教学秩序，保证教学工作正常运行；研究并组织实施教学改革；努力调动教师和学生的积极性。

二、系（部）的学生管理工作

系（部）组织还是学校学生教育管理机构的基本单位，是学校学生管理的基础。系（部）学生管理的主要内容包括思想教育、素质教育、课堂教学、管理制度和管理方法等内容。

我国目前高职院校学生管理模式基本采用院、系、班三级一线。学生工作按班级配备辅导员或班主任，系（部）有直接负责学生工作的支部书记，院有负责学生工作管理的学工部（处）、分管学团工作的校团委和分管学生工作的党委副书记，学生基层组织成员相对稳定，学生教育管理体制层次清楚。从学生管理模式中我们可以看到，系（部）的学生管理工作处于核心地位，起到了承上启下的作用。

如何发挥系（部）学生教育管理工作的核心作用，我们认为：

一要把对大学生的思想政治教育摆在首位。对于大学生的思想政治教育，《中共中央国务院关于进一步加强和改进大学生思想政治教育的意见》（以下简称《意见》）提出了大学生思想政治教育的四项主要任务。一是以理想信念教育为核心，深入进行树立正确的世界观、人生观和价值观教育；二是以爱国主义教育为重点，深入进行弘扬和培育民族精神教育；三是以基本道德规范为基础，深入进行公民道德教育；四是以大学生全面发展为目标，深入进行基本素质教育。《意见》深刻回答了“培养什么人”和“怎样培养人”这一个我国社会主义教育事业发展中必须解决好的根本问题。同时，对大学生提出了“做什么人”和“怎样做人”的基本要求，对大学生思想政治教育提出了“开展什么教育”和“怎样教育”的根本要求。

二要加强大学生思想政治教育工作队伍建设。思想政治教育工作队伍是加强和改进高职学生思想政治教育的组织保证。系（部）大学生思想政治教育工作队伍的主体是系党政干部辅导员队伍和共青团干部，是思想政治理论课和哲学社会科学课教师、辅导员和班主任。系党政干部和共青团干部负责学生思想政治教育的组织、协调、实施；思想政治理论和哲学社会科学课教师根据专业和课程的内容、特点，负责对学生进行思想理论教育、思想品德教育和人文素质教育；辅导员、班主任是大学生思想政治教育的骨干力量，辅导员按照系（部）的安排和学院党委的部署有针对性地开展思想政治教育活动，班主任负有在思想、学习和生活等方面指导学生的职责。要采取切实措施，培养一批坚持以马克思主义、毛泽东思想、邓小平理论和“三个代表”重要思想、科学发展观和习近平新时代中国特色社会主义思想为指导，理论功底扎实，勇于开拓创新，善于联系实际，老中青相结合的思想理论教育、思想品德教育和人文素质教育的教学骨干队伍。采取有力措施，着力建设一支掌握高职学生心理特征，熟悉当代大学生行为规范，勤劳务实、扎实工作的高水平辅导员、班主任队伍。系（部）的每个年级都要按适当比例配备一定数量的专职辅导员，每个班级都要配备一名兼职班主任，鼓励优秀教师兼任班主任。

三要建立大学生管理的有效途径。加强高职院校的学生管理工作，确保学生良好行为习惯的养成，这对于学生的成长成才十分重要。系（部）在学生思想教育和日常行为管理方面应建立以政治辅导员、班主任和思想理论教育、思想品德教育、人文素质教育任课教师为主的教师管理途径；以自我教育、自我服务、自我约束、独立发展为主的自我管理途径；以校园文化为主的活动管理途径；以生活区域为基础，以学生宿舍为中心的社区管理途径；以学生社团、专业协会为主的社团管理途径；以网络建设、网上互动为主的网络管理途径。

四要加强协作、沟通，形成主渠道与多种辅渠道相结合的学生教育管理体系。学生的教育与管理是一项系统工程，需要全员参与、多部门合作。系（部）要积极、主动与学工部、团委等部门沟通，争取他们的支持和理解，以充分运用各工作部门的优势，实现学生思想政治教育和学生管理方法的创新。

第二节　系（部）建设存在的问题及解决措施

一、系（部）建设存在的问题及其成因

实施院系两级管理是高职院校管理体制改革的重要内容。随着高职院校办学规模的扩大，对原有的管理模式提出了改革的要求。院系两级管理是高职快速发展的必然选择，也是继续保持高速、健康和谐发展的重要保障，是高职院校从“集中式管理”向“扁平化管理”逐渐转变的重要标志。

两级管理实施的目的是为了适应学院新的发展阶段，实现从“集中式管理”向“扁平化管理”的逐渐转变；加强教学教务、教学质量监控和教学过程改善，学生管理、招生、就业之间的横向协调与沟通；通过合理授权和分工，管理重心下移，变系（部）为完整的业务单元，充分发挥基层单位积极性；优化制度流程，提高教育教学质量，促进招生就业，提高工作绩效。实施院系两级管理的原则包括强化学院宏观调控，加强系（部）自主管理，追求组织结构扁平化，优化精简人员编制，明确院系职责分工，简化优化管理流程，建立健全考核体系以及循序渐进稳步实施等。

高职教育，是近几年在我国迅速发展的一种新型高等教育层次，它既不同于传统的高等教育，也不同于以往的中专教育。但是由于高职院校大多是从中专学校升格而来，学校管理中的方方面面都会受原来的框架和观念的影响及传统习惯的桎梏，主要表现在：

一是理念滞后。主要表现在对高职院校实施院系两级管理认识不足，大多还停留在中专层次，依然习惯于运用中专学校传统的管理观念、理论和方法，习惯于运用传统的方式方法进行管理，管理观念陈旧。

二是权责不明。如经费审批权、教学管理权、人事管理权和学生管理权等院系之间没有明确的界定。

三是职责不明，协调不够。高职院校实施院系两级管理后，院系之间职责不明，系与有关职能处室职责不明、协调不够。

四是没有形成院系两级管理的运行机制和激励机制，包括院系（部）组织机构的设置以及组织机构群之间的职能关系、激励和制约控制措施、系（部）管理体制运转的防范措施。

五是院系两级沟通和相互理解不够。沟通和相互理解不是一个空洞的口号，而是一个可操作的装置。这种沟通和相互理解，主要是通过计划完成的。交流的管道应当通过共同努力建立和维持。除了计划上的沟通之外，还有两个重要领域，一个是对现存的与其资源的配置的决定上的沟通；另一个是预算上的沟通。由此我们可以看到，在院、系两级管理模式中，还有一个核心问题，那就是财权。是否拥有独立的财权是衡量是否实行院、系两级管理的根本标准。否则它必将成为阻碍“院系两级管理、重心下移”管理模式顺利推进的因素。

六是行政权力和专业教学权力不平衡。在“院系两级管理、重心下移”的模式中，一旦确立了院系两级管理中权力下移的原则，院系权力的配置便成了接下来要解决的问题。在我国，高职院校内部管理基本沿用了科层制结构，实行了类似于行政管理模式的高职管理模式。系主任主要是任命产生的，尽管系主任一般是由学科带头人、专业带头人或骨干教师担任，但其本身履行的职责则是行政职能，是行政权力在基层的执行代表，根据行政部门的安排处理有关事务。在系（部）管理中，系（部）专业教学事务的最终决策也由以系主任为首的系（部）班子做出，行政权力泛化，专业教学权力式微。

二、系（部）建设的主要内容和途径

系（部）管理牵涉方方面面，系（部）的建设内容也非常丰富。从大的方面讲有外部环境建设和系（部）自身建设。外部环境有宏观政策，学院办学方针、政策导向和支持、管理体系及制度、激励和制约机制等；系（部）自身建设有系（部）自身建设方向、目标，内部管理构架、职责，内部激励和约束机制，外部（与外系及处室）沟通、协作、资源共享和制约机制等。具体建设内容有以专业带头人、学科带头人、青年骨干教师、“双师素质”教师组成的专业教学团队建设；有以精品专业为龙头的专业群建设；有以精品课程、实践操作教学课程特色的高职课程体系建设；有以重点实训基地建设的实验、实训基地建设；有以提升高职学风为目的的“三风”建设；有以提高教育、教学质量，培养数以千万计的高级应用型人才为目的的教学质量监控、保证体系建设；有教学档案建设、学生思想政治工作队伍建设、系（部）班子建设；等等。

1. 系（部）学风建设的内容和途径

优秀学风和教风是校园文化的主体，既是一所学校长期以来文化精神的积淀，又是高职院校可持续发展的灵魂。“学风”通俗地说就是求学的风气。它是治学精神、态度、方法、氛围和育人环境的综合体现，是在长期办学过程中形成的一种良好的学习风貌、严于治教的精神。在高职院校这个多元化、知识技能密集型的“社会”中，学风又泛指学生的学习目的、动机、态度、效果等。

高职院校实现院系两级管理，学风建设自然就落在了系（部）头上。如何根据高职特点、社会背景，针对当代大学生的实际，建设良好的学风，是系（部）学生教育管理的过程目标。

（1）高职院校学风建设现状及问题成因

近年来，我国高校体制改革不断深化，高职院校发展迅速，育人环境得到很大的改善，特别是教学改革的深化，更为学生的成才创造了良好的条件，营造了一个良好的学习氛围。因此，大多数学生能够充分利用这大好时光和有利条件不断积累知识，充实自己，他们关心国家的前途、命运，积极上进，有创新精神和竞争意识，刻苦学习，诚信为先，专业技能和身心素质都得到了健康成长，体现了当代大学生积极向上的朝气和活力。但我们也应看到高职院校里还有一部分大学生，他们意志消沉，不思进取，经常逃课，整天泡在网吧、游戏厅等场所或沉迷于武侠小说之中，或是成为“手机一族”。平时不努力，临时抱佛脚，考试作弊，总想侥幸过关，经常违反校纪校规，而且屡教不改，个别人甚至走上犯罪道路。这些现象，虽不是主流，但与我们对学生的培养目标的要求是不相容的，与形成良好的学风是相悖的。尽管学生学风中存在的问题，不是孤立的，是由多方面因素造成的，但却极大地影响到教学质量和学校的声誉。这些现象的存在有诸多原因：

①从学生自身方面看。首先是学习态度不端正，学习纪律松懈。其次是专业思想淡薄，忽视专业知识和技能的学习。最后是自身思想复杂，不能正确处理各种关系。

②市场经济的负面影响。随着社会主义市场经济的不断发展，在整个社会经济建设突飞猛进的同时，思想道德范畴和精神文明方面的一些不良倾向有所抬头，如追求单一的物质利益、拜金主义、享乐主义对学风建设也产生了一些负面影响。

③从管理角度分析。首先，是认识不足，管理不严。尽管学风问题有其产生的社会背景，但就高职学校本身而言，学风问题产生的主要原因是认识不足，管理不严。其次，学校缺乏学风管理的相关制度和机构，这是导致学风管理低效的重要原因。最后，思想教育不到位。突出的问题是缺乏贯穿始终的人文教育机制，思想教育的深度不够，说服力差。

（2）高职院校学风建设的应对措施

学风建设是高职院校育人工作的重要组成部分，学校的学风作为校风的一个重要标志，从主要方面反映了学校的整体面貌。因此，必须坚持以邓小平理论为指导，进一步更新教育观念，转变教育思想，从战略的高度重视和加强学校的学风建设，以期实现高职院校学风的根本性好转。

①突出思想教育。搞好思想教育是加强学风建设的先导。思想教育包括德育和爱国主义教育、理想和信念教育、纪律和法制教育以及人生观教育、世界观教育等。要用马列主义、毛泽东思想，特别是用邓小平理论、“三个代表”重要思想、科学发展观和习近平新时代中国特色社会主义思想教育大学生，要始终遵循“尊重人、关心人、理解人”的原则，切实加强和改进思想政治工作，并积极开展学生心理健康教育和心理咨询服务。

②以人为本，实现学风建设的人本化。当前，在构建和谐社会的大局中，人们强调确立人本意识，这实际上也是学风建设的关键。以人为本理念的落实，强调以学生为本，以学生的发展为本，以学生、学生家长和社会的满意度作为衡量管理工作的绩效标准。由此出发，关爱学生，创造条件，为学生的知识接受、技能掌握和个性发展，创建一个优良的环境和活动平台，促成学生身心和智力的全面发展。这不仅为学生的自由发展创造了条件，也在根本上切中了学风管理的肯綮。

③完善学风管理体系。制度建设和狠抓落实是学风建设的侧重点。系（部）应该针对一些学风低下的状况，建立有效的管理体系。包括制定规章制度、组建管理机构、完善评估标准、制订实施方案等，并具体落实在行动上。

④加强对学生的纪律和相关制度管理。学风问题不是孤立存在的，它与教风、校风一起，构成学校风气的基本内容，要整顿管理好学风，就必须系统抓好学校的整体风气，建立学风建设的和谐环境和整体氛围。而整体风气的根本性好转，关键在于学校纪律严明。所以，系（部）要切实加强纪律管理，通过整顿工作纪律来改变工作作风，通过规范教学秩序来转变教风，通过严肃考纪来端正考风，通过工作作风、教风、考风的好转来促进学风的优化。

⑤协调学生部门工作，促进学风管理。学风管理能否真正加强和优化，关键在于工作落实、制度落实、责任落实，一抓到底，做扎实的工作，抓出实效。教学管理过程中，对学风管理这一板块的管理措施，应包括充分发挥学生管理人员和学生干部在学风建设中的管理作用。要调动他们的积极性、主动性，使工作落实到基

层，这样也能锻炼学生自我教育、自我管理、自我服务、自我约束的能力。

学生工作的本质是育人，具体定位在对学生的日常管理和思想教育上。学风贯穿于学校教育教学的整个过程和各个环节中，在当前高职教育大发展的新时期，学生工作只有积极转变思想观念，转换工作模式，紧紧围绕育人质量和学风建设这一主旋律，才能取得实效。

一方面要通过深入细致的教育管理和指导服务，让学生真正领会到学校对他们的关心信任和爱护，使学风管理的各项工作，得到学生的理解、认同和积极配合，为学生工作建立重要的情感基础。另一方面要坚持教育与管理相结合，实行标本兼治。通过严格的日常管理，从外部形成良好的育人氛围，通过加强思想教育，激发学生勤奋学习的内在动力。同时，要注意坚持“一以贯之，分级管理”的教育思想，即在整个大学教育期间始终贯穿大学生“成长成才”这一主线，但在每一个阶段和不同的年级，其教育和管理内容应有所不同。如对大学一年级新生的教育和管理要加强新生入学适应性教育，可以通过加强校纪校规、专业理想、学习方法等教育内容，精心开设系列教育讲座等活动，引导学生端正思想，振奋精神，早入角色；通过新老生联谊会、座谈会、经验介绍会和优秀学生事迹报告会等形式，帮助新生尽快适应大学生活。大学二、三年级是大学生成长成才的关键时期，学生工作应着重学生的学习方法指导和成长成才教育。要鼓励学生勤奋学习，考证过级，多组织开展一些学习类、科研类、实践类的活动，如学术讲座、科研竞赛、社团活动、社会实践等。对毕业班学生的教育和管理主要是加强学生的就业指导和思想教育，培养学生的就业竞争意识，加强学生职业理想教育，可邀请知名专家学者或学有所成、学有所长的校友回校做事迹报告等，激发学生的自信心、事业心和社会责任感。要加强学生干部队伍建设，做到选拔高标准，管理严要求，培养重德能，使用贵成效，充分发挥学生干部在学风建设中的组织作用和先锋模范作用。

重视学生在学风建设中的主体作用。学风建设涉及学校的领导、教师和广大学生，应该说这三者都是学风建设的主体。但学风主要反映学生的求学精神和治学态度，因为学生既是学风的主要传承者和弘扬者，又是学风的建设者和得益者。学生内在的求学精神和动力，是学生端正治学态度和成长成才的关键因素。重视学生在学风建设中的主体作用就是要加强对学生进行的学风教育。重视学生自我教育和自我管理，使他们自觉提升自身素质，是高职院校学风管理的内（部）动因。对于以学生为主体的学风建设来说，无论是高水平的学校管理，还是尽责任的教师工作，以及优美的校园环境，都是形成学生优良学风的外因；而要真正使学生产生科学的世界观、人生观、价值观，形成正确的学习态度、学习动力、学习方法，实现学风的根本性好转，必须依靠他们自身的努力。因为他们才是促进自己进步和成长的内因。充分发挥学生的主动性、积极性和创造性，要让学生认识到自身的成长成才既与学校和老师的培养教育有关，更与自己付出的艰苦努力分不开，只有这样才能使学生的“自我教育、自我管理、自我服务”的作用发挥好，才能使学生真正认识到学校有良好的学风不只是学校领导和老师的事，而是与学生自己有密切关系的事，同时也是自己学习生活受益最大并受益终身的事。为此，在高校学风建设中，一定要抓好大学生的自我教育、自我管理，创造条件让他们积极主动地进行身心的锻炼和修养，自觉地参与到学风建设的各项工作中来，在参与过程中认识自我、挖掘自我、完善自我。

⑥加强教风管理，树立学风优化的榜样。“亲其师才能信其道。”要使学生学风有根本性好转，教师是关键。教师应当成为学生的良师益友、学生健康成长的引路人，应该用自己的好思想、好作风为学生树立学习的榜样。应该说，当前绝大多数教师治学严谨、为人师表，但也确实存在个别教师责任心不强、对教学工作不投入、对自己要求不严等现象。有部分大学生认为学习不够刻苦的原因是“教师业务素质偏低”“教师敬业精神不够”。

尽管学分制的选课机制使教师有了紧迫感，但必须通过教学评价等手段来激励广大教师更新教学内容、改革教学方法和手段，不断提高教学水平和教学质量。因此，加强教风建设是促进学风建设的当务之急。为进一步促进教风，高职院校和有关（部）门应该出台一些政策加强教风管理。要支持和鼓励教师严谨治学、为人师表、教书育人，加强美育教育，让教师成为有理想信念、有道德情操、有扎实学识、有仁爱之心的“四有”好老师。充分发挥教师的“主导”作用；加强教师的业务培训、培养工作，培养一批高水平的“双师素质”学科带头人和有较大影响的教书育人专家，造就一支符合时代要求，能发挥示范作用的骨干带头队伍；建立优化教师队伍的有效机制，实施教师资格制度，开展面向社会认定教师资格工作，完善教师职务聘任制，引入“末位淘汰”制度；推行学生评教制度，以进一步促进教师素质和教学水平的提高，促进教风的根本性好转，借以实现高职院校人文精神建设和教学质量目标。

⑦加强校园文化建设，加强学风管理。学风管理与校园文化建设密切相关，

是校园文化建设的重要组成部分，良好学风是一个学校高尚精神面貌的体现。搞好校园文化建设，创造文明良好环境，会对不文明行为产生无形的约束力，进而促进良好学习风气的形成。

因此，在高职院校的学风管理中，要充分利用校园文化和校园环境，全方位地促进学风优化。学风是一种校园文化氛围，也可以说，校园文化是学风的一个外在表现形式。校园文化活动主要是学生的课外活动，包括文艺、音乐、体育、书法、美术、学生科技、社会实践活动等，甚至包括到生产企业的工作和实践活动。这些活动应该以促进学风建设为出发点，重视学生学习、应用所学的知识进行学术和实践创新活动，要克服研究性活动少、学生学习竞争意识不强、学习兴趣不浓、学习主动性差、动手能力差等问题。通过组织学生开展丰富多彩的课外活动，例如可根据学科专业和年级特点组织各种学术报告会、专题讨论会、学科竞赛、专题技能操作比赛、外语角等活动，把学生的注意力引向学习；让学生按照自己的兴趣爱好在课余文化生活中丰富自己、充实自己，通过高尚的文化教育活动，提高学生的文化素质，扩大学生的知识面，提高他们的实践能力，陶冶他们的情操，净化他们的心灵，帮助同学们激发学习热情、弘扬科学精神、提高综合素质。其次是要以“学校形象工程”设计为载体，注重人文精神，挖掘人文教育资源。高职院校是学生学习生活的环境，校园环境建设是学风建设的一个重要物质载体。建立一些警示学生烘托学校气氛的名人名言标语牌，并做到格调清新高雅、大方美观。改善教学和生活环境，增加必要的公共设施。做到“硬件”与“软件”相结合，整治美化校园环境与提高师生文明素养相结合。搞好校园环境卫生，治理“脏、乱、差”，加强校园美化绿化工作，使学生在文明、整洁、优美的环境中学习和生活。所有这些，都能使校园环境增值，可以让学生在紧张的学习实践之余领略自然风物之美，获得精神上的愉悦和满足，使之耳目一新，神清气爽，这也有利于激发学生学习之情，增强学习效果。学风建设是一项集思想政治教育教学、行政及学生日常管理工作有机结合的系统工程，需要系（部）上下全体师生员工多方面齐心协力、齐抓共管才能做好。良好的学习风气的形成并得到巩固，需经长期不懈的努力，且需要通过系（部）有系统的培育和教职工的榜样示范，以及新老学生的相互积极影响。这一切都需要通过教学管理的优化和改革来实现。

加强高职学生社会主义核心价值观教育，是新形势下高校思想政治教育创新的要求，是当前高校思想政治教育面临的重大课题。要充分发挥思想政治理论课在社会主义核心价值观教育中的主阵地作用，以社会主义核心价值体系指导开展校园文化活动，将社会主义核心价值观教育渗透到对学生日常服务、管理、指导、咨询的各个环节，高度重视实训、实习教学过程中的社会主义核心价值观。

价值观念是人们以自身需要为尺度，对各种事物或现象所蕴含意义的认识和评价。人们受自身具体利益和需求的影响，必然会形成不同的价值观。同时，在一个社会中，人们还有共同的利益和需求。因此，必然会形成共同的价值观，这就是在各种价值观中居于主导地位，起着统领作用的核心价值观体系。一个政党要有战斗力，一个国家要有凝聚力，一个民族要有生命力，都要依赖于强大而牢固的核心价值观体系，并使之成为政党、国家、民族共同的思想道德基础。

社会主义核心价值观体系是由马克思主义指导思想、中国特色社会主义共同理想、以爱国主义为核心的民族精神、以改革创新为核心的时代精神及社会主义荣辱观构成，是兴国之魂，是社会主义先进文化的精髓，决定了中国特色社会主义的发展方向。只有大力推进社会主义核心价值体系建设，才能最大限度地凝聚共识，有效抵御各种错误思潮的影响，让社会主义荣辱观逐渐在全社会确立褒扬真善美，贬斥假恶丑的鲜明导向，促进良好思想道德的形成和发展。

大学生是祖国的未来，是中国特色社会主义事业的建设者和接班人，是社会主义文化的重要体现者和传承者。用社会主义核心价值观体系教育大学生，帮助他们坚定建设中国特色社会主义的信念，对改革开放和现代化建设的信心，对党和政府的信任，能够为大学生的健康成长注入强大的精神动力。大学生是学习和践行社会主义核心价值观体系最积极、最活跃的群体，他们走上社会之后，将对整个社会的思想文化建设起到积极的带头作用。这既可加快我国社会主义文化建设的进程，又可使大学生更快适应社会发展，真正成为建设社会主义事业的主力军。

加强大学生社会主义核心价值观教育，是新形势下高校思想政治教育创新的现实要求，是当前高校思想政治教育面临的重大课题。把社会主义核心价值观体系作为大学生思想政治教育的主要内容，帮助大学生深刻领会社会主义核心价值观体系的科学内涵，自觉践行社会主义核心价值观体系，树立正确的人生观和价值观，全面提高思想政治素质，是全体教职员工的职责，也是教师的基本使命和主要工作。

2. 系级教学质量监控体系建设

高等职业教育的特点主要表现为：培养目标的应用性，专业设置的针对性，课程设置的实用性和教学内容的实践性等。其中对培养目标的保证是监控教学质量的主要因素。由于高职教育培养目标与普通高等教育不同，因此应该有不同的质量衡量标准。如高等职业教育是以培养应用型人才为目的的，那么高职院校就应以技术应用能力为核心来组织教学，并根据这个目标不断提高教学质量。

高等职业教育教学质量监控体系的特征表现在：既重视一般常规教学和理论教学监控，也重视对实践教学的监控；既重视对专任教师教学活动的监控，也重视对兼职教师教学过程的监控；既重视对学生知识的考核，也重视对学生实际能力的考核；既重视对教学静态的监控，也重视对教学动态的监控；既重视学生的校内评价，也重视社会评价等。基于此，高等职业教育必须建立一个科学、规范、可操作的、行之有效的、有自身特色的教学质量监控机制，保证和不断提高高职教育的教学质量。高职教育质量监控的因素主要包括培养目标、主要教学环节（课程和实践性教学环节）、教师和学生三个方面和决策与执行系统、评价与督导系统两个层面。

（1）决策与执行系统

决策系统是指院级决策机构，由学院领导和行业专家、企业专家及学院专业带头人、学科带头人、骨干教师组成的教学指导委员会组成，对学院的办学思路、办学方向、办学体制、改革与发展等重大问题进行决策。执行系统是指执行学院决策的有关职能处室和教学系（部）。

（2）评价与督导系统

评价与督导系统有院级和系级两级。院级教学质量的评价与督导是对全院的教学质量进行督促和评价，系级评价与督导系统是学院对教学系（部）的教学秩序和教学质量进行督促和评价。

系级教学质量评价与督导系统的良好运行是保证学院教学秩序和教学质量的关键。系级教学质量评价与督导系统的运行机制和监控的方法、途径有：

①系（部）定位及专业设置合理性的论证，系（部）发展规划、专业建设规划及教材建设规划合理性论证，毕业生质量跟踪调查及分析，人才需求调研与预测，教学计划和教学大纲的审订，各项教学管理制度执行情况检查，决定奖惩处理，随机听课等。

②系办公室是系教学质量监控的职能部门。系办公室负责收集系教学督导组、各教研室、各学生班级和学生教学信息员等在各个教学环节中反馈的各种信息，并对其进行记录、分类、整理、归档，对存在问题做出改进和处理意见，将结果反馈给相关部门和个人，重大问题及时反馈给系领导，由系务会做出处理意见后反馈给

相关部门和个人。

监控的方法和途径主要有：教学进程执行情况检查，实践教学完成率及完成效果督查，系督导组随机听课、检查教案，召开教学督导专题座谈会，召开学生代表座谈会，收集学生教学信息员意见，开展学生对教学质量的评价，问卷调查与分析，日常检查，期中教学检查与分析总结，期末教学检查与分析总结，各项信息反馈，发布教学通报，问题的解决及跟踪落实，上级监控措施的落实，追究教学责任事故，教考分离，学生成绩统计分析，结合津贴分配、年终考核和评选先进等实施奖惩处理，保存相关记录、文件和资料，保存并记载教师业务考核档案，工作总结等。

③各教研室（教师）和各学生班级（学生）通过各项教学活动、学生社会实践活动、学生各专业兴趣小组和学生课代表等形式，进行各种教学信息的沟通与反馈，使教与学形成良性互动。

监控的方法和途径主要有：在教学活动中感知学生的满意度，到课情况和课堂纪律，教师评学，学生评教，试卷分析，学生考试合格率统计分析，问卷调查与分析，学生技能比武，指导学生课外活动等。

④教研室监控。监控的方法和途径主要有：教学研讨（教学计划和教学大纲的制定修订及教学内容、教学方法、教材选用等），相互听课、评课，教学观摩，学期授课计划的执行情况，现代教学手段应用，作业批改情况，日常检查，内部自评，各项信息反馈，期中教学检查和分析总结，问题的解决及跟踪落实，期末教学检查和分析总结，命题的信度和效度评价，保存相关资料、文件和记录等。

⑤通过系领导联系教研室制度和系领导与学生对话制度，使系领导能深入教学第一线，直接了解教学中的有关信息，掌握教学运行的真实情况。

监控的方法和途径主要有：听取意见和建议，现场解决有关问题等。

⑥对于学生、教师及管理服务人员在教学过程中不便直接提出意见的事项，则通过意见箱将信息反馈到系办公室，系办公室由专人负责每天定时开启意见箱，对意见进行分类、整理，并按职责反馈处理。

⑦在这一监控体系中，除了学生代表座谈会和学生教学质量测评为定期反馈外，其余各项监控方式均为即时反馈，有效地保证了监控的时效性和全程性。

⑧在这一监控体系中，所有的部门，所有的个人，既是监督主体，又是监督对象，从而形成了一个全员参与监督，全员接受监督的立体互动、即时在线的教学质量监控体系。

第三节　高职院校系（部）管理模式的构建

一、院、系两级的职能界定

（一）院部的职能

实现院系两级管理改革后，院部各职能部门要逐步转变职能，淡化微观管理职能，强化监督考核和服务职能。除保留必要的组织和审批事权外，主要行使宏观规划、政策制定、考核评估、信息服务、协调督查、对外联络等六大职能。具体职责为：

1. 制定学院的总体发展战略与规划，制订学院的阶段性计划和发展目标并监督实施。

2. 制定和颁布学院的各项宏观政策与规定。

3. 定期汇总并分析本部门的信息，为院领导提供科学准确及时的决策依据。

4. 开展调查研究，为系（部）运行和发展提供必要的服务和咨询。

5. 组织建设和管理全院性公用教育资源及跨系的综合性核心课程和跨专业的研究中心。

6. 对外联络。

7. 统筹规划全院的教学科研师资建设、人才培养、党建思政、学生管理、校园文化、公共关系与公共形象、后勤保障等工作。

8. 对系教育质量和办学效益实施监控与评估。

9. 根据校务公开的要求，定期组织召开院情通报会。

（二）系（部）的职能

系（部）的相对独立性表现在作为学院组织系统中的子系统，系（部）必须受到大系统组织目标的制约，接受学院的宏观调控，为实现整个学院组织目标而发挥出其独特的功能，即在院部的支持下，独立行使教学科研、社会服务、对外交流等职能。具体职责为：

1. 根据学院总体发展战略，制订并实施本单位发展规划及年度发展计划。

2. 决定本单位的教学科研组织形式。

3. 负责教师队伍建设，在学院核定的编制数额和各级职务比例内确定教职员工岗位设置，聘任教职员工，考核应聘者的工作业绩。

4. 在学院指导下，具体负责本单位的专业建设、精品专业建设、精品课程建设、实验室建设、师资队伍建设、学术交流及教学科研、人才培养、党建与思想政治工作、学生管理及其他日常事务性工作等。

5. 在学院的统筹规划下，完成重点实训基地建设、精品专业建设、精品课程建设等项目的非常规性任务。

6. 在国家和学院政策法规范围内，积极开展系间、系企间、系与社会间的产、学合作办学和科技服务，提升系的造血功能，提高办学质量和办学效益。

7. 制定内部财务制度，在执行预决算制度的基础上，在财务、审计部门指导与监督下自主支配本单位办学资金。

8. 定期召开系情通报会，做到系务公开。

（三）实现院系两级管理后系（部）的责任与权利

实施院系两级管理体制改革后，系（部）主要应承担的责任：

1. 专业建设责任。明确系（部）为专业建设的主要责任单位，系主任是专业建设的第一责任人。在聘任系主任时，要求应聘者在学院发展战略规划的框架内提出明确可行的专业建设规划，并将专业建设指标纳入系行政负责人的考核指标体系，由学院专业建设办公室对其任期内专业建设规划目标的落实情况进行监督考核。

2. 教学质量责任。系对本系教师的教学质量和学生培养质量负责，系有责任帮助教师丰富教学内容、改进教学方法、提高教学质量，系的教学质量接受教务处和督导组的监督检查。理论课教学质量和实践操作课教学质量均纳入教学检查评估的范畴。

3. 社会服务与对外交流责任。系有责任不断发展与行业社会团体和企业界的广泛联系和合作。系应成为对外交流和产、学、研合作教学的主体。

根据匹配性原则，系在承担三大责任的同时，拥有三大相对权利，即自主用人权、自主理财权和自主配置物力资源权。

1. 自主用人权。在学院政策规定和下达的各项指标范围内，有权设置和调整本单位内部的教学、科研、实验及行政等机构；有权聘任内部机构负责人；有权设置单位内部具体工作岗位，制定相应的岗位职责及任职条件，在学院核定的岗位编制内，自主聘任专业技术人员；有权根据工作需要聘任管理人员；在完成院部核定的教学、生产和科研工作量的前提下，有权制定本单位年度考核细则，自主核定本系教师的教学和科研工作量标准，对本系教师实施分类考核。

2. 自主理财权。在遵守院财务管理制度的前提下，在学院核定的预算范围内，系（部）有权自主编制预算和决算，自主制定财务分配政策。在明确用途及支出比例的基础上，系（部）在经费定额内可自主审批具体经费使用事项。

3. 自主配置物力资源权。系（部）在遵守学院有关资产管理的规章制度前提下，在核定的经费和设备规格范围内，有权自主统筹购买和使用教学科研、行政办公等工作所需的设备及物品。

二、院系两级管理体制下的财务预算管理、经费运作与监控

院系两级管理体制下的财务预算管理、经费运作与监控的总体思路是“两级管理、重心下移、规范运作、长效机制、增强活力、提高绩效”。院系两级管理体制下的财务预算管理、经费运作与监控是推进学校内部管理体制改革的必然要求和客观结果，是改革的核心所在。各学校结合本校的实际情况，构建行之有效的不同的院系两级管理体制下的经费运作与监控体系。由于各地区、各学校的情况不同，这里只给出一个基本原则和基本框架。

基本原则：

1. 权责匹配与费用分担相结合。

2. 自主理财与规范运作相结合。

3. 微观搞活与宏观调控相结合。

4. 统一领导与自主决策相结合。

5. 统筹规划与分步推进相结合。

基本框架：

1. 院拨资金分配体系。院拨资金分配体系包括院拨预算资金作为系（部）教职工的工资和岗位津贴，学院下拨给系（部）规定用途的各项经费，部分院内安排的专项经费，学院用于支持改革的部分增量资金和预算分配经费。

2. 系（部）预算管理体系。系（部）预算管理体系包括：

（1）二级预算的基本内容（收入预算、支出预算）和系（部）二级预算的编制方法［收入预算的编制、支出预算的编制、预算编制中需要遵守的具体规定、系（部）二级预算的编制时间与预算的审定］；

（2）系（部）二级预算的执行；

（3）系（部）二级预算的调整；

（4）创收收支预算的管理。

3. 监督管理体系。监督管理体系包括：

（1）院财经领导小组的预算控制；

（2）财务处的动态监控；

（3）职能部门的目标考核；

（4）系（部）内部的民主监督。

三、院系两级管理的教学目标体系

高职院校实现院系两级管理，变过程管理为目标管理。目标管理（Management By Objective 简称 MBO）是一种新兴的、科学的、有效的管理理论和方法，是美国 2002 年度总统自由勋章获得者彼得·德鲁克对管理实践的主要贡献。要实现目标管理，首先要建立目标管理体系。系（部）教学目标管理体系又是由常规教学、专业建设与课程建设、教研教改、师资队伍建设等组成的。系（部）教学目标管理体系的指标框架：

1. 系统模块。教学目标管理体系包括常规教学、专业建设与课程建设、教研教改、师资队伍建设四个模块，每个模块又有独自的目标管理体系。

2. 考核指标体系。考核指标体系的设计是目标管理的关键环节，考核指标体系主要由一级指标、二级指标、评价（审）标准、权重、评价等级等组成。一级指标有四个模块，即常规教学、专业建设与课程建设、教研教改、师资队伍。二级指标是由四个模块化解而成的。

3. 评价（审）体系。教学目标管理是否落实到位，任务完成得是否出色，效果的考评是相当重要的。在制定体系时，就列出了检查方式；院系评价结果或自评结果，列出了得分的计算公式；明确了考评方法，每位参与者都可根据任务的完成情况自测自己的得分情况，系（部）各教研室可根据各自的计划进行阶段性的考核和检查，并给出检查结果和改进意见，以便执行者及时调整自己的执行方法，达到好的效果。

4. 权重。根据每一具体指标体系在整个指标体系中的重要性，给出不同的权重。

5. 评价等级。各项指标得分之和就是最后得分，按得分多少得出最后等级。

四、院系两级管理体制下的人力资源管理模式

绩效管理是院系两级管理体制下的人力资源管理的有效模式。绩效管理是一种提高员工的绩效和开发团队、个体的潜能的管理方法，它包括目标设计、教程监控、实施考核和结果应用的循环过程，强调考评者与被考评者之间的沟通与互动。高职院校实施绩效管理是把人作为管理活动的核心和组织的最重要资源，充分体现了“以人为本”的思想和高职的管理特点，是对教职员工实行动态的、主动的、开放的、全过程的管理。绩效管理模式的构成如下：

（一）目标设计

高职院校的目标设计分为学校、部门、员工三个层面。学校目标有长期战略规划、中期规划、年度目标。部门目标根据学校的年度目标进行分解。员工目标根据所在部门的年度目标层层落实。部门和员工目标设计应注意“工作结果绩效”和“工作过程绩效”。

（二）过程管理

对员工的绩效管理是绩效管理中非常重要的一个环节。在绩效管理实践中，管理的主要功能是使员工完成所设定的目标，顺利地在规定时间内完成任务。

（三）实施考核

实施考核，即在双向沟通基础上制订绩效计划和考核标准，用科学的方法，考核和评定所有员工对绩效计划履行的程度，并且将评定结果反馈给员工，以确定其工作绩效的优劣的过程。

（四）结果应用

在实施考核后，作为一个完整的管理系统，绩效考核还没有真正完成。绩效考核本身不是目的，因此应当特别注意考核结果的应用。通过公平、合理的绩效考核与评价，来确定每位教职员工完成教学、科研或者管理工作中的贡献，奖惩兑现。

五、院系两级管理模式优化的指导思想、原则、目标

（一）指导思想

推进院、系两级管理工作要以习近平新时代中国特色社会主义思想为指导，贯彻落实《职业教育法》《职业教育改革发展纲要》和《国家职业教育改革实施方案》（《职教 20 条》）精神，进一步解放思想，转变观念。改革要有利于实现

院系权责的统一，有利于调动教职工的积极性，有利于专业建设和师资队伍建设，有利于提高人才培养质量和办学效益，有利于实现学校的发展战略目标。改革涉及资源配置和利益格局的重大调整，必须正确处理宏观调控管理与微观放开搞活的关系，创新与继承的关系，局部利益与全局利益、眼前利益与长远利益的关系，以及改革、发展与稳定的关系。

（二）基本原则

1. 主体性

在学院内部组织系统的结构上，在系、学院职能部门、后勤和产业四个方面中，唯有系直接发挥了学院组织的系统功能和作用，因此，必须始终明确，在上述四个方面中系是主体性。专业建设是高职院校的行政管理活动、后勤服务活动、生产经营活动以及其他文化活动在内的校园活动存在的逻辑依据。因此，必须始终明确，在行政管理、后勤服务、产业活动等各项功能中，专业建设功能是主体性功能。教师是专业建设活动的直接承担者，教师的水平直接影响着高职院校的办学水平。因此，必须始终明确，在人、财、物等办学要素中，教师是主体性要素。

要凸显教师的“主体性”地位，营造成就专业带头人、学科带头人和青年骨干教师的氛围，建立成就机制，制定引导教师努力成为专业带头人、学科带头人和青年骨干教师的政策，使教师在办学过程中得到权利和利益分配上的高度尊重。

2. 优先性

系设置及其管理模式、决策机制等均应确立专业建设与教学管理优先的原则。应通过改革，将专业建设与教学管理作为系基本的和首要的职能定位。为使系组织围绕专业建设与教学管理与时俱进，应使系组织具有一定的弹性，能够不断适应社会需要和专业建设的发展变化。行政管理无论采用何种运行方式，都应该保证和服从于专业建设和教学管理。

3. 系统性

建立和完善院、系两级管理体制是一项系统工程，涉及学院方方面面的工作，因而需要对学院各项改革措施统筹兼顾，通盘考虑，树立全局观念，院、系齐心协力，周密设计改革方案，共同推进。

4. 匹配性

推进院、系两级管理将打破现有的部门和院系的利益格局，必将影响各项办学资源的重新配置。因此，要按照管理的效率标准与能级原理，坚持“产供销”“责权利”“人财物”相匹配的原则，合理划分院部机关和系职能，并在事权重心下移的前提下，使系拥有与专业建设和教学管理相适应的财权、人事权和物权，真正做到权、责、利相结合，才能真正调动系的积极性、主动性和创新性。

5. 民主性

院、系两级机构均要通过改革，强化教学权力和教学民主管理，淡化行政职能，强化服务职能，约束个人决策。应通过两级管理体制改革，大力推进系民主管理，尤其是教学民主管理，加大专业带头人、学科带头人和青年骨干教师在院、系两级教学管理决策中的分量。

6. 渐进性

“十四五”期间，高职院校将处于发展的瓶颈阶段，制约因素较多，同时，学校管理体制的综合改革具有不同于一般单项改革的复杂性和艰巨性，因而，院、系两级管制体制改革的推进不可能一步到位，而应从现实情况出发，根据事项的轻重缓急及改革条件的成熟情况，总体规划，分步实施改革方案。

（三）基本目标

党的十八届三中全会提出：“全面深化改革的总目标是完善和发展中国特色社会主义制度，推进国家治理体系和治理能力现代化。”治理体系和治理能力体现在高职院校，就是办学治校的能力和水平。推进院、系两级管理的最终目的是不断提高人才培养质量、办学水平和办学效益。从现实出发，推进两级管理就是要建立适应学校办学规模扩大以后的专业建设运行新机制，充分激发和调动系（部）办学的主动性、积极性和创造性，加强现代高职院校的制度建设，优化院、系两级的治理结构。具体而言，推进院、系两级管理是为了实现以下三个方面的目标。

1. 形成一支高素质的教育、科研、管理队伍

通过推进两级管理，形成符合教育规律和市场规律的用人机制；入口顺畅、使用灵活、淘汰合理，使人才成长进入良性循环，充分调动教职工的积极性，发掘各类人才的潜力，形成一支具备优良素质，符合建设示范性高职院校的教学、管理

队伍。

2. 系（部）成为具有生机和活力的教学科研实体

推进两级管理，就是要充分调动系（部）自我发展的积极性，使系（部）根据自身情况和学校发展目标，制订切实可行的发展规划，充分挖掘系（部）教学、科研、管理的巨大潜力，形成合理高效的院系行政架构和高素质的教职工队伍，最终使系（部）成为拥有相对独立自主的办学权力、充满生机和活力的教学科研和社会服务实体。

3. 学校内部管理水平得到充分提高

通过推进校院两级管理，要使学校有限的资源得到合理的配置，发挥最大效益；权力的集中和下放有机结合，相得益彰；权力和职责明确统一；领导机关和系（部）管理和谐顺畅，办事高效。最终要使学校的内部管理水平得到提高，适应高职院校跨越式发展的要求。

第三章　创新视角下的高职院校学生管理

目前中国高职教育还没有超越快速发展后的规范阶段，如何规范、从哪些方面进行规范是每个高职教育工作者必须思考的问题。就目前高职院校的学生管理工作而言，依然没有脱离传统的本科学生管理模式，没有结合高职学生的特殊性，没有结合高职培养目标与学生特点之间的联系，在学生管理中存在着与实际不相符合的许多问题。

第一节　高职院校学生管理的现状

当今时代遭遇百年未有之大变局，风云变幻，经济全球化、科技现代化、文化多元化、教育国际化的趋势已经不可阻挡。在此时代背景下，为顺应专业化分工深化及经济快速发展的要求，现代化建设对职业教育发展、技能型人才的培养提出了强劲的需求；党中央、国务院高度重视职业教育，为加快职业教育改革与发展提供了有利条件，高职教育也因此迎来了发展的春天。

一、近年来，高职院校学生管理工作取得的主要成效

（一）树立了以学生为本、以学生为主体的管理理念

随着我国市场经济体制的建立和完善，呈现出利益主体多元化、行为主体个别化的趋势，个人将获得更大限度的独立性和自主性，能够在更大的范围内选择个人的发展方向和途径。再加上高等教育作为非义务教育，实行教育成本分摊，学习者必须交费上学，这就使学校在市场上处于卖方地位，而学生处于买方地位，学校是教育产品的“提供者”，而学生是“消费者”。市场经济体制的建立改变了高等

学校中学生所处的地位，这就为确立学生的主体地位，给学生以学习的自主性与独立性，为确立以学生为中心的观念奠定了体制性基础。以学生为本，以学生为核心主体的教育理念，是把学生当作高等教育的消费者，把高等学校看成是为学生发展提供教育服务的机构的理念。这就要求学校教育在一定意义上是把学生看作学校的消费者，是买方，而学校则是为他们提供服务的卖方。不再像传统教育模式那样，在高校与学生之间的关系中，学生作为师生关系中被动接受知识传授和管理的载体的一方。这要求高校管理应克服目前我国大学生管理中普遍缺乏的作为主体教育的卖方应当具备的平等观和服务观。

（二）高职院校学生思想状况得到了积极的改善

1. 社会主义市场经济的发展，提高了人们的物质和文化生活水平，进一步显示出社会主义制度的优越性，从而坚定了高职学生的社会主义信念，增强了他们的社会责任感和政治参与意识，使他们树立了为社会主义现代化建设而奋斗的坚定信心。

2. 思想比较活跃，自我意识强，依赖性较小，在日常生活中，乐于交往，富于情感，在第二课堂活动中，大多数高职学生在文娱活动中有较好的表现。

3. 随着改革开放的深入发展和社会主义市场经济体制的确立，中国加入WTO，全球化步伐加快，特别是近年来，世界的格局正在迎来新一轮的洗牌，世界正处于“百年未有之大变局”，传统的思想观念受到了冲击和挑战，促进了高职学生的新思想、新观念的形成。

4. 市场经济的竞争性、平等性，增强了高职学生的成才欲望，“双向选择”的人才市场，为他们提供了就业渠道，面对人才市场的激烈竞争和无情的“优胜劣汰”制，他们感到肩上的压力更大了，从而使他们更能自觉地刻苦学习。

（三）确立了大学生心理健康教育工作的重要地位

近年来，高职院校充分认识心理健康教育的重要意义，准确全面定位大学生心理健康教育，努力加强心理健康教育，促使学校学生管理工作逐步完善。加强学生心理健康教育的专业化，既加强了从事学生工作人员和心理咨询工作人员的专业化，又加强了学校心理健康教育工作组织机构的专业化和理念、制度的专业化。加强了学生的心理健康教育的常规性，日常工作中从学生的学习、就业、人际交往、生活和情感等方面下大功夫，做好了疏导工作，坚持“教育预防”为主、“治疗”

为辅，两法并举，对存在心理问题的学生，坚持心理咨询和心理治疗相并进，取得了较好的成效。

（四）充分发挥了新形势下学校后勤管理、学生公寓辅导员的服务育人功能

公寓辅导员充分发挥作用，引导、组织学生积极参与学生公寓建设、管理和服务，培养了学生的自我实现能力、树立主人翁意识；建立健全了学生公寓网络管理制度，规范网管行为，注重网德教育；初步建立了公寓党建、团建工作体系，充分发挥党团组织引导人、团结人、凝聚人的作用；加强了学生公寓内的精神文明建设。

（五）建构了大学生弱势群体特别是贫困生的管理与资助体系

贫困给大学生带来了许多消极的影响，甚至引起严重的心理问题。因此，近年来，高职院校就如何做好贫困生的思想政治教育工作，探索新的办学模式，进一步建构和完善高校贫困生的助学体系，进行了积极的探索，采取了有效的措施，取得了良好实效。

二、高职院校学生管理工作存在的主要问题

（一）学生管理工作依然没有完全脱离传统的本科学生管理模式

就目前高职院校的学生管理工作而言，依然没有脱离传统的本科学生管理模式，没有结合高职学生的特殊性，没有结合高职培养目标与学生特点之间的联系，依然是沿用校、院（系）、辅导员（班主任）三位一体的学生工作管理模式，管理工作涉及多个层面，涉及多个部门的工作，最后的落脚点都是辅导员（班主任）。现行的工作体系，工作内容的庞杂，加之高职教育是新兴的一种教育，面对的管理对象不同于传统的普通高校的大学生，而是相对学习习惯较差、自控意识较差的高职生，此外，一些学生管理模式尚在探索当中，这势必导致学生管理者无法避免地每日陷于事务堆，疲于应付，缺乏现有经验，很难对学生的学习兴趣、好奇心、探索欲、判断力、创新等综合素质和能力，一些重要问题、棘手问题一抓到底，很难有精力研究一些学生工作规律、学生工作经验教训、当代高职学生的特点思想动态等问题，从而使管理表面化，对高职学生行为疏于高效规范的管理，从而影响了学生综合素质的提高。

（二）管理职责不够明确、服务意识不强

传统高校学生管理模式是与学年制相适应，在计划经济条件下形成的。其最显著的特点是学生以班级为基本单位学习、生活，学生工作按班级配备辅导员或班主任，院系有直接负责学生工作的总支副书记，校有负责学生工作管理的学工部（处）、分管学团工作的校团委和分管学生工作的党委副书记，学生基层组织成员相对稳定，学生教育管理体制层次清楚，但管理和教育对象都固定在相应的年级、班级和院系，管理的范围和空间较小，思想政治教育工作是在一种相对封闭的环境下进行的，因而过多的是依靠思想政治教育工作者的工作经验，缺少与管理系统外的信息交流，缺少科学理论的指导，难免会出现管理松散、覆盖面不全的现象。高职教育是教师与学生的双主体的互动过程，学生既是教育管理对象，又是学校服务工作对象，学生管理工作应当寓于服务工作之中，没有良好的服务就没有良好的育人环境和学生成才环境。但现在相当一部分学校的学生工作者，由于行政化的学生教育管理方式，导致对学生训导多，而服务和权益保护少；管理事务多，而服务意识少。同时学生管理工作的系统性、连续性和协调性不强，致使学生教育管理工作存在一定程度的波动性，大部分学生对工作的感受是形式主义的做法较多。学生教室等场所一过检查关很快又出现“脏、乱、差”现象，就是这一问题的真实反映。问题产生的根本原因，在于未能真正从培养高素质人才的高度去认识学生教育管理工作的性质、目标和任务，往往停留于解决局部问题、完成单项工作任务、应付工作检查的状态，无法与高素质教育相适应。

（三）高校后勤社会化给学生管理工作带来新的问题

高校后勤社会化，实际上是建立一种教育成本分担机制。目前，我国大多数高校实现了高校后勤社会化。高校按市场经济规律运作，开放学校市场，允许社会上的人员、资金、技术、设备开发校内市场，这些经营者进入高校市场的主要目的是盈利，而学生在缴纳各种费用的同时也树立了教育投资意识，对学校教学生活条件有了更多、更高的要求，这就使二者容易产生矛盾。比如，学生宿舍管理实行公寓化管理后，不同年级、不同专业、不同班级的学生混合居住，就给学生管理工作带来了很大难度，以前按班级、院系管理的模式难以起到应有的作用。随着高校招生规模扩大，许多高校原有的校园难以满足学生的学习生活要求，各高校纷纷在原有校园外建设新校区，造成同一专业学生或者同一院系学生由于校区不同接受的教

育也不尽一致，不同专业、不同院系甚至不同学校的学生同住一个学生公寓，严重冲击了以前按院系管理的模式。在这种新的形势下，探索新的学生管理模式将是学生管理工作面临的新课题。

（四）学生管理法制化程度较低，某些法规与学校规章之间存在矛盾

近年来，尽管依法治校、学生管理法制化的观念已经深入人心，社会各方面对依法治校、学生管理法制化已经多有论述，国内教育学、社会学、法学等各学科的学者也从不同的角度和不同的深度做了许多研究并取得了一定的成果。但是，回望这几年的相关论文和著作，研究者的目光大多集中在如何加强制度建设、如何加强学生权利保护、学校管理方式和方法、各参与主体法律意识教育等方面，大多属于宏观范畴的思考，对于学生与高校间的关系属于何种法律关系、各方权利和义务内容如何以及如何才能做到学生管理法制化等基础性、结构性的问题，并没有更多的深入研究。我国现已形成较为规范的教育法律体系。如普遍运用的法律有《宪法》《教育法》《教师法》《高等教育法》以及原国家教委颁布的《普通高等学校学生管理规定》等，还有某些特定高校自行制定和适用于内部管理的规章。但是，在有些规定上表现出了上位法与下位法之间的冲突，如新颁布的《婚姻法》与《普通高等学校学生管理规定》是上位法与下位法的关系，但下位法的规定不能突破上位法的规定。又如《普通高等学校学生管理规定》中“不准在校大学生结婚”的内容就违背《婚姻法》规定的“婚姻自由”原则。再如，某些高校校规规定对参与打架斗殴者一律给予处分，这与《刑法》确认的公民正当防卫权相违背。再如《高等教育法》对于高校学籍管理、学校与学生间的权利和义务关系以及违反这些权利和义务所应承担的法律责任等无操作细则，这也是导致近年学校与学生间法律纠纷增多的原因之一。

（五）对学生管理工作的队伍建设尚需进一步重视

办好一所学校，关键在于人才。人才不仅包括教学科研人才，而且包括好的学生工作管理人才。面对新形势，要开创学生管理工作新局面，促进高职院校发展，必须努力培养和造就一支高素质的学生管理人才队伍。高校的主要任务是教书育人，要把学生培养成具有高度社会责任感、热爱祖国和人民、有奉献精神的人。因此，要实现学校的目标，必须把学生管理工作放到一个十分突出的位置，必须培养一支专业化的学生管理人才队伍，对学生管理面临的问题进行研究，提出应对办法。从

当前高职院校学生工作管理人才队伍的现状来看，存在着数量不足、结构不合理、队伍不稳、人心不安等问题，这就很难为学生管理工作提供组织保证。从一些高校的实践来看，有些高校认为，教学科研需要高级人才，学生管理只要有人管就行。因此，各级学生管理工作中，学生工作管理人员参差不齐，大多数是本科毕业就从事学生工作，不但理论修养不够高，从事学生工作所要求的专业知识也欠缺，基本上处于经验化工作水平，专业化程度低。因此，建立学生教育与管理专业学科，培养学生工作的专门人才是当务之急。要通过建设一支思想好、业务精、作风正的教师队伍和学生管理工作队伍，确立学生为中心的管理思想和理念，构建好责权清晰、分工明确、合作有序的学生管理工作体制；要运用现代化的教育管理手段，真正促进高职院校学生管理工作走向专业化、科学化、制度化、人性化，适应新形势，不断为加快高等教育和社会经济发展做出更大贡献。

（六）高职学生思想状况也存在一些消极的因素

1. 专业思想不稳定。高等职业技术学院按照国家的有关规定，实行的是“三不一高”政策（不转户口，不发派遣证，不包分配，高收费）。“三不一高”对学生、家长无异于当头一棒，使他们产生偏见，认为高职生即落榜生。特别是高收费问题，高职录取的批次在大专以后，录取分数在大专以下，收费却高出大专很多，让人不好理解，难以接受。另外一个原因是宣传不够，社会上对高职认识模糊，有的还认为是职高，加之高职生源主要是高中毕业生，其中不少人内心里就不愿就读，但最后迫于形势又不得不读，因此有些学生的专业思想不稳定，情绪波动大，给管理工作带来较大难度。

2. 少数学生学习无动力，对个人前途信心不足，缺乏奋斗目标。实事求是地讲，高职学生的文化基础，较其他大学生来讲，的确是要差一些。加上高等职业技术学院的办学历史不是很长，办学条件不是很好，与学生想象中的学校差距甚远。因此，部分学生在思想上信心不足，精神萎靡不振，学习缺乏动力。

3. 重利轻义，人生观、价值观发生扭曲。“君子喻于义，小人喻于利”，这是中国几千年奉行的义利观。但自改革开放以来，这种传统的观念受到了极大的冲击。少数学生重利轻义，个别学生的人生观、价值观发生了扭曲，见利忘义，唯利是图。有少数学生热衷于经商，有的在经商中行骗。这些学生名曰体验生活、增强经济意识，其实质是为了追求个人利益。

4. 心态异常日趋突出。高职学生思想活跃，成就感强，少数学生存在许多不良的行为和不正确的思想，对老师的教导，职能部门的管理，持一种厌烦、逆反的心理。学生中出现的问题和矛盾，总是想通过非正式方式“私了”。

三、高职院校学生管理工作存在的主要问题的原因分析

（一）缺乏“以人为本”的管理理念和“三全育人”的认识

造成高职学生管理工作流于表面化和缺乏服务意识的根本原因，在于学生工作管理者缺乏“以人为本”的管理理念。树立“以人为本”的管理理念，就是要着眼于新形势下高校学生管理工作中面临的问题，从学生需要出发，改变传统的学生管理工作中，学校与学生处于管理和被管理的对立格局，适应高校发展要求，变管理学生为服务学生，通过转变角色，来应对学生管理中遇到的问题。创新高校学生管理，最重要的是转变学生管理理念，树立“以学生为本”的教育、管理思想，变管理为服务。首先，要树立服务意识，传统的大学办学理念强调的是对大学生进行严格规范的管理，学校各部门扮演的是管理者的角色，往往导致学生出现情绪上的对立。因此，要改变过去把学生管理工作看成“管理学生”的错误认识，变管理为“服务”。学生管理部门要培养“以学生为本”的服务意识，一切为学生利益着想，了解学生中存在的主要问题是什么，学生普遍关心的问题是什么，学生迫切需要解决的问题是什么。其次，要体现学生的主体地位。要根据“依法治校、科学管理”的要求，一方面，明确地告诉学生，他们在学校里享有什么样的权利，在充分享有权利的同时不能忽视应尽的义务；另一方面，对学生的合法权益要予以维护，针对学生的决定，要做到程序正当、证据充足、依据明确、定性准确、处分恰当，学生对学校的处理享有陈述、申辩和申诉权，学校要有明确的程序并予以确保。

教育者对“三全育人”认识不充分。“三全育人”指全员育人、全程育人、全方位育人。全员育人，是指由学校、家庭、社会、学生组成的“四位一体”的育人机制，强调育人主体。学校成员包括辅导员、班主任、党政管理干部、任课老师、图书馆工作人员、后勤服务人员等；家庭主要是指父母亲；社会主要是指校外知名人士、优秀校友等；学生主要是指学生中的先进分子。全程育人，是指学生从一进校门到毕业，从每个学期开学到结束，从双休日到寒暑假，学校都精心安排思想政治教育，贯彻始终。强调育人时间，将育人工作贯穿学生在学校的学习、生活和成长的全部过程。全方位育人，是指充分利用各种教育载体，主要包括学生综合测评和奖学金评比、贫困生资助与勤工助学、学生组织建设与管理、校园文化建设、学

风建设、诚信教育、社会实践等，将思想政治教育寓于其中。强调育人空间，把育人工作渗透到高校教学、管理和服务的各个环节，渗透到大学生生活、学习、工作的各个方面。

2018 年 9 月 10 日全国教育大会召开，习近平总书记在报告中指出："培养德智体美劳全面发展的社会主义建设者和接班人，加快推进教育现代化、建设教育强国、办好人民满意的教育。"2017 年 2 月中共中央、国务院《关于加强和改进新形势下高校思想政治工作的意见》提出，坚持全员全过程全方位育人。围绕这些要求，高职院校要把立德树人作为根本任务融入思想道德教育、文化知识教育、社会实践教育各环节，把思想政治工作贯穿教育教学全过程，把思想价值引领贯穿教育教学全过程和各环节，形成教书育人、科研育人、实践育人、管理育人、服务育人、文化育人、组织育人的长效机制。

人是育人之人，时是育人之时，处是育人之处，本应成为全体教育者的共识，但不少教师认为自己的任务就是教学或科研，而未能把育人看成自己的根本任务，只教书、不育人，只顾教学、不顾教育的思想和行为在一定范围依然存在，更甚者有人认为学生教育管理工作仅仅是政工干部的事情，没有形成"全员育人意识"主流。我们知道，高校的学生教育管理工作，不能只依靠班主任和学生思想政治辅导员，必须把教书育人、服务育人、管理育人的责任落实到人，形成学生教育管理工作的合力，才能收到实效。为此，我们要转变教育观念，端正教育思想，从培养社会主义建设者和接班人的高度，从巩固执政党地位、完成党的历史任务的高度，认识学生教育管理工作的重要性，确立学生教育管理工作在高校工作中的重要地位。只有思想认识到位了，才能增强教育管理工作的主动性、自觉性和创造性，才能更好地形成合力，为推动学生教育管理工作的改进和提高提供有力的保证，从而促进大学生德智体美劳全面发展，健康成长。

（二）学校学生管理工作的程序还有缺陷，有些教育管理者的法律意识不强

教师对学生的管理往往过多强调管理者的权威。在高校，学生管理规章制度的制定、管理工作的开展和实施都以学校和管理者为主体，以学校和管理者的意志为转移。少数管理者垄断一切管理事务，学生无过多的权利参与管理，或者有些权利但因无可靠的保障而流于形式。这样，学生的合法权益往往得不到应有的保障。最高人民法院在《关于审理名誉权案件若干问题的解答》中指出："对未经他人同意，擅自公布他人的隐私材料或以书面、口头形式宣扬他人隐私，导致他人名誉受

到损害的，按照侵害他人名誉权处理。”高校在学生管理工作过程中，未得到学生的同意，将学生的考试成绩公之于众，将对学生的处分决定公开张贴等，势必造成对学生名誉权的侵犯。同时学生管理工作程序存在不足。由于学生管理工作的程序性规定欠缺，当学生的权利遭到侵害时，其很难得到有效救助。在处理学生违纪违规时，没能做到透明、公开，没能给当事学生充分的参与和申辩机会，尽管处理是公正的，但学生容易产生抵触情绪，甚至误会是班主任、辅导员等老师故意处罚他们，有时就算接受处分心里也不服气。应该说，管理过程中的正当程序是相对人权利保障的基本要求，没有正当程序，受教育者在学校中机会均等就难以实现，其合法的请求权、正当的选择权和合理的知情权就难以得到保障和维护。如某高校为了让学生对处理心服口服，认识错误并及时纠正，成立了由学院（系）领导、任课教师和学生代表三方组成的学生违纪处理委员会，每次都是召开会议公开透明处理。被处分的学生可以参加会议并申辩，其他同学也可以旁听并提出自己的意见，最后由学生违纪处理委员会投票决定是否按规定处分或减轻处分。这样的处分过程更显人性化，这样的教育更能牵动学生心灵。

（三）对信息化技术的发展和普及给传统学生管理带来的新问题认识不足

信息化的迅速发展，使互联网和多媒体对大学生的学习、生活乃至思想观念发生了广泛和深刻的影响。网络正极大地改变着大学生的生活方式、学习方式甚至是语言习惯。对于学生工作而言，网络是一把双刃剑，一方面网络为高校学生管理工作提供了新的阵地和领域,对加强和改进高校学生思想政治工作带来了新的机遇;另一方面，网络也给传统学生管理带来了极大的冲击。首先，网络信息的快捷性、丰富性和开放性特点，使得从学校获取知识的权威性受到怀疑。在网络普及的社会条件下，大学生能够借助网络比以往任何时候都更快捷地获取信息，而思想政治工作部门和有关干部教师在获取信息的渠道、时间数量上已不占明显优势。数量巨大的网络信息，“淹没”了德育和思想政治教育信息，尤其是一些不健康的信息的冲击，使学校教育者所要传达给学生的信息很难在学生头脑中沉淀，严重影响了思想政治教育在学生身上发挥作用的效果。其次，网络的虚拟性、隐蔽性使得网络成为有害信息的孳生地和传播地。一部分人利用信息技术参与社会政治，一些虚假、不健康甚至反动的信息污染了学生思想教育的环境，使得大学生难以辨别和抵御，有的上当受骗，还有的沉溺于网络虚拟世界不能自拔，带来负面影响。

（四）学生管理工作队伍力量薄弱，管理水平不能很好地适应新形势的需要

学生管理队伍数量不足、质量不高、人心不稳。国家教育管理部门规定每150 ~ 200名学生配备一位专职辅导员，而且以前各高校能达到此比例的少之又少，无法满足学生扩招后的需要。而多数高校又采用接纳本科毕业留校生为辅导员，以解决短缺问题，且对学生管理人员的重视度不够，待遇问题不能得以解决，严重影响了学生管理工作者的工作积极性、主动性和创造性，进而达不到应有的管理质量；且辅导员年纪比较轻，缺乏管理经验，甚至根本没有真正全身心地投入到学生的管理工作中，而是考虑如何变动工作，造成学生管理工作队伍不稳定。

随着办学规模的不断扩大，各系的学生人数也在不断增加。可各系的学生管理者队伍主要还是由系书记和兼职辅导员担任。由于兼职辅导员有教学、科研或生产任务，不能将全部精力用在学生管理上，再加上部分辅导员缺少责任心、学生管理知识和管理经验，辅导员费用同课时费相比不足以吸引人等原因，致使学生管理工作不能扎实、全面地深入各个班及每个学生。同时教育管理者的业务水平不能适应新形势的需要。随着素质教育的全面推进和网络在校园的迅速发展，要求学生教育管理工作应该具备全面的、各个层次的知识和综合素质能力。这就要求学生教育管理者具有更丰富的文化知识、学生管理知识及各种能力素质和现代化的管理手段。由于对辅导员等学生教育管理者缺乏切实可行的考核办法，导致某些学生教育管理者工作责任心、事业心不强，积极性不高，再加上信息闭塞，送出去学习、进修、提高的机会很少，这样在学生管理工作中，学生工作者、管理者、教育者的色彩较浓，致使很难形成良师益友的师生关系，总是把学生中存在的各种各样的问题都归结为思想问题，并针对单个问题而面向所有的同学进行训导，随着时间的延续、问题的积累，学生与学生工作者的矛盾日益尖锐，学生教育管理工作者即使尽了百分之百的努力也很难使学生满意。因为训导者的角色、朋友的角色、服务者的角色皆由一人扮演，一会儿黑脸，一会儿红脸，一会儿白脸，无法让学生信赖，而作为一个训导者也很难成为一个好的服务者，一个平等的朋友。这导致学生教育管理者的业务水平未能跟上新时期学生教育管理工作要求的发展。

（五）学校后勤管理社会化给学生管理工作增添了新的压力

后勤服务社会化后，学生对管理的认识发生了变化。由于住宿变成了一种商业行为，相当多的学生认为，我交钱，就是上帝；你服务，理所应当。学生对于各

项服务的要求更强烈、更高。入住公寓后，学生居住特别分散，加之高校学生学年制向学分制的转轨，传统意义上的班级将由寝室代替。学生的情感交流，思想、文化、政治和价值观的交流、交锋在宿舍，学生的自我教育、相互影响也在宿舍。因此，班委会、团支部的监督作用有所削弱，管理相对松散，信息反馈渠道不畅。而对于一些公寓管理人员的管理，则有较大的抵触心理，只要我不毁坏你的设施你就无权干涉我的生活自由。比如宿管部门对宿舍安全进行检查时，有少数学生锁上门拒绝检查。这些都给学生教育和管理提出了新课题。

学生公寓管理具有双重属性，不仅要满足服务，而且要担负公寓精神文明的建设，并且学生公寓的育人环境在学校整体学生工作中占有非常重要的位置。学生公寓实行社会化管理，投资主体的变化使原来学校保障型的自我服务向社会经营型物业管理转变，过去作为学生管理工作重要组成部分的寝室文明建设的职能由谁承担，如何保证投资者的经营思想符合和满足学校培养人才目标的特殊要求，等等。这无疑是我们工作中遇到的最现实的问题，也是必须解决的问题。

以往高校学生的住宿模式往往是一个院系集中在一个宿舍楼，一个专业基本上都在一个楼层，同宿舍都是本班同学，大家彼此熟悉，管理集中。入住学生公寓后，由于宿舍类型不同、价格不同，学生们有了选择的空间。这样，一栋楼里、一个楼层甚至一个宿舍，可能住不同班级、不同专业、不同院系的学生，给常规的思想政治教育和学生管理工作带来了很大冲击。同时，也会造成学生之间、师生之间交流减少，辅导员与学生之间的距离拉大，学校对学生的集体约束力减弱以及同班同学之间互比性减少等现象的发生。

（六）优化高职学生管理工作的体系尚未完全形成

当下一些高职院校普遍存在重校园建设、重教学质量、重实践教学、重招生就业，而忽视学生管理工作的现象。学生管理体制单一化，学生管理权责不明确，甚至满足于不出事。加之班级活动难以开展，学生积极性不高，辅导员工作量大、难度大。而在学生管理的日常工作中，辅导员的工作又显得十分琐碎，没有明确的量化指标，学生管理目标不明确，学生管理工作规范和规章制度不健全，学生管理指导思想和内容的简单化、经验化现象突出。因此，现行的学生管理工作仍然处于“缺漏补漏”的状况，学生管理工作的系统性、连续性和协调性不强，究其原因，关键是我们尚未进一步理顺关系形成合力，优化学生管理工作体制。

学生管理是对在校大学生的全方位管理，内容比较广泛，涉及学校的多个部门，需要各部门协调一致理顺各部门关系，形成合力，以应对学生管理面临的新问题。在高职院校学生管理工作中：

一是要加强学生工作机构的建设、强化其组织协调功能，理顺学生管理系统各个部门、各层次、各岗位的职责、权限关系，建立健全责任制，做到责任到岗，责任到人，责、权、利相统一。

二是适当放权，发挥基层作用。现行的高校管理体制，实行的校、院（系）、班三级管理，校、院（系）及班应组织担负对学生进行思想教育和行政管理双重任务。因此，既要赋予学院（系）开展学生管理工作的职责，又要让其拥有开展学生管理工作所需要的权力，做到责权统一。适当下放管理权限给学院（系）便于及时发现问题，及时给予解决，以提高实效性。

三是进一步推行校系一级学生工作体制的党政融洽，协调统一。

四是实行年级辅导员制，与学分制相适应。强化以学院（系）为单位的年级管理，进一步增强班级管理、专业教学之间的融合力度。但强化并不否认班级管理，因为在学分制的条件下，学生班级仍然是一个重要的学生单元组合，应纳入学生管理体制。要积极探索以年级管理为主、班级管理为辅的体制。

第二节　高职院校学生的心理问题及应对

高职学生心理健康问题最常见的有学业问题、人际交往问题、就业问题、情感问题等。近年以高职学生退学人员所做的统计表明，心理健康问题已成为学生辍学的一个主要原因。一些学生出现心理不适应、反常，甚至选择自杀，说明在部分高职学生中存在某种程度的心理健康问题。其中的极端行为，更让人感到悲痛和惋惜。

我们注意到，不论是对自杀者事前反常心理的关注，还是自杀后的救助，有关方面的行动并不完全到位，这反映了部分高校在学生心理健康教育方面尚有某些缺憾。高职学生心理健康教育，是一个不容忽视的社会问题。心理障碍、生理疾患、学习和就业压力、情感挫折、经济压力、家庭及周边生活环境的变故等，是导致学生出现心理健康问题的主要因素。

及时帮助处于心理危机境遇的学生恢复心理平衡，构建适合目前学生实际的学校心理健康教育模式，加强高职学生心理健康的教育，树立高职学生心理健康教育的新理念，是落实习近平总书记在2019年4月全国学校思想政治理论课教师座谈会上的重要讲话精神的需要，也是当前全面贯彻落实《中共中央国务院关于进一步加强和改进大学生思想政治教育的意见》的需要。

习近平总书记在纪念五四运动100周年大会上对新时代中国青年提出了六点要求：新时代中国青年要树立远大理想、要热爱伟大祖国、要担负时代责任、要勇于砥砺奋斗、要练就过硬本领、要锤炼品德修为。要求高校要建立“德技并修”机制，将育德与育才贯彻于高校全部工作的始终，坚持育德与育才相统一。要系统开好思政课。习近平总书记在主持召开学校思想政治理论课教师座谈会上强调：“思想政治理论课是落实立德树人根本任务的关键课程。青少年阶段是人生的‘拔节孕穗期’，最需要精心引导和栽培。”“思政课作用不可替代，思政课教师队伍责任重大。”

一、当前高职学生心理健康教育的重要意义

知识经济时代对未来的人才提出了更高的要求，作为人才培养基地的高职院校要提供全面的素质教育已成为全社会的共识。但严峻的学生心理健康问题目前仍未得到教育工作者、学生家长和社会成员的普遍关注。我国心理健康教育开始步入高速发展的轨道，然而在已经开展的多种形式的心理健康教育工作的实施过程中也呈现出许多问题。例如近年来，高职学生因心理疾病、精神障碍等原因不惜伤害自己和他人的案例时有发生，且呈上升趋势。高职学生的自杀、致伤、致死，给学生家庭带来了极大的心灵伤害，在高校和社会上都产生了很大的影响，引起社会的广泛关注和深刻反思。大家普遍认为，大力推进高职学生心理健康教育，是当前摆在高等学校面前的一项重要任务。我们一定要进一步提高对加强大学生心理健康教育的重要性和紧迫性的认识，切实增强做好工作的责任感和使命感。

加强高职学生心理健康教育是帮助学生成长成才的客观要求。当代中国大学生大多为独生子女，他们是一个承载社会、家庭高期望值的特殊群体。但他们又是独生子女、外来农民工随迁子女、农村留守儿童、网络手机一族构成的独一无二的学生群体“四大景观”。大环境对孩子多有纵容，家长对孩子多有溺爱，自幼儿园到高中，老师对孩子不敢严格管教，助长了孩子的任性之习、乖戾之气、自私之心、霸道之行。他们自我定位比较高，成才欲望非常强，但社会阅历比较浅，心理发展不成熟，极易出现情绪波动。随着社会经济的发展，特别是涉及大学生切身利益的

各项改革措施的实行，大学生面临的社会环境、家庭环境和学校环境日益纷繁复杂。他们面临的学习、就业、经济和情感等方面的压力越来越大，不可避免地会形成各种各样的心理问题，亟须疏导和调节；通过心理健康教育培养他们的良好心理品质，可为其成长成才打下良好基础。

加强高职学生心理健康教育是进一步推进素质教育的迫切需要。高职学生正处于人生发展的重要时期，大学阶段是世界观、人生观、价值观形成的关键时期。高职学生在成长过程中遇到的困难和矛盾，产生的困扰和冲突，会形成这样或那样的心理问题。而这些心理问题又往往同他们世界观、人生观、价值观的形成交织在一起。心理问题，是“三观”问题在心理方面的反映。心理问题的解决，从根本上讲要以树立正确的“三观”为前提。反之，心理问题的存在，也必然影响正确“三观”的确立。

因此，加强和改进高职学生思想政治教育，要在理想信念、思想品德、行为养成、心理健康等各个层面全面展开，使思想政治教育与心理健康教育互相补充、互相促进。

二、当前高职学生存在的主要心理健康问题

（一）心理健康标准

早在20世纪30年代，美国健康教育家鲍尔和霍尔就提出了一个较完善的健康定义，认为：“健康是人们在身体、心情和精神方面都自觉良好精力充沛的一种状态。”健康的概念在全球得到传播且被人们接受，但是心理健康的定义却一直是一个有争议的问题，《简明不列颠百科全书》提出，心理健康是指个体心理在本身及环境条件许可范围内所能达到的最佳功能状态，但不是十全十美的绝对状态。我国心理健康教育工作者陈家麟教授依据长期的工作经验提出了六项标准：智力发展正常，情绪稳定乐观，意志品质健全，心理协调适度，人际关系和谐，人格完整独立。尽管内容及表达各有差异，但都强调充分发挥个体的心理潜能以及个体内部心理协调外部行为两个方面。因此，健康心理，表现为人与社会环境的互动中的行为适应，而人在对环境的良好适应中，个人能力得到发挥、发展，完善了自己的健康心理特质。

（二）当前高职学生心理问题的主要表现

高职学生作为一个特殊的群体，与中小学生、成年人相比，高职学生有着自

身鲜明的特点。高职学生自身的特点决定了其心理特征是复杂多变的，缺少相对的稳定性。所以，懒惰、消极、退缩、孤独、依赖、缺乏社会责任感等心理现象常常出现在大学生身上。这些心理问题并不仅仅存在于学习成绩差、社交能力低的学生当中，一些成绩相当优秀，同时是学生干部的高职学生也有明显的心理障碍。例如过度压抑自己、缺乏自信、心境苦闷、紧张焦虑等，心理健康指标严重超出了正常范围。这些程度不同的心理问题，已经严重影响了学生的身心健康和成长发展，突出表现在以下几个方面。

1. 环境适应能力差。高职学生生活相对独立自由，没有老师的“耳提面命”，没有家长的“指手画脚”，可自由支配自己的“生活”。这是一件令人“痛快”而又使人害怕的事情。从中学到大学，处于一个全新的环境，而对新的集体、新的生活方式、新的教育方式的突然转变，有的人开始恋家，怀恋以前事事被父母包办的日子。这样，有些学生便出现了独立与依赖的矛盾。此外，他们原来在中学都是各校各班的尖子生，有着强烈的优越感，受不得半点委屈。而大学里“尖子”荟萃，对比之下其自我认识会发生动摇，心理上很容易受到挫伤，自感孤立无援。这种由于不适应大学生活环境所带来的心理创伤，持续时间长，容易反复发作，排解的难度比较大。于是感到失望，怀疑自己，担心将来；有的人万分失落，从而心理失衡。高职院校对学生的独立性提出了更高的要求。随着学习内容的专业化，深度和难度比以前加大，远离父母，对学生提出了独立学习的挑战，一部分学生由于缺乏学习动力，学习成绩不理想，产生困惑和焦虑。此外，现在进入高职院校的学生大部分都是独生子女，他们从小被父母呵护备至，依赖性强、心理承受能力脆弱，关注自我多、关心他人少，这些与大学生生活中的独立自主、公平竞争、团结进取形成了强烈的反差，不免引起他们心理上的失衡。

2. 人际关系障碍。人际交往能力已被公认为现代人才重要的素质之一，是情商的一项极为重要的内容。常言：“欲学为事，先学为人。”所谓“为人”，除了内秀之外还需要与外人联系，与人交往共处。人际关系是当代大学生的一个敏感问题。不少大学生常常对此处于矛盾之中：一方面不愿敞开心扉，自我封闭，与同学交往小心翼翼；另一方面又迫切希望参与社交，得到友谊。这对于沟通不良，有性格缺陷的高职学生来说，必然会产生难以解除的矛盾。由于缺乏在公共场合表达自己思想的能力与勇气，害怕失败，不敢参与；由于家庭环境的差异、成绩不够理想或受到批评与处分，不愿与人交往，总觉得大学生活空虚、无聊。有些学生不会主动与人交往，在不肯轻易向外人展示真实自我的同时，又渴望别人能理解自己，渴望别人能与自己做“心灵交流”。这种需求得不到满足，就会感到无所寄托，产生孤独感。

3. 学习动力不足。主要表现在以下几个方面：一是学习目的不明确，学习态度不认真。学习目的不明确是大学生学习动力不足的根本原因。这类学生带着“混张文凭”的思想，学业上只要求“60 分万岁”“做一天和尚撞一天钟”，往往沉湎于牌桌、酒吧，流连于花前月下，睡大觉、上网、玩游戏以消磨时间。这样，学习成绩自然不理想，一学期考试几门不及格也不着急。主要表现是学习没有动力，厌倦学习，逃避学习，得过且过；缺少抱负和期望，没有压力感和紧迫感，对成绩好坏持无所谓的态度，把大量时间和精力放在与学习无关的活动上。二是学习态度不端正。对所学知识兴趣不浓，总认为与自己原来所向往的专业相差甚远，总感到是在为别人学习，把对学校或家庭的怨恨转向攻击自己，不认真学习，缺乏学习的热情和动力。加上知识难度较大，很难听懂，因而不愿意上课，即使在课堂上也是“人在曹营心在汉”，学习效率很低。三是缺乏进取心，畏难情绪严重。主要表现是在困难面前缺乏勇气和信心，对社会上存在的某些不正之风恨之入骨，但又不敢承担责任，不敢与坏人、坏事做斗争，回避困难，逃避责任等。这样的人在思想上常常抱怨自身的不幸，宁愿忍受痛苦却不主动追求。四是学习行为不良。上课时逃课现象比较普遍，对待作业敷衍了事，互相抄袭，考试作弊现象屡禁不止，英语过级“枪手”粉墨登场，买卖毕业论文时而可见。五是学习观念保守。以为只要听完课，按计划背书做题就可以，缺乏学习的自主性，自学能力明显不足。有的学生过分注重书本知识的学习，忽视能力的培养和综合素质的提高，导致高分低能。

4. 自我认知失调。学生的认知和习惯的培养不仅是练习和强化的结果，更取决于他原有的认知结构和当前刺激的情境。心理学家科勒提出的尝试错误学习理论的顿悟说给我们的启发是：学生的认知和习惯的培养是在个性的基础上通过摸索，经历失败的教训，然后从个性中寻找成功的方法。在一个班级群体中，学生有不同的认知基础、不同的价值目标、不同的个性特点，在班级内部管理中有的班主任的管理思维主要是针对学校的行为规范，围绕中等学生的标准实施引导，管理重点是差生的教育，打出全班统一的目标，忽略了一般同学差异的个性行为。因此，常引起因学生的个性长期得不到个别引导而受到抑制，影响教育效果。社会心理学家菲斯汀格说过：“一个人对自己的价值，是通过与他人的能力和条件的比较而实现的。”有的学生曾经是中学的“尖子”，是家庭与学校的重点保护对象，中学时总是指挥别人，但在高考竞争中失利，自己的自信心、自豪感受挫；于是产生失宠感，转而感到自卑和焦虑，无法正确认识自己，意志消沉，丧失进取心，开始对现实生活猜疑，对心目中的学校失望。

5. 感情困惑的心理情绪趋增。随着社会开放度的增加，“恋爱与性”在大学校园内早已不是羞于启齿的话题。作为特殊的青年社会群体，对于情感体验较为丰富的大学生来说，校园爱情是大学生生活中重要的一幕。高职学生正处于生长发育时期，身体形态日趋定型，生理已基本成熟。他们渴望与异性交朋友，迫切想得到异性的友谊以至于爱情，但由于性心理的不完全成熟和生活经验的欠缺，同时伴随着压力和困惑：一是恋爱动机的片面性。有的学生因寂寞而恋爱，为了有个“精神寄托”“摆脱寂寞”。这种不正确的恋爱观往往会给他人带来痛苦和不幸。有的学生因贪图虚荣而恋爱，为了让旁人“看得起”“带得去”，或为博得恋人的欢心，而花钱买“派”。这种消极的恋爱心理自然会阻碍健康爱情的发展。二是恋爱行为的不成熟。在恋爱方式上往往重形式、轻内容；在恋爱行为上，往往重过程、轻结果；在恋爱情感上，往往重享乐轻责任。导致一部分学生缺乏自己的交友原则，不能树立正确的恋爱观，有的错把友谊当作爱情，产生爱情错觉或单相思，有的视爱情为儿戏，走入爱情误区，引起心理失衡，出现心理障碍，有的甚至走向犯罪。

6. 就业与择业难题。俗话说：“良禽择木而栖，志士择善而从。”求职者都想找到理想合适的工作岗位。但现在就业形势的严峻是每一个高职学生都清楚的，若还按照如上标准难免碰壁。高职学生择业的过程体现着个人理想目标与追求的过程，也是检验个人知识技能与人格以及择业观是否同社会需要相符合的过程。高职学生面临毕业或者选择职业时，有的人有点怅然若失，因为无法确认自己是干什么的，具备什么样的能力，能够胜任什么样的工作；甚至有的人一毕业就意味着失业，从而产生恐惧焦虑、烦躁，打破了他们的心理平衡，使他们对生活缺乏信心，对前途失去希望，对处境无能为力，更有甚者觉得活着没有意义。

三、加强高职学生心理健康教育的主要对策

（一）澄清大学生心理健康教育认识上的误区，树立大学生心理健康教育的新理念

心理健康教育首先是一种教育理念，源于它在本质上与素质教育、全面发展

的教育的概念应该是一致的。现代心理健康教育的含义已经不再局限于一种矫正性的教育活动，大家公认的心理健康的界定标准是个体具有全面的、能够适应社会生活需要的各种知识、技能、能力和思想、文化、品德等素质。实现学生心理健康发展是全面发展教育的基本要求，从这个意义上讲，心理健康教育是素质教育的一项不可替代的组成部分。以往人们对心理健康教育的认识只停留在认为它是学校教育中的一项具体工作，需要由特定的教师采用特定的活动形式来完成。这种理解是非常片面的，这也是心理健康教育发展极不“健康”的重要原因。我们认为应将心理健康教育视为一种教育理念，使其成为学校一切工作的出发点，在学校教育工作中处于核心地位。

因此，作为一种教育理念的心理健康教育对学校工作提出了全面的要求：要求学校所有教育工作者必须按照心理健康教育的理念调整自己的工作行为和工作态度；要求学校一切教育工作都必须符合心理健康教育理念的规律，以此为出发点，即心理健康教育作为教育理念存在于学校教育的各项工作中，使学校的各项工作都直接或间接地服务于促进学生心理健康发展这一根本要求，使心理健康教育在学校教育工作中处于核心地位。

高职学生心理健康教育的认识仍存在不少误区。如高职学生心理健康教育的目的不仅仅是所谓的“调适”“治疗”，而是通过有效的危机干预排除心理障碍，着力帮助全体学生了解心理健康的基础知识，优化个性心理品质，增强心理调适能力和适应社会生活的能力；不能认为高职学生心理健康是给学生诊治疾病，把心理咨询师看成是心理医师；高职学生心理健康教育不能等同于思想政治工作等。由于认识上的误区，导致工作中较重视眼前利益而轻视长远利益即健康人格的塑造，健康人格的教育已成为世界各国高等教育改革与现代化程度的重要标志之一，在国际化、信息化时代，高职学生心理健康教育的新理念就是要使大学生具备优良的人格素质。

（二）科学的心理健康教育内容是心理健康教育工作的有效保证

只有遵循促进学生积极适应与主动发展为主线，才能保证心理健康教育契合学生的实际、社会发展和教育的需要。根据个体心理素质发展的阶段性和连续性建构，高校心理健康的内容体系如下：

1. 适应学习，如学习环境的熟悉、学习任务要求的了解、学习时间的合理安排、学习方法的掌握、学习习惯的养成、学习兴趣的发展、学习动机的激发、应考技能的掌握、应考心态的调整、学习和两极分化的预防等。

2. 适应生活，如生活环境的熟悉、生活内容的调整、生活方式的改变、生活技能的掌握、生活习惯的养成，以及合理应对生理发育而诱发的心理压力矛盾和烦恼等。

3. 适应人际交往，学会处理与各种交往对象的关系，如师生关系、亲属关系、同学关系、同伴关系、异性同学关系，掌握与不同对象交往的规范，掌握交往媒体，发展交往技能，消除人际交往的矛盾和障碍，缓解交往压力等。

4. 学会做人，如处理个人与集体规范、他人要求、社会公德的关系，处理好自己与各种社会角色之间的关系等。

5. 发展智能，以思维能力的培养为核心，掌握基本的思维方法、思维策略，同时着力培养观察能力、记忆能力、想象能力、注意能力、动手操作能力等。

6. 发展个性，培养学生的自我认识和评价能力、自信心、自尊心、自控力、独立性、成就动机，能够接纳自我、发展自我、超越自我等。

7. 发展社会性，发展学生的责任感、义务感、荣誉感、友谊感、奉献感、竞争与合作意识等。

8. 发展创造性，培养学生创造的动机、创造的兴趣、创造的愿望，认识自己创造的潜能，掌握创造的思维方法与策略，发展创造性想象，进而培养创造意识与能力。

9. 关注特殊群体特困生的心理健康。高校“并轨”“自主交费”的改革使特困生的问题越来越突出。一般来说，一个普通家庭要承担一个大学生的费用就已经不轻松了，而对那些生活贫困的家庭而言，困难就更大了。所以高校心理健康咨询要给予特困学生特殊的关爱，有效地有针对性地解除他们的心理障碍。

（三）建立心理健康档案和心理咨询机构，制定相应的规章制度

学生心理健康档案是反映学生素质的一种科学记录。建立心理健康档案的目的之一就是甄别学生心理特质，以便制定相应的预防措施。因此，学校应有组织、有计划地开展大学生心理健康的问题的调查研究。比如，在新生入学时，可进行健康诊断测验，开始建立学生的心理档案。在心理测验时，可采用三个心理学量表：一是 UPI（高职学生人格问卷），此问卷主要起到筛选作用，将可能有问题的学生筛选出来，以方便专家的进一步面谈。二是 SCL（症状自主问题），此表涉及人的感觉、思维、情感行为、意识、人际关系、生活习惯、饮食、睡眠等，主要用来评

定一个人是否有某种症状及其严重程度。如果经测试，发现学生有问题，就能测出问题表现在哪些方面。三是 16PF（人格测试），它主要对学生的人格状况及心理素质水平做出全面的评价，不仅可以评定一个人的 16 种人格因素，而且可以推测次级人格因素（如内外倾向型、心理健康因素、创造力、成长能力等），对人的心理素质进行全面的考察。在进行了诊断测验后，可建立学生心理危机预警对象库，对进入学生心理危机预警库的学生或突发心理危机的学生，学校根据其心理危机程度实施心理危机干预。从心理品质的角度来说，大多数的危机是逐步形成的，是有其根源的，或在某个过程中已经潜伏危机。由此，建立心理健康档案是大学生危机干预的重要一步，对于我们全面了解大学生的心理特点和可能存在的问题，及时给予干预和化解奠定了基础。

学校领导在加强高职学生政治思想工作的同时，把开展和加强高职学生心理卫生工作，维护和提高高职学生心理健康水平，避免和减少各种心理问题作为高职院校教育的重要内容。学校应该高度重视高职学生心理咨询机构的建立，心理咨询机构在教师和学生中配备专职的心理咨询员（学生可称为“心理委员”，教师可称为“心理咨询师”）。心理咨询机构的主要工作有：普及高职学生心理健康知识，辅助新生入学适应和毕业生就业心理辅导，举办心理健康专题讲座，高职学生心理健康普查和心理测评，加强高职学生在校期间的心理健康教育。同时，制定相应的制度，如《高职学生心理危机干预实施办法》，制度应包括以早发现、早研判、早预防、早报告、早控制为主要内容的预防教育制度和早期预警制度以及危机干预制度、后期跟踪制度、常规工作制度等。在早期预警中，建立宿舍、班、教学系、学校四级大学生心理问题信息网络、学生心理健康汇报制度、学生心理健康普查和排查、学生心理危机评估等制度。

（四）教育行政部门的支持是心理健康教育实施的重要保障

心理健康教育是一个系统工程，必须有一定的组织保障和物质保证，有科学的理论、明确的目标原则和适当的内容方法，只有整个社会和学校通力合作，才能取得成功。自 1994 年以来，尽管我国有关文件多次指出学校开展心理健康教育工作的重要意义，教育部于 1999 年 8 月 13 日颁布《关于加强中小学心理健康教育的若干意见》，对中小学生心理健康教育的重要性，开展心理健康教育的基本原则、主要任务、实施途径、师资队伍、组织领导等都做了一些规定，但至今没有具体的指导文件，缺乏明确的要求和可操作性的规定，不少学校未能将此项工作纳入正常轨道，分工不明确，机构不定位，编制不落实，制度不健全，管理制度混乱。当前，各高校在校大学生心理问题严重，出现了心理健康教育得不到落实和开展的停滞局面。

多国的心理健康教育发展历程均表明，学校心理健康教育工作的顺利开展，有赖于教育行政部门的支持。教育行政部门的积极和妥善引导促使学校心理健康教育普遍化，使高职院校开展起来的工作走向制度化、正规化。制定有关的法令文件、将心理健康教育明确列入课程、划拨专项经费、保证人员编制等，都是对心理健康教育工作的有力推动，可以为心理健康教育工作的初期推行开辟道路。只有在教育行政部门的大力支持下，学校心理健康教育遵循教育的基本规律，遵循学生发展的基本规律，营造人文和健康的学校氛围与社会环境，才能真正有利于学生身心健康发展。

（五）加强学生高职心理健康教育队伍建设，开设高职学生心理健康教育课程

心理健康教育的成效取决于这支队伍的素质。首先，必须下力气建设一支以专职教师为骨干，专兼结合、专业互补、相对稳定、素质较高的高职学生心理健康教育和心理咨询工作队伍。坚持少量、精干的原则，配备一定数量专职从事高职学生心理健康教育的教师。必须下力气加强大学生心理健康教育和咨询工作专兼职教师的培训，并参照国家有关部门心理咨询专业人员相关规定和要求，逐步使专职心理健康教育和咨询人员达到持证上岗的要求。其次，要重视高职学生思想政治教育工作人员，特别是辅导员和班主任的培训，使他们了解和掌握心理健康教育的基本知识和方法，提高教育的针对性和实效性。最后，根据高职学生身心发育的主要特征，开设心理健康教育课程。其主要内容应包括：加强正确的世界观和人生观教育；培养健全的情绪；教育高职学生善于控制自己，养成良好的性格；教育和帮助高职学生顺利地度过青春期等。开设心理健康教育课程的目的是通过专门的心理健康教育课，使学生能系统学习相关知识并得到系统科学的训练。其教学模式可以是以活动课为主，即教师在较短时间内简明扼要地讲完要讲的心理基础知识，剩余的大部分时间组织学生在各自模拟的情景活动中来进行角色学习；也可以是以讲授为主的教学模式，即以教师为主，让学生直接获得必要的心理学基础知识，使他们对自身的心理得到科学的、正确的认识。渗透到各种学科教育活动中是指教师在教学过程中自觉地、有意识地应用心理学的理论与技术，帮助学生提高课堂学习活动中的认知、情

景和行为水平。学科渗透的内容是广泛的，涉及课堂教学的各方面。从优化学生学习的外部因素来看，包括课堂气氛的营造、课程渗透、心理辅导等。从优化学生学习的内部因素来看，包括学习动机激发、学习策略训练、学习习惯培养等。

（六）积极构建有利于高职学生心理健康的和谐环境

高职院校要努力创设有利于学生心理健康成长的心理环境，大力开展丰富多彩、积极向上的学术、科技、文化、艺术、体育、实践技能比武和娱乐活动，使学生在健康、和谐、向上的氛围中，思想得到提高，意志得到磨炼，最大限度地减少心理危机，坚持依法治校，规范管理，形成勤思、博学、活用的学风。加强班风建设，严明班级纪律，优化人际关系，增强凝聚力，提高荣誉感，把班级建成互相尊重、互相关心、互相理解、关系和谐、充满生机和活力的温暖集体，促进学生身心健康发展。

同时还要协调好学校、家庭、社会各方面的教育因素，为学生创设安定、愉快、健康的学习、生活环境。学校环境，尤其是班集体的氛围对学生心理健康的影响是最为直接的。在工作中我们应注意发挥班集体的作用，尽量让每个学生在班级生活中感受到友谊、尊重、支持，获得安全感。尤其是对那些心理存在一定缺陷，需要帮助与关心的学生，更要加倍小心地保护他们的自尊心，以诚恳、鼓励的态度面对他们，以客观、公正的标准评价他们。在集体活动中经常有意识地创造更多让每个学生都能表现自己的机会，让他们在同学们的赞扬中提高自信心、进取心。家庭环境，对学生心理的发展也起着至关重要的作用。在民主、平等和谐的家庭气氛中孩子能够无拘无束、健康、快乐地成长，一般出现心理问题的可能性较小。而那些生活在父母离异或家长教育方式简单、粗暴的家庭中的孩子，则不可避免地会受到一些不良影响，遭受难以弥补的心理创伤。为了让每个孩子都能获得安定、幸福的生活环境，在工作中要注意多与家长交流，通过电话交谈、家庭走访等形式了解学生的家庭情况，帮助家长营造和谐的家庭气氛，不断改善家教方式。社会环境对学生心理健康的影响也是不可忽视的。社会上的不良文化，特别是影视中传播的不良宣传会给学生纯洁的心灵带来污染，影响学生的心理健康，所以教师要充分了解学生，关心他在看些什么、听些什么、想些什么。总之，只有学校、家庭、社会步调一致、共同努力，才能为孩子们支撑起一方洁净的蓝天，让他们幸福、愉快、健康地成长。因此，在学校心理健康教育开展工作过程中，已不再局限于某种单一的咨询模式，而是体现了多种模式的综合考虑的动机。在学校重视心理环境建设的同时，家庭与社区亦是学生成长的重要环境，学校应通过家访、家长会、家长接待日、举办家长学校等多种形式，同家长建立经常性联系，帮助家长提高认识，争取他们对学校心理健康教育的良好配合，充分利用多渠道、多种社会资源。

随着高等教育日趋走向大众化，我国高等职业教育也异军突起，高职学生成为在校大学生的重要组成部分。但由于高等职业教育是直接为经济建设第一线培养技术型人才和应用型人才，所以绝大多数高职院校十分重视对学生的技能培养，在专业拓展、技能培训等环节上下大力气，花费的时间较多，而在心理健康教育方面投入的精力相对较少，长此以往，势必会产生这样或那样的心理问题，影响他们的身心发展和日后的健康成长。因此，我们必须加强对高职学生进行心理健康教育，构建高职院校学生心理健康教育的新模式，实施学生心理危机的有效干预，提高高职学生的心理健康水平，培养良好的心理品质，促进他们的思想道德水平、科学文化素质和身心健康协调发展，为构建和谐社会和经济建设的可持续发展培养高素质技能型人才。

第三节　高职院校学生的人本化管理

一、人本化管理理论

当今中国，关于人的一切自然属性、社会属性已经成为人们普遍关注的话题，以人为本、人性和人格获得尊重以及每个人都应获得平等的发展、张扬个性的机会等价值评价观念获得空前的认可；从个体角度来看，人本观念深深地改变着人们的心理结构，使人们的思想和观念，特别是人生观、价值观、世界观等形成强烈碰撞；从社会层面来看，传统的社会结构逐渐由封闭走向开放，人们的身份、角色、职业不断发生变化，社会结构日益走向多元化。这一切，使得人本观念获得了空前的认可，成为当今社会最具影响力的一种价值观念。

人本主义思想认为人性来自自然，自然人性即人的本性，反对将人的心理低俗化、动物化和机械化。20 世纪 50 年代末 60 年代初，美国人本主义心理学家把他们的理论观点扩展到教育教学领域，形成其独具风格的人本主义教育观。他们认为首先应把学生看作“人”，相信他们的本性是好的，是积极向上的，强调在教育教学过程中应重视学生的认知、情感、兴趣、动机、潜能等内心世界的研究，尊重每一个学生的独立人格，保护学生的自尊心，帮助每个学生充分挖掘自身潜能、发展个性和实现自身的价值。人本主义教育观的主要代表人物有马斯洛、罗杰斯等。

马斯洛认为人类具有真、善、美、正义、欢乐等内在本性，具有共同的价值观和道德标准，达到人的自我实现关键在于改善人的“自知”或自我意识，使人认识到自我的内在潜能和价值，人本主义心理学就是促进人的自我实现。罗杰斯则认为，人本主义的实质就是让人领悟自己的本性，不再倚重外来的价值观念，让人重新信赖、依靠机体估价过程来处理经验，消除外界环境通过内化而强加给他的价值观，让人可以自由表达自己的思想和感情，由自己的意志来决定自己的行为，掌握自己的命运，修复被破坏的自我实现潜力，促进个性的健康发展。

目前，在我国市场经济、依法治国的大背景下，我国高等教育出现高校全面实行学生交费上学、毕业生自谋职业，高校民办外国高校与国内机构合作办学等社会变化显示我国高等教育开始走向市场化和产业化，而市场化、产业化导致高校各方主体利益分化和利益冲突成为常态，以学生为核心主体实行人本化管理、加强高校的学生管理已成为一种趋势。

2005 年 9 月 1 日，教育部新修订的《普通高等学校学生管理规定》开始实施，该规定即体现了人本主义的教育思想，比如该规定新增加了学生权利与义务一章，明确学校、学生双方的责权，要求对学生退学、开除学籍的处理须由校长会议研究决定；增加较多条款明确学生对退学处理或违纪处分具有陈述、申辩和申诉权，学校有明确的程序予以保证；取消处分种类中的“勒令退学”；改写学生处分“归档，不得撤销”为“真实完整地归入学校文书档案和本人档案”；增写“学校应当建立和完善学生参与民主管理的组织形式，支持和保障学生依法参与学校民主管理”等。该规定充分体现了对高校学生管理以学生为核心、尊重和保护学生个体权利、允许学生发展其个性等追求。

二、高职学生人本化管理模式的构建

随着素质教育的不断深入，人的个体生命发展日益受到关注，这种关注，不只是面向人的现在，更注重面向人的终身发展。为此，作为学校管理者应当牢固树立“以人为本”的思想，把提高师生个体生命质量放在首位，积极探索新型管理模式，实现管理人本化。

（一）以人为本，建立“兼容有序”的管理机制

所谓兼容，从对人的管理上，就是团结具有各种特长的人并与其共事，不排斥意见不同的人。我们要求领导班子成员学习更多的知识，不断用最新的观念武装自己的思想，对学校各方面工作提出自己的见解和主张，以顺应教育改革发展的潮流。我们鼓励形成具有个人特色的教育教学风格，并创造条件让其参与学习和研究，追求自己的人生价值，拥有成功愉悦的人生体验。在对事的管理上，就是善于整合。学校的时空是有限的，在有限的时空内，把各种教育、各种事物的内在联系，进行重新组合，产生整合效应，从而使校内开展的各种教育活动都能产生最好的教育效应。

所谓有序，是在管理中充分注意各项工作的过程、阶段的序化，把每一个阶段的工作目标想细、做细。在时间顺序上，我们把学校各项管理在时间运行上的先与后、快与慢定出时间表；在空间顺序上，我们注意工作运行的层次，位置上的排列，在管理中让教育、教学各就各位；在工作程序上，找到工作内在的流程、方法与步骤；在工作秩序上，建章立制。建立并完善管理所必需的规章制度，如《学校教师聘任制度》《学校工作评估考核细则》《教师师德要求》《教职工继续教育制度》《家长委员会章程》《学校民主管理制度》等，使其在工作运行中发挥作用。

（二）树立以学生为本、以学生为主体的教育理念

以人为本，帮助学生确立三个目标。一是确立创业的目标。端正学生学习的态度和目的性，通过开展创业教育，使学生根据个性发展与就业方向有机结合，鼓励他们积极参与社团活动。二是生活价值目标。从现有的学生生活现状看：其一，在消费上，许多学生的生活价值取向偏向于享受和获取，背离现有家庭的承受力和超越就业后的实际收入。其二，在交际中，以谈恋爱作为资本来炫耀，早熟的心理生活方式带来了负面影响，如学习成绩下降、消费结构畸形，甚至会因为异性关系处理不当引起不安定因素等。从经济上来说，带来教育投资报酬率的下降；从行为发展上看，在经济价值观念的驱动下，不利于培养学生的节俭行为；从心理健康方面看，过早恋爱，会引起心理缺陷。为此，应在家庭的支持下，通过引导、宣传教育等方式树立正确的生活消费观念和正常的人际交往关系。三是明确“创优”目标，班级整体目标是争创“先进班集体”，个人目标是多获得奖励和证书。围绕整体目标通过量化的形式进行分解落实，定期进行总结和分析，循环推进，从而有效提高

班级管理效果。

（三）尊重学生，关心学生，帮助学生树立正确的人生观、价值观

在传统教育体制中，学生在整个教育活动中处于被动遵从的地位。但是市场经济发展到今天，高校办学已经市场化，学校在市场处于卖方地位，而学生处于买方地位。学校是教育产品的提供者，而学生是消费者。对学校办学成败最有发言权的应该是消费者，他们有自主选择产品的权利。如何提高自己的产品质量，最大限度地满足消费者的需求，在教育市场上立于不败之地，这是摆在高等学校面前紧迫而艰巨的任务，也是其应尽的义务。

一方面，高等学校要认识到自己的存在离不开学生，没有学生也就没有学校，学生无论在数量上还是重要性上都是学校的主体；另一方面，“育人”是高等学校教育的宗旨，大学生还需要教育和引导，外因必须通过内因才能发挥作用。为此，学生工作者应努力引导学生从认识自身素质和个性特点出发，依据自己的长处和弱点，对照群体范围的尺度进行整合和扬抑，力求在适应社会需求中弘扬自我，展示个性。从这一层面上来说，大学生又是教育和管理的客体，两者是辩证统一的关系。所以，学生管理工作“以学生为中心”。一方面，要让学生成为管理的主体，从管理的决策、组织实施到目标实现，都要依靠学生，让学生充分参与进去；另一方面，要发挥管理的“育人”功能，本着管理就是服务的思想，一切管理活动都为服务于学生的成才。因此，学生工作者应尊重学生的合理要求，关心学生的成长需要，认真听取学生的意见，努力解决管理工作中存在的问题。

帮助高职学生树立正确的人生观、价值观。人的价值，决定于自己的才智、劳动和贡献。人的本质是一切社会关系的总和，离开社会和集体，孤立的个人，无所谓“价值”，这是马克思主义关于人生价值的一个基本观点。爱因斯坦说过：“一个人的价值，应当看他贡献什么，而不是看他取得什么。”又说：“一个人对社会的价值，首先取决于他的感情、思想和行动对增进人类利益有多大贡献”。帮助青年学生树立正确的价值观，就是要使青年学生懂得，个人与社会是分不开的，必须把自我融入集体和人民之中，把自我价值的追求同社会、同人民的长远需要，同社会主义现代化建设的根本利益结合起来，恰当地确定自我在现实社会中的合适位置。要让学生认识到自己肩上的重任，只有刻苦学习专业知识，锻炼自己各方面的能力，提高自己的道德水平，使自己获得全面和谐的发展，才能创造出比一般人更大的价值，实现自我价值和社会价值的完美统一。

（四）以人为本，营造“民主和谐”的教学氛围

进入当代后，人们更加渴望能得到尊重。哈佛大学的校长指出：“以尊重的态度欢迎对方，以充沛的活力追求开放的思路、自由的探索以及真诚的交流，这些都是寻找知识的必由之路。”作为学校的管理者应做到“宽严有致、恩威并重、张弛有度”，提倡人格化管理，领导工作要注意靠个人交往的良好的人际关系来相辅，注重非权力因素的影响。只有将领导工作建立在对下属关心、爱护、尊重、信任、体贴、同情的感情之上，才能充分调动广大教师的积极性，消除年轻一代与年长者的心理代沟，为教师的发展创设下一个宽松的学术氛围。在管理活动中关心并尽最大限度地满足人的种种合理需要，尊重人的价值与尊严，并尽最大可能创造条件来发挥人的主体能动作用。与此同时学校也必须相应地制定具有操作性的规章制度，对学生做出严格的管理和要求，分别制定《学校考勤条例》《学生能力评价表》等，结合听课、学生座谈会、考试成绩等综合评价每一个教师的教学工作能力。实行“严”制度、“软”管理，注重工作效果，不拘泥于工作形式，管理上严宽结合，情理相济，多渠道沟通学校领导与教师的关系，多给教师一点温暖，从而形成一种融洽、和谐、宽松、民主、友爱的心理环境和工作环境，使教师、学生能在这种环境中身心愉快，乐学不疲。

学校强调民主管理，突出“以德治校、以素质治校、以情治校”，真正形成一种和谐民主的良好氛围。在管理上产生合力效应，这种管理合力，体现着学校以人为本的教育价值观。学校注重创造良好的环境氛围，促其人格塑造的自我完善。一个理解、和谐、宽松的心理环境，一个团结、勤奋、求实的学习氛围无疑是一股无形的力量，激励和鼓舞着学生从孤寂与失落走向乐观与激奋，从消极与徘徊走向坚定与勇敢。学校展现的团结向上的校园文化、严谨求实的治学风尚、丰富多彩的课外活动、理解宽松的对话交流、真诚热情的情感传递，都将潜移默化地帮助高职院校的学生从困惑和苦闷中解脱出来，生机勃勃地投入生活。

（五）创设自学、教师指点与科研相结合的学习方式

帮助学生自主发展以满足学生正常的需要为研究对象，重视学生的动机、情感、欲望、价值、责任等内在心理变化过程。人本主义从根本上讲就是以人为本，而人本主义教育基于对人的“终极意义”的追求，对人的价值的关怀和自我理解的关心，它强调人的情感、审美和对无限与永恒的体验。注重学生的内心世界、主观世界的

发展变化，深入挖掘主体的内在需要、情感、动机和主观愿望，从满足主体生存需要的角度来开发其学习的潜力。

高职教育的独有特色是学生的学习充满自主性，自学成为学生的主要学习方式。不同的学生可以结合自己的发展规划和学习目标选择适合自己的学习方式和方法。教师课堂教学的主要任务不完全是知识的讲解和传授，而是要注重对学生进行自主学习习惯和学习能力的培养。如教师采用任务驱动自学法，把学生的学习活动与大的任务或问题相结合，创造真实的教学环境，让学生带着真实的任务去学习，以探索问题来激发和维持学生的学习兴趣和动机。在这个过程中学生拥有学习主动权，教师不断挑战和激励学生前进，从而使学生真正掌握所学内容。在完成任务的过程中培养了学生分析问题、解决问题的能力，可以更大地激发他们的求知欲望，逐步形成一种感知活动的良性循环,从而培养出独立探索勇于开拓进取的自学能力。当然，课堂教学原本的意义在于能够提高知识传播和学习的效率，但也有学生曾这样说过“要么能有一个讲得明白的老师，要么自学”。还有的学生认为“理想中的老师应该是那种有思想、对课程内容能有深刻的认识、有着广阔的知识面、对前沿领域比较了解的老师。这样能使大家开阔视野，让大家认识更加深刻，至于书本上的内容自己看就行了”。由此，我们可以发现学生在基础知识的自主学习之外，都渴望获得教师尤其是那些高水平教师的指点。同时，这种指点不应该只是对课本知识的讲解，而是结合自己的认识帮助学生将知识更加深化。不应该是用一份多年沿用的教案来填满课堂时间，而是把教师自身消化或者特别理解的知识传授给学生。除此之外，学生还渴望参与科研、增加学术性活动，这也是学生们格外推崇的教学方式之一。高校通过制定鼓励教师积极吸收学生参与教师科研项目的规章制度、折算教师科研工作量等措施，调动教师主动吸收学生参与教师科研课题的积极性，在实践中提高学生的科研能力。如举办一些学术交流活动，从大一开始就实行导师制，让学生参与科研活动，以完成科研课题为主，以小组为单位，并尽量保证学生每一个学期都有科研任务，为那些学有余力的大学生创设更具挑战性的问题。

第四章　创新视角下的高职院校师资管理

随着我国高职教育的迅猛发展，高职院校教师的综合素质培养成为高职教育领域关注的热点。职业教育的特点要求教师应是“双师素质”的、一专多能的，在教学中能把理论与实践有机结合起来。因此，“双师素质”教师队伍建设问题已是高职教育发展面临的大课题，加强以“双师素质”为主的高职师资队伍建设是提升高职院校核心竞争力和提高教学质量的重要保障，也是高职教育管理的重要内容。

第一节　教师的基本知识

“教师是履行教育教学职责的专业人员，承担教书育人、培养社会主义事业建设者和接班人、提高民族素质的使命。”国家对教育事业非常重视，对教师和教师职业也给予高度关注，先后颁布了《教育法》《高等教育法》《教师法》《职业教育法》《学位条例》《教师资格条例》等法律法规，并规定每年的9月10日为教师节。教师队伍建设不仅是国家教育事业的需要，也是各级各类学校的重要资源，是学校提升核心竞争力、创新办学特色的需要。

一、教师的地位和作用

教师是发展教育事业的骨干力量。在教育过程中，教师处于教育者、领导者和组织者的地位，对教育内容、教育方法和教育过程的组织，对学生的学习、锻炼、身心发展等，都起主导作用。一所学校能否卓有成效地完成培养人的任务，关键在教师。

教师在教育过程中的主导地位和主导作用是指教师在教育过程中所担负的设

计、主持、调整教育过程的特点。从教师在教育过程中推进工作的基本程序看，教师必须根据教育目的的要求、教育内容与学生的特点，事先对教育过程进行周密的计划和安排；必须根据教育计划亲自实施教育，启发学生积极主动进行思考和锻炼，指导他们进行自我教育，并全面细致地掌握学生的发展状况；必须根据学生发展的实际情况，及时准确地调整教育计划，有的放矢地进行指导，使教育工作始终高效率地进行。设计、主持、调整是教师教育工作在程序上的基本特点，它们构成了教师主导地位与主导作用的基本方面。

教师在教育过程中的地位与作用既是教育过程实质的规定，也是教育实践经验的总结。教育过程实质上是学生在教师的指导下以掌握间接经验为主的特殊认识过程。学生虽是认识的主体，但又是各个方面尚不成熟的人。这就使得学生的主要任务是接受教育。人类创建学校的根本目的，就是要青少年一代在教师的指导下，迅速而系统地掌握社会的生产经验和生活经验，促进其认识、情感、意志、体质的发展。社会所选拔、认可的教师不仅应具有较高的文化水平，还应有一定的专业知识、道德修养和教育科学知识。由于教师“闻道在先”“术业有专攻”，因此其可以引导学生高效率地学习，促进学生身心的全面健康发展。

二、教师的任职资格

（一）教师的结构与分类

教师结构是指各级各类教师在数量方面的构成及其比例关系。教师所从事的是教育工作。教育是分级分类的。教育的级、类构成又是随着教育的历史发展逐步形成的。因此教师结构是由教育的历史发展所形成的教育结构决定的。我国目前职业教育教师的构成如下。

1. 从层次上看

分为职业大学教师、职业技术学院教师、中等职业技术学校教师和初等职业技术学校教师。

2. 从学校类别上看

职业技术学院教师分为综合大学教师、工业院校教师、农业院校教师、林业院校教师、医药院校教师、师范院校教师、语言院校教师、财经院校教师、政法院校教师、体育院校教师、艺术院校教师等十几类；成人高校教师分为广播电视大学教师、农民大学教师、管理干部学院教师、教育学院教师、独立函授学院教师等若干个类别；中等职业技术学校教师分为中等师范学校教师、职业技术学校教师、农业中学教师、职业中学教师、成人中学教师、教师进修学校教师、成人中等技术学校教师等；初等职业学校教师分为成人初等学校教师、初等职业学校教师等。

3. 从学科上看

高职院校的教师分为专业课教师、公共课教师（又称文化课教师）和实验实习指导教师。教育部高等教育司于 2003 年 2 月决定成立了“全国高职高专指导性专业目录”课题组，对全国高职高专的专业设置进行系统研究，并下发了教育部《关于开展全国高职高专指导性专业目录研究工作通知》（教高司〔2003〕8 号）。在前期工作的基础上，经过一年多的调研、分析、整合，并在全国范围内广泛征求了相关行业、相关部门及部分院校的意见，形成了目前的《全国高职高专指导性专业目录（试行）》。

高职设置专业分设农林牧渔、交通运输、生化与药品、资源、开发与测绘、材料与能源、土建、水利制造、电子信息、环保气象与安全、轻纺食品、财经、医药卫生、旅游、公共事业、文化教育、艺术设计与传媒、公安、法律 19 个大类，下设 78 个二级类，532 种专业。专业课教师是与高职的专业学科相对应的任课教师。公共课教师是担任通用学科教学的教师，如语文课教师、数学课教师、外语课教师、马列政治课教师、师范院校的教育学教师、心理学教师等。实验实习指导教师是指导学生实践操作、实践课程的任课教师。

4. 从职称上看

高职院校教师分为教授、副教授、讲师、助教、教员等，实验实训指导教师分为高级实验员、实验员、助理实验员，教育管理人员分为研究实习员、助理研究员、副研究员、研究员。

5. 从优秀程度上看

高职院校教师分为专业带头人、学科带头人、青年骨干教师、普通教师等。专业带头人、学科带头人、青年骨干教师有省级和国家级。高职院校专业带头人的基本条件：具有扎实的专业基础和宽广的专业视野，能站在专业发展的前沿并掌握相关行业（或岗位群）的最新技术动态和发展趋势；具有丰富的教学经验并熟练地掌握专业基本技能，教学效果好；对高职教育特点理解深刻，熟悉本专业各教学环节，具有组织制订专业建设方案的能力；具有较强的组织、协调、科技开发和服务能力；具有副高级以上专业技术职称。学科带头人的基本条件：具有较好的政治思想素质，师德高尚，教育观念先进；把握本学科、本专业前沿动态，能带动专业教学与科研的深入开展，在专业建设中发挥重要作用；有比较成熟的系统的教改经验和较强的教学教研能力；多年来教学效果显著；具有副高级以上专业技术职称。青年骨干教师的基本条件：政治思想素质好，有强烈的事业心和良好的职业道德；基础理论和专业知识扎实，教学效果优良；完成学校规定的教学和科研任务，科研成果显著；具有大学本科及以上学历，中级以上专业技术职称；年龄在40周岁以下。专业带头人、学科带头人、青年骨干教师除上述的基本条件外，各地、各学校还制定了相应的具体条件。

6. 从编制上看

高职院校教师分为专任教师、兼职教师、外聘教师、教学辅助人员等四类。专任教师是指在学校正式人员编制之内，专门从事教育教学工作的教师。兼任教师是指在学校正式人员编制之内，有其他的专门工作而担任某一方面教育教学工作具有教师资格的人员。外聘教师是指不在学校正式人员编制之内，根据高职办学特点，从社会、行业、企业等聘请的具有实践经验的专业人才。教学辅助人员是指辅助专任教师教学的人员，包括实验人员、图书管理人员等。

（二）教师任职资格

教师任职资格包括两个方面的内容。一是学历要求或考核合格证书许可证。人事部在其颁布的《企事业单位评聘专业技术职务若干问题暂行规定》（人职发〔1990〕4号文件）中明确规定，学历是一个人受教育的经历，一般表明其具有的文化程度。

教师专业技术职务是需要具备专门的业务知识和技术水平才能担负的工作岗位，因此各级教师专业技术职务都对学历有基本要求。一定的学历代表着教师所掌握专业基础知识的广度和深度。同时，不同的学历反映着不同的培养目标，而人才的培养目标和使用目标应该是一致的。所以学历因素是教师资格的主要方面，是教师任职资格的一般标准。教师任职资格的另一方面是基本的政治修养和职业道德要求。世界上许多国家都是从学历角度即应受何种程度的教育的角度来规定教师任职资格的一般标准（也是最低标准）的。

我国继《教育法》《教师法》后，于1995年12月颁布了《教师资格条例》。

它的主要目的是保证师资队伍的整体质量，内容包括教师资格条件、教师资格考试、教师资格认定、罚则等内容。自实施教师资格制度以来，只有具备教师资格的人员才能担任教师工作。国务院颁布这一条例，为职业院校建设一支具有良好的思想品德和业务素质的教师队伍提供了一个很好的机遇。因为实施该制度后，学校补充教师不仅可以通过师范院校培养的途径，还可通过教师资格考试的途径。职业院校要把握好教师资格过渡、认定与考核的关键工作环节，使自身的教师队伍管理跨上台阶。担任哪一级教师职务需要取得相应的职务资格，1994 年 1 月 1 日开始施行的《中华人民共和国教师法》对此有详细的规定。

三、教师的基本素质

教师的资格制度明确规定了作为教师的基本条件，取得这种资格是他们从教的合格标准。职业院校要想不断提高教学质量，为社会输送高素质的人才，必须不断提高教师素质。教师素质是一个综合的整体概念，是教师各种素养的集合体，是指教师履行职责、完成教育教学任务所必须具备的内外品质的总和。就是说教师素质是教师职业对教师个人所提出的内外品质上的要求，是否具备这些内外品质，直接影响着教师教育教学工作的效率和效果。

（一）教师素质的构成

教师素质主要包括思想政治素质、道德素质、文化素质、能力素质、心理素质、身体素质、外在素质这七个方面。

1. 思想政治素质

教师的思想政治素质是指教师在政治方向、政治立场、政治观点、政治品德和思想作风等方面基本情况的总和。它影响着教师的世界观、人生观、价值观、幸福观、节操观、责任感、义务感、荣誉感等思想观念的内在基础，决定着教师职业活动的方向和态度，对其他素质起着决定性作用。思想政治素质是教师整体素质的灵魂，是教师素质结构中带有定向意义、动力意义的核心部分。在我国，社会主义的社会性质要求教师在思想政治方面必须有坚定的共产主义信仰、强烈的爱国热情和较高的政治理论素养。就具有坚定的共产主义信仰而言，它要求教师具有坚定的共产主义信念，旗帜鲜明地坚持马列主义、毛泽东思想、邓小平理论、“三个代表”重要思想、科学发展观和习近平新时代中国特色社会主义思想，拥护党的路线、方针、政策，表现出鲜明的政治责任感；就具有较高的政治理论素养而论，它要求教师具有一定的马克思主义理论水平，用辩证唯物主义和历史唯物主义的科学原理武装自己的头脑，使自己具有科学的世界观和方法论，能自觉地运用马克思主义的立场、观点和方法引导学生正确地认识人生、认识社会和把握未来。

2. 道德素质

教师的道德素质是指教师在道德品质方面的修养，是教师在道德认识、道德情感、道德意志和道德行为上的稳定的特征。教师的道德素质包含的内容十分广泛，其中确立积极的人生观最为关键。教师有了积极正确的人生观，就会树立正确的人生价值观，并在此基础上，把成为一名合格的、优秀的人民教师作为自己的价值取向。有了这种价值取向，教师就会把献身教育事业作为自己的职业理想，热爱教育事业，热爱教育对象，严格要求自己，以身作则，锐意进取。教师的道德素质对学生思想品德的形成与发展有着主导性的重大影响。所以，教师必须具有良好的道德素质。

3. 文化素质

教师的文化素质是指教师通过学习和积累而具有文化修养，以及由此进一步形成的知识体系和结构的基本情况。知识是教师借以教育学生的最基本的手段。要使学生牢固地掌握一定的知识，教师必须具有更多、更扎实的知识。因此，文化素质历来都被视为教师的重要素质。一般来讲，教师的文化素质包括三个方面的内容：一是专业知识，二是文化基础知识，三是教育科学知识。对教师而言，这三个方面的素质是缺一不可的。

教师应具备广博的文化基础知识，是指教师除了具备所教学科的专业知识之外，还要具有文史哲、音体美等其他学科方面的基础知识。各门学科的知识之间存在着一定的联系，在当代科学一体化趋势日益加强的情况下，各科教学内容之间的联系也在不断加强。加上学生知识需求和教师工作的多方面性，教师就必须具有多方面的知识。

4. 能力素质

教师的能力素质是指教师顺利完成教育教学活动所必须具备的能力。教师应具有的能力主要有：组织教学的能力、分析教材的能力、语言表达能力、组织管理能力、板书能力、自我控制能力、创造思维能力、开展课外活动的能力、科学研究能力、审美能力等。这些能力对于教师进行教育教学工作来说，都是必不可少的。

如自我控制能力，这是一种善于控制自己的情感和言行，针对学生的实际晓之以理、动之以情的能力。许多教师在遇到突发事件、复杂问题时能急中生智，这固然与他们所具有的丰富的教育教学经验分不开，但更为重要的是因为他们具有较强的理智控制力。

5. 心理素质

教师的心理素质是指表现在教师身上的那些经常的、稳定的心理特征。它的内容十分广泛，包括心理过程和个性心理的各个方面。具体而言，它所包括的内容有：认识因素，即注意力、记忆力、思维力、想象力、观察力等；兴趣因素，即兴趣及其品质，如兴趣的广度、深度、稳定性与效能等；一般情绪因素，即情绪、心境、激情、热情等；情绪品质，即情绪的稳定性、深刻性等；社会情感，即道德感、理智感、美感等；意志因素，即意志及其品质，如意志的果断性、顽强性、自制性、目的性（自觉性）等；性格因素，即性格特征，如谦逊、自我批评精神、勤奋精神、献身精神、内向性、外向性等；气质因素，即个性情绪和活动的反应强度、速度与表现趋向。

6. 身体素质

教师的身体素质是指教师在身体方面的基本情况和应具备的条件，它是教师体质的反映，也是教师在教育教学活动中所表现出的各种机体能力。人的身体素质包括三个大的方面：一是体格状况，即身体的生长发育情况、身体形态与身体姿势状况；二是体能状况，即力量、速度、灵敏性、柔韧性、平衡性、耐力状况和走、跑、跳、掷、攀、爬、举等身体基本活动能力状况；三是身体的适应能力情况，即对外界环境的适应、应急能力和对疾病的抵抗力。身体素质是人的生命活动和工作能力的物质基础，它的发育发展状况，对人的生命活动和工作能力等有重大影响。教师特定的生活环境和工作特点，要求教师的身体素质要全面发展，其中最为关键的是要有较强的耐受力、敏捷的反应力、充沛的精力、较强的视力和听力、洪亮的声音等。

7. 外在素质

教师的外在素质是指教师呈现在人们面前的风度仪表和精神面貌。它是教师的德、才、体貌等各种素质在教育教学活动和社会交往中的综合表现所形成的独特风貌。教师的外在素质是一种强有力的教育因素，具有比其他职业更强的示范性。

现在的各个行业，都十分重视职员的外在仪表与风度，通过服饰统一等树立自己企业的形象。教师职业教书育人的特殊职责和社会对教师角色的特殊期待，更要求教师要有良好的外在素质。

一般认为，教师的外在素质，在衣着方面应该朴实、整洁而不呆板，在仪容举止方面应该稳重、端庄而不矫饰，在性格方面应该活泼、开朗而不轻浮，在待人方面应该热情大方而不做作、善良和蔼而不怯懦、谦逊文雅而不庸俗。当然，教师良好的外在素质只有与教师高尚和丰富的精神世界和谐统一，才能发挥出巨大的教育力量。否则，只注意或刻意追求外在的形象而不重视内在的修养，其结果必然会败坏教师的形象，降低教师的威信。只有把外在形象的美与内在德行的美统一起来，美才会放射出真正的光辉。

（二）教师素质的基本特征

教师素质是不断发展的。其形成与发展有以下几个特征。

1. 时代性

教师素质是历史的产物。不同时代的教师素质的内容是有一定差异的。在阶级社会里，教师素质具有深刻的阶级性，即它反映着统治阶级的利益和意志。在我国现阶段，教师素质在体现教育教学规律的同时，必须受中国特色社会主义对人才素质、民族素质要求的制约和决定。在思想政治素质和道德素质方面尤其如此。

2. 结构性

教师素质是一定结构的统一体。结构决定功能，具备某种功能也必须有一定的结构。教师素质结构是组成教师素质整体的各种素质的构成和各种素质之间的结合方式。教师素质由各种具体的素质构成，每一种素质又有自己的构成要素。如教师的能力素质就又由若干种能力构成。这若干种能力之间也存在着密切的联系。教师要很好地完成其教书育人的使命，不仅应该具有多方面的良好素质，而且素质的构成必须合理，即各方面的素质都必不可少，具有完整性和有序性。

3. 层次性

教师素质的层次是构成教师素质的各种素质的质量和它们之间的结合方式所构成的发展阶梯，它决定教师的能量和能级。教师素质具有层次性，这是一种客观存在。一方面由于每个教师的遗传素质（与生俱来的、从父母或祖先那里继承下来的生理解剖方面的特点）、生活环境、受教育程度、主观努力程度等方面的不同，思想、文化、能力、心理、体质等方面会出现一定的差异，这就形成教师素质的合格、基本合格、不合格等层次。合格教师中还有合格教师、骨干教师、优秀教师等层次。另一方面，由于学校教育结构及教师分工的不同，对教师素质的具体要求也有差别，如学校德育、智育、体育、美育、劳动技术教育各方面，教研室（组）和不同教育阶段（初等教育、中等教育、高等教育）、不同年级、不同学科（或专业），都需要由优秀教师、骨干教师、合格教师等组成合理的层次——这是教育教学过程产生的教师素质层次。在一个教育教学单位、一所学校、一个地区，教师的素质层次与教育需要的层次之间，往往是不平衡的，并且这种不平衡的素质层次又处在动态的发展过程中。这就要求管理者不断分析教师素质与客观需要之间的矛盾，使教师队伍的整体素质结构和层次更加合理。

4. 稳定性与可变性

教师素质的形成是渐进的，有一定的周期。教师素质结构一旦形成就具有一定的稳定性，在一定时期内保持一定的稳定状态。但是，由于教师的主观努力以及对教师所进行培养、提高（参加各种形式的进修学习）和有效管理（如加强岗位责任制、严格晋级资格审查制度等），使已形成的教师素质也发生变化。这种相对稳定性与可变性的统一，也是教师素质的重要特征。这就要求管理者用发展的眼光看待教师的素质，从多个方面促进教师素质的不断提高。

5. 因果性

教师素质具有多因一果的特征，即教师素质的发展提高是受多方面的因素制约的。它是先天获得性与后天获得性的统一，职前教育与职后教育的统一，外因与内因的统一。影响教师素质提高的基本因素有五类：

一是遗传因素，即先天生理因素，它为教师素质的形成与发展提供了生理前提，但不是决定性因素。

二是社会因素，主要有生产力发展水平、社会制度的性质、文化科学事业发展水平、社会的文化传统和尊师重教风气、国民的平均文化素养等。

三是职前教育因素，包括家庭教育、基础教育、师范教育的质量，是教师素质形成的基础阶段。

四是在职教育因素，包括教育教学实践锻炼，在职进修、脱产培训等，是教师素质的发展阶段。

五是主观因素，即教师已具备的素质基础和主观努力。教师创造性运用主客观条件，特别是通过主观努力，积极地利用各种客观可能性，控制客观条件的不利因素，使之转化为有利因素，就会取得良好的效果。

第二节　高职院校的师资现状

一、高职教师队伍问题及其成因

高等职业教育承担着为社会开发劳动力资源、直接向社会输送实用型人才的重任，对教师队伍建设有着特殊的要求。但是调查统计结果表明，高职高专师资队伍建设尚存在一定问题，与其要求存在不小的差距，主要表现在以下几个方面。

（一）师资队伍结构失衡

从数量上看基本能满足学校需要，但结构失衡，师资来源较为单一，大部分来源于本科院校，从企业来的不够，从社会其他行业来的就更少，长线专业和不太热门的专业师资过剩，而一些与经济建设联系紧密、市场急需的短线专业师资很难引进，基础性学科师资力量强，应用性学科师资力量弱，因而教学任务重，显得有些力不从心。随着高校扩招的继续进行，若专业教师数量的增加不能达到同步而兼职教师的聘任工作又没能顺利开展，势必会导致教师数量结构失衡的进一步加剧，专业教师超负荷工作，无暇顾及业务提高、进修和实践锻炼，从而影响学校的办学水平和高职高专教育的进一步发展。

从年龄结构分段情况看，中青年教师数量较大，这表明中青年教师已经成为学校教学科研的骨干,长期以来存在的学术带头人年龄老化问题已经开始有所改变，但是仍存在学历职称结构失衡的问题。高职高专院校中本科学历的教师占绝大多数，硕士研究生偏少，博士研究生更少。

师资队伍断层现象客观存在，教授、副教授、讲师、助教职称结构存在比较严重的失衡现象，教授所占比例远低于高职高专师资队伍建设的要求，在被调查的个别学校中甚至没有教授。学校内能真正称得上学术带头人的教师年龄大多在55岁以上，新生代教授、副教授中拔尖人才不多、成长不快、知名度不高，还不足以担负起学术带头人的重任。学术带头人少,年龄老化,大多数学科学术梯队尚未形成。

（二）教师人数不足

根据专家论证和国外一些高校的实际情况，高校生师比一般不应当突破13 ∶ 1，但现在离这目标还很远，目前绝大多数高职教育生师比都超过了20 ∶ 1，相当多的学校还超过了30 ∶ 1。如果高等职业教育的规模继续扩大，现有师资队伍数量上的差距将会更大，生师比还会更高，双师素质教师数量缺口更大。专职教师中从高校毕业后直接任教或由其他高校调任的占专职教师总数的80%，基本上都是从学校到学校，虽然被调查学校在不同程度上都对专职教师提出了参加专业实践的明确要求，但真正通过实际锻炼从而使专业实践能力得到显著提高的教师数量不多，加之专职教师中实践课教师的比例偏低，因此真正具有“双师”素质的教师数量不多，很难形成中坚力量。

“双师素质”师资队伍建设是职业教育能否办出特色的关键。近年来，虽然教育行政部门制定了不少政策加强了这方面的工作，各职业教育院校也采取了一系列措施努力解决这些问题。但受客观条件的限制，职业院校从企事业单位引入人才的渠道并不十分畅通，特别是在引进一些高素质的专家型的技能人才时，常会遇到诸如人事制度等方面的阻力，妨碍了优秀人才的吸纳。由于人事体制及法律法规还不够完善，职业院校教师的来源主要还是以高等院校应届毕业生为主。这些教师是从学校毕业后直接上讲台，大多数教师的实践工作年限偏低，尤其是青年教师大多缺乏专业实践经验和必需的专业技能。由于先天不足（从校门到校门），这部分教师普遍感到“双师素质”教师的目标要求比较高，达到目标困难也较大，因此迫切需要积极创造条件加强实践动手能力的提高。职业教育要求教师是“一专多能”的高素质人才,而传统的师范类院校培养模式导致其培养出来的教师知识和能力有限、创新意识欠缺，显然不能满足以市场就业为导向的高技能人才的培养要求。

高职教育需要大量既懂理论又有实践经验，既会教书又能操作示范的双师型人才，而且由于专业的多样化以及多变性，更需要建立强势的吸引机制，打破师资来源以高校毕业生为主的传统观念，通过多种渠道广泛吸纳优秀人才到职业教育领域任教，充实双师素质教师队伍，使“双师素质”师资队伍的建设更趋完善。

（三）教师的管理松懈

目前我国高职教师队伍的管理，总体上还未尽如人意，主要是管理松懈，相关制度不严格，或者流于形式，效果不佳。特别是对兼职教师管理不严，这类问题有一定的普遍性。兼职教师是“双师素质”师资队伍建设中的重要组成部分。实践表明，引入兼职教师对密切职业教育与企业的关系，促进校企结合是十分有利的。但同时也存在一些不容忽视的问题，如在教师职业准入制度尚不健全的情况下，目前各校的兼职教师许多都不具有教师任职资格，虽然这些教师具备了本专业较高的技术水准，但由于没有接受过正规的教师培训，缺少教育教学理论的指导，对教育教学规律不太了解。同时兼职教师存在着精力分散、研究学生不够的问题，时间上、精力上难以满足教学要求，从而影响了教学效果。而学校往往由于考虑成本和有些专业教师比较难聘的原因，对其缺乏严格的考核制度。有些职业技术院校聘请的教师是从事学科教育的,有些职业技术院校聘请一些中等职业学校教师担任高职教师，甚至有些聘请刚取得中级职业资格证书的教师充当该职业中级班教师，更为离奇的是有些学校在某些专业教师紧缺的情况下，以相关专业教师来应付教学，如用中式面点专业的技能指导教师担任西式面点专业的实习教师。这些现象在部分职业技术学校和社会力量办学机构中尤为严重，兼职教师队伍中存在的问题，也是职业教育“双师素质”师资队伍建设中存在的一大问题。因此，有必要就兼职教师的聘用、培养和考核等做出相应的规定。

高职院校中“双师素质”的高技能人才严重短缺，已经直接影响到了我国经济的发展。高职院校目前大力推行学分制管理，的确急需足够的双师素质教师，才能提高教学质量，实现改革目标。更何况高等职业教育担负着培养数以千万计的面向区域经济社会发展的，生产、建设、管理和服务第一线高技能人才的重要使命，人才培养质量的高低不仅关系到学校的生存与发展，也关系到国家建设的全局。因此，培养和应用高职院校双师素质教师，已经成为适应学分制管理、提高教学质量的关键。

二、强化高职师资力量的意义

社会主义现代化建设，不仅需要培养知识和技术创新的专门人才和拔尖人才，也需要培养数以亿计的高素质劳动者和技能型人才。新的形势对职业教育发展提出了新的要求。

（一）加强高职师资队伍建设，符合国家政策要求

《国务院关于大力发展职业教育的决定》（国发〔2005〕35 号）指出：“落实科学发展观，把发展职业教育作为经济社会发展的重要基础和教育工作的战略

重点。”

1. 大力发展职业教育，加快人力资源开发，是落实科教兴国战略和人才强国战略，推进我国走新型工业化道路、解决“三农”问题、促进就业再就业的重大举措；是全面提高国民素质，把我国巨大人口压力转化为人力资源优势，提升我国综合国力、全面建设小康社会的重要途径；是贯彻党的教育方针，遵循教育规律，实现教育事业全面协调可持续发展的必然要求。要把加快职业教育，特别是加快职业教育发展与繁荣经济、促进就业、消除贫困、维护稳定、建设先进文化紧密结合起来，增强紧迫感和使命感，采取强有力措施，大力推动职业教育快速健康发展。

2. 明确职业教育改革发展的目标。要进一步建立和完善适应社会主义市场经济体制，满足人民群众终身学习需要，与市场需求和劳动就业紧密结合，校企合作、工学结合、结构合理、形式多样、灵活开放、自主发展的有中国特色的现代职业教育体系。

时代赋予了高职教育光荣而艰巨的使命，而要完成这一重大使命，需要建成一支高质量的高职教师队伍。我们必须从思想上充分认识建立一支“双师素质”高职教育师资队伍的重要性和必要性，如此才能完成社会和国家赋予高职教育的历史使命。

（二）培养“双师素质”教师是高职教学的实际需要

随着高职教育的深入发展，人们逐渐认识到，提高实践动手能力和技术应用能力是高职教育的特色，需要大力加强；同时，建立适当的理论平台，对于提高技术应用能力，学生进入社会以后的发展、创新能力，同样十分重要。而“双师素质”教师具有宽泛的知识结构较强的能力结构。只有双师素质教师，才能满足高职教学中学生的这些实际要求。双师素质师资队伍建设已经成为师资队伍建设的重点，是张扬高职特色、培养学生创新和实践能力、开展教学改革、提高教学质量的关键。国外从事职业教育的教师，一般是大学本科以上学历，并且经过 3~5 年不等的企业实践才可以任职。而在奥地利，对职业学校专业教师的职业现场实践经验的要求是 15 年，这和我们形成了鲜明的对比。我们的职业教育的师资现状是，教师的学历结构普遍偏低，专业结构不甚合理，不少专业教师是“半路出家”。另外，实践经验以及企业背景的缺乏也非常严重，从学校到学校是不少教师的职业轨迹。我们职业教育的需求和我们所拥有的职业教育师资队伍形成很大的反差。所有这些，都需要我们认清形势，看到差距，从思想上认识到解决高职院校师资队伍建设的迫切性，要分析存在的问题和原因，认识到解决问题的重要性；在此基础上提出切实可行的措施，通过师资队伍的建设，努力实现高职教师队伍整体素质的优化，以便胜任高职教学，实现高职教育的育人目标。

只要思想重视，措施得力，就一定能迎头赶上。所以我们要行动起来，统一思想，行动一致，共同为建立一支“双师素质”职业教育的师资队伍出谋划策。

第三节　高职院校“双师素质”队伍建设

一、一般观点的比较

“双师素质”教师是职业教育研究中的一种特指，即一个教师同时具备职业学校教师职务任职资格和工程技术人员职务任职资格，比如是讲师又是工程师，是教授又是高级工程师。对“双师素质”教师的理解，一是认为教师既能从事理论教学，也能从事实践教学；二是认为教师既能担任教师，也能担任专业技术人员。即“双师素质”教师应同时拥有“教师资格证书”和“专业技术职务证书”。“双师素质”教师从外延上看就是“双证”的结合，即一个专业教师既有教师职业资格证书，又有教师以外的专业资格证书（如工程师、经济师、会计师和律师等）。从内涵上看，“双师素质”教师首先应该符合职业技术院校教师的一般标准，比如具有良好的职业道德，具有敬业精神，具有终身学习的意识与能力，等等。同时，还应该凸显教学能力。“双师素质”教师要能根据市场调查分析，行业、职业、职业岗位群分析，调整课程内容，制定相应的培养目标。具有胜任本专业两门以上课程的教学和相关的实验、实习、实训、课程设计、毕业设计的指导，以及主编所任课程的教学大纲的能力。在传统的单一的教学媒体被打破的情况下，能够在国际计算机网络环境下创造性地开展教学工作，合理使用信息资源，及时将新理论、新技术、新工艺传递给学生，使教学设计和实施具有超前性。现代职业技术教育必须反映生产技术的要求，了解生产实际，跟踪技术的发展。作为“双师素质”教师，就应该掌握所教专业科目的高新技术知识和本专业领域内的某些传统和高新设备的维护与操作技能。有人将这种能力进一步细分为四个方面：一是一定的工艺能力、设计能力和技术开发与技术服务能力；二是中级工以上的生产操作能力；三是胜任专业工作的能力，及一定的专业实践经验与工艺实验能力；四是演示、指导能力，教师能以自己准确熟练的示范操作进行演示，并能根据学生不同的实际操作给予明确有效的指导。行业、职业界日新月异的变化，要求“双师素质”教师必须善于接受新信息、新知识、新观念，分析新情况、新现象，解决新问题，不断更新自身的知识体系和能力结构，具备良好的创新精神、创新意识，掌握创新的一般机理，能够超前思考、多维思考、求异思考，善于组织、指导学生开展创造性活动。“双师素质”教师还应该扮演的一个角色就是研究者。其应该具有调查能力、搜集整理资料的能力、试验设计能力、成果表达能力、开发应用性科研项目的能力。职业技术教育面临的是招生和就业两个联动的市场。只有把劳动力资源的开发和劳动力安置结合起来，职业技术教育才会永葆生命力。因此，职业院校除了做好就业指导工作外，要大力开展创业教育。这就要求“双师素质”教师要有强烈的创业意识、健康的创业心理、较强的创业能力，能够培养出创业型的人才来。进行校园内的交往与协调，与企业、行业从业人员交流沟通，新产品开发研制，课题的申报和论证，组织学生开展社会调查、社会实践，指导学生参与各种社会活动、实习等，决定了“双师素质”教师的接触面广、活动范围大，需要有较强的交往和组织协调能力。“双师素质”教师既是理论课上的施教者，也是实验实习课上的指导者，又是校内外产学结合的研发者、学校管理的参与者。因此，要求他们要掌握教学行政管理、教学设施使用管理、技术开发管理、学校良性化运营管理及企业、行业管理的程序和法则，并能在实际工作中加以运用。

由于对“双师素质”内涵把握的不同，对于“双师素质”教师的定义在认识和标准上也存在一定差异，较有代表性的标准有：

（一）院校标准

在实行“双师素质”教师的认证过程中，有些高职院校制定了实施标准，提出了“双师素质”和“一体化”教师的标准，“双师素质”教师指既能讲授专业理论课，又有一定实践经验（具有所教专业相关的社会职业岗位经历、资格和能力）的教师。具体标准：大学本科及以上学历，具有中级以上专业技术职务，具有两年以上的相关专业经历或具有高级工（国家职业资格三级）及以上职业资格，接受过系统教育理论的培养和培训。“一体化”教师是指既能从事专业理论教学，又能指导技能训练的教师。具体标准：大学本科以上学历，具有中级及以上专业技术职务，具有高级工以上职业资格，接受过系统教育理论的培养和培训。两者的关系是：“一体化”是“双师素质”的一部分，因为“双师素质”要求实践经历，但不一定必须具备承担实践教学特别是技能训练的能力。

（二）学者标准

有学者认为“双师素质”教师应具备的职业素质标准是“一全”“二师”“三能”“四证”。“一全”是指“双师素质”教师应该具有全面的职业素质。“二师”是指“双师素质”教师既能从事文化理论课教学，又能从事技能实训指导。“三能”是指“双师素质”教师具有较全面的能力素质，既具有进行专业理论知识讲授的教学能力，又具有专业技能基本训练的指导能力，同时还具有进行科学研究和课程开发建设的研发能力。“四证”是指毕业证、技术（技能）等级证、继续教育证和教师资格证等。

二、“双师素质”教师的统一标准

随着职业教育的进一步发展，对“双师素质”师资队伍建设的认识也在不断深化。目前国内高等职业教育“双师素质”教师的认定范围和宽泛解释及其认定方式已基本达到统一。“双师素质”教师的范围认定，一般具有中级及以上专业技术职务的专业基础课、专业课、实践教学指导教师属于“双师素质”教师认定范围。目前，“双师素质”教师的基本标准已经有了比较统一的解释。凡符合下列条件之一者即可认定为“双师素质”教师。

1. 具有讲师及以上专业技术职务的教师，累计有 2 年及以上生产、建设管理和服务第一线本专业实际工作经历，胜任本专业实践教学工作。

2. 具有讲师及以上专业技术职务的教师，取得本专业非教师系列的中级及以上专业技术职务或本专业的中级及以上职业资格证书，并具有半年以上相应行业的实际工作经历，胜任本专业实践教学工作。

3. 具有中级及以上非教师系列专业技术职务的实践教学指导教师，胜任本专业一门及以上专业理论课程教学工作。

4. 具有中级及以上专业技术职务的教师，主持市级及以上本专业或相关专业科学研究课题，并通过鉴定；或获省部级二等或市级一等及以上科技进步奖；或本人科技成果获技术转让费 10 万元以上；或在科技开发、科技服务方面获项目经费 20 万元以上。胜任本专业一门及以上专业理论课程教学工作。

5. 在企事业或科研等单位取得中级及以上非教师系列专业技术职务人员，在高等职业院校任教一年以上，胜任本专业一门及以上专业理论课程教学工作。

归结起来，“双师素质”教师是指集普通教师素质和工程师（会计师）素质于一体，既能从事专业理论教学，又能指导学生技能训练的新型教师；既是知识的传播者，又是实践技能的示范者，是理论与实践并重的高素质的具有双重专业技术职称的复合型教师。具有经师能力（经典专业知识，让学生学会认知）+ 技师能力（精湛专业技术，让学生学会做事）+ 人师能力（价值引导，让学生学会共同生活）+ 事师能力（职业引导，让学生学会发展）。当前，高职院校为适应市场经济形势，根据高职培养技术应用型人才的要求，开展以学分制为基础的教学管理改革。在实施学分制改革时，学生在选课和选教师过程中，对学校和教师提出了更高的要求。许多学生希望通过选修合适的专业课程，从教师那里学到过硬的生存本领，借以更好地完成学业，求得就业，实现创业。

“双师素质”教师是高等职业教育对专业课教师的一种特殊要求，即要求专业课教师具备两方面的素质和能力：一方面要具有较高的文化和专业理论水平，有较强的教学及教研能力和素质；另一方面要有广博的专业基础知识，熟练的专业实践技能，一定的组织生产经营和科技推广能力，以及指导学生创业的能力和素质。表现在思想上，“双师素质”教师强调要有高尚的职业道德，热爱党的教育事业，热爱高职教育，具有敬业态度和奉献精神，具备高尚的人格力量，以自己的远大理想、宽阔胸怀、崇高品德、渊博学识和精湛的教艺教育培养学生，为人师表，成为学生增长知识和思想进步的导师，成为学生做人的楷模。在科技文化素质上，要求“双师素质”教师具有广博和精深的知识结构。横向上，广泛涉猎信息网络技术、生物工程、生命科学等最新研究成果；纵向上，在自己所教学科方面，掌握本学科的理论知识框架和本专业在国内外研究动态及发展趋势，了解本专业相关的发展现状及最新学术成果等。在能力上，要求“双师素质”教师具有操作、演示、维修和检测等多种技艺，有专业实践经历和较强的专业实践能力，具有科技开发、科技服务能力，动手示范能力和运用现代技术进行教学的能力，具有获取各种信息的能力，具有观察思维、分析研究和创新的能力，同时具有团队精神和与人共事的品格以及组织管理、联想思维和自我发展的能力。教师的素质能力是指教师在教育教学活动中表现出来的，决定其教学效果的综合能力，教学质量是学校生存与发展的生命线，师资队伍整体素质的高低是教育教学质量优劣的决定性因素，建设一支高素质的教师队伍是高等职业教育发展中头等重要的任务，而师资培训是建设高质量教师队伍的重要途径。而我国目前职业院校教师基本上都是在学科型人才培养模式下造就出来的，从学校到学校，缺少企业工作经历和专业实践技能，造成教师的知识和能力有限及创新意识欠缺，影响了职业教育的教学质量。这就需要引起高职院校的重视，通过理念更新和模式的优化把师资队伍建设纳入教学管理议程，切实抓好。

三、高职院校“双师素质”队伍建设的措施

教育部要求高职院校充分认识全面提高师资队伍整体素质的重要性和迫切性，切实加大师资队伍建设工作的力度，要通过支持教师参与产学研结合、专业实践能力培训等措施提高现有教师的双师素质，抓好双师素质教师的培养。因此，我们要把双师素质教师的培养、双师素质教师队伍的建设放到重要位置，大力宣传建立双师素质教师队伍的重大意义和必要性。通过学分制选“教师”的程序，使他们感到要提高实践教学水平的压力，转变轻实践的陈旧观念，提高教师向双师素质方向发展的自觉性和主动性。学校要制定双师素质师资队伍建设规划，提出明确的培养双师素质教师、建立双师素质师资队伍的目标、任务、实施方案和措施。

（一）提高认识，更新观念，重视和加强对专任教师的培养力度

在高职教育整体的改革发展中，更新观念是先导，师资队伍建设也同样需要树立全新的观念。

1. 要树立以人为本的观念

高校师资管理部门要由传统的以事为中心的人事管理转向以人为中心的人才资源开发，由单纯的管理控制职能转向教师资源的开发保障和利用。教师管理模式机制和方法的改革要有利于优秀毕业生的接收和优秀人才的引进，有利于教师潜能的充分发挥，有利于教师资源的优化配置，有利于教师队伍的合理流动。

2. 要树立师资培养以教学为本的观念

高校的中心工作是教学，教师是教学的主要实施者。高校的师资队伍培养要围绕教学来进行，以提高教学质量为出发点和归宿。为此，师资培养计划和内容都应以提高教师的教学水平为目的来制定、组织、实施。要改变一直以来的重学历提高、忽视教学岗位职能培养和训练的现状。既要重视专业学术水平的提高，又要重视教学学术水平的提高，致力于培养学术大师和教学大师。

3. 要树立开放式师资队伍培养观念

长期以来，教育行政部门、高等学校在师资队伍培养上一直存在着以在职为主、

脱产为辅，以本地为主、外地为辅的观念。要树立开放的观念，多为教师提供出国进修参加国际会议的机会，多提供去国内一流大学进修学习的机会，让教师最大限度获取前沿学科知识、获取教学方法和经验，提高培养质量和效益。

造就一支政治素质高、业务能力强、结构合理、特色鲜明、相对稳定的双师素质教师队伍应是高职院校加强专任教师队伍建设的目标。实施学分制改革，要加快双师教师队伍建设的步伐。当前，我们要依据重点培养、全面提高的原则，拓宽双师素质教师队伍的来源渠道。要打破师资来源以高校毕业生为主的传统观念，出台相应政策，引进社会上各行业中优秀人才到学院任教，充实双师素质教师队伍。重点培养有发展前途的中青年教学骨干，重视学科带头人、学术梯队建设以及专业教师的双师素质培养。如对不同年龄的专业教师应采取不同的战略。对青年教师，鼓励其参加各种学习。应着重抓岗前培训，安排他们到基层行业、企业参加一定时间的社会实践锻炼，向一线的技术人员和操作人员学习，检验、提高自己的实践水平和专业技术能力，以提高其理论水平和实践技能；采取导师制，聘请各行各业的专家、负责人到校任兼职客座教授，指导青年教师的教学、实践。对中年教师，采取进修及承担科研课题的方式对他们进行提高。对老教师，可以安排部分老教师到国内外院校参观、考察、访问和讲学，进行学术交流。

（二）调整和优化“双师素质”教师培养的内容

“双师素质”教师培养的内容，应结合高职院校实际，加强专业理论知识、专业职业技能、教育科研能力等方面的培养。

通过调整和优化培养内容，实现师资队伍整体素质的提升。对专业理论知识的培养，要求教师以充分满足专业所面向的职业或职业群的实际需要为度，在实际教学中对专业理论知识进行有针对性和实用性的裁剪、筛选和再加工，向学生传授走向工作岗位后必须具备的专业理论知识。专业理论知识的进修应是职教师资培训的重要方面，职教师资在理论知识上的要求并不比普教师资低，只是二者侧重点不同，职教师资理论知识上的要求不在深度，而在广度，在于理论联系实际，理论联系职业和岗位工作的能力。特别是随着科学技术的发展，各专业领域的新理论、新发现层出不穷，职教师资必须及时掌握本专业理论知识发展的新动向、新趋势，只有这样才能在具体教学中向学生及时传递新信息，传授新知识，避免学生所学与实际工作需要严重脱节。

对专业职业技能的培训，首先要求教师掌握与所授理论课程相当的专业职业技能，仅仅掌握本专业起点和基本专业技能并不能满足实践教学的需要。其次，专业技能的内涵，不仅指具体的技术、技能，也包括在实践工作中获得的工作经验和工作阅历，即教师的知识结构中应有经验性知识和实践工作经历。例如：电信工程类专业的教师要有电子技术、电工技术等方面的专业技能和工作经验；机械工程类专业的教师应懂得模具加工、金属工艺等方面的实际操作和程序的实践经验和资历。另外，近年来，新技术、新工艺大量运用于生产工艺流程和生产岗位，在专业职业技能上引发了突破性的革新和革命，职教师资应关注本专业领域的前沿信息，及时学习和掌握各种在实际操作中应用的新技术。因此，培训计划中应注重培养从业师资具备与其专业相符的专业技能和能力，强调让教师通过各种形式的实践性工作和培训不断更新、补充和提高职教师资的专业职业技能水准。

职业教育的理论、方法论和心理学知识等，也是需要掌握的。这不仅仅关系到教师能否顺利地进行教育教学和科研工作，而且还将影响所有高职教育过程的存在价值和社会效益。为此，高职教师应加强职业教育和心理学理论知识的学习，不仅要学习职业教育学、职业心理学、教材教法，还应学习教育技术学、教育测量与评估等课程。同时，教育科研能力是提高教学质量和教师学术水平的需要，是由经验型向学者型教师转化的必由之路，它能够使教师逐渐进入一种新角色，同时也能提高教师的业务能力。因此，鼓励教师积极开展学术研究活动，踊跃参加科技成果转化、技术改造活动，为学生服务，为企业服务，这样既可掌握最新科技动态、提高科技开发动力和创新能力、更新知识，又能使理论联系实践，直接为教学服务。

（三）建立健全师资建设的规章制度

1. 制定年度目标，营造自觉参与自我约束的环境氛围

切实制定师资队伍建设的年度目标，对师资队伍建设的制度运作至关重要；制度再完备，如果没有与之相对应的具体实施目标，是无法产生制度运作的效益的。师资队伍建设的年度目标分两个层面，即学校目标和个人目标。学校年度目标，是指学校围绕师资队伍建设的中长期规划，在充分听取各部门和教师意见的基础上而设定的年度具体目标任务，如教师培养培训的形式、内容类别、人数和考核，岗位设置及职务竞聘（含人才引进），经费预算额度等。设置具体目标的目的，是让学校各职能部门和教师们清楚地了解学校在师资队伍建设方面的年度任务和具体要求，便于教师们及时调整自己的工作学习思路，使之与完成学校整体目标趋于一致。个人目标是指院系在组织教师讨论的基础上将学校师资队伍建设的年度目标分解到

每位教师，使每位教师明白自己的职责及应完成的目标任务，并协助教师有效地制订达到既定目标的计划。在制定目标和分解目标的过程中，广泛地听取教师们的意见非常重要，因为教师参与的程度越高，自觉参与目标实施的能动性就越大，同时也就越容易将教师个人的发展目标和学校的整体目标融为一体。

2. 实施制度执行责任制

实施制度执行责任制是促使师资队伍建设制度有效运作的重要举措，其目的是强化学校领导和相关责任人员的责任意识，倡导真抓实干、争创业绩的良好风气。实施制度执行责任制首先要明确责任内容。责任内容分两个方面：一是将学校师资队伍建设的中长期规划设定的目标任务和年度应完成的目标任务分时段分解到校领导及相关职能部门负责人和教职工个人，使之成为个人目标责任，如经费到位情况，教师培养培训人数及引进人才情况，教师的教学科研及自我开发等。二是依据学校师资队伍建设制度所规定的各职能部门和相关责任人应履行的责任，如创造积极的工作环境，为教师的教学科研提供服务。其次是明确考核内容、程序及办法。考核内容主要是将责任内容细化、量化成具体便于操作的条文，考核程序及办法要奉行“于法周严，于事简便”的原则，在确保考核质量的前提下，根据高校学年度和自然年度不同及学术成果周期长跨年度等特点，积极探索全程考核和自然年度考核相结合的方式方法，制定适合两种考核方式的责任目标考核标准及程序方法，实行全程考核累加递进的考核方式，形成以目标全程考核为基础、年度目标考核为重点的考核体系，从而全面、客观、准确地评价各责任人的工作实绩。最后是明确奖罚措施。因为明确奖罚措施并运用考核结果进行奖罚是制度实施的关键，它能起到激励和约束相关责任人的作用。对完成目标责任好的，奖励什么，怎么奖；对完成目标责任一般的，怎么鞭策，谁来激励；对没有完成目标责任的，怎么处罚，谁来约束等都要有具体的内容及操作细则。

3. 构建落实制度的信息反馈渠道

目标、责任明确后，在具体的制度实施过程中，学校领导和其他相关责任人如何做到上下一致、同心协力、相互监督、相互制约？这就要有一条透明的、灵敏的信息沟通渠道。各校可利用校园网络和办公自动化系统，设置师资队伍建设责任制的专页，定期公布履职情况和阶段考核结果，让各责任人及时了解自己及他人的工作进展及结果好坏等情况，以便相互督促，相互激励。

4. 建立制度修正坐标体系

制度是依据一定时期的工作任务和实际情况而制定的，因此在实施过程中，随着时间的推移和工作环境的变化，制度也有一个逐步完善的过程，完善制度并不能随意修改，而要通过灵敏的信息渠道和手段不断地将制度运行中的各种状况和参数及时、准确地反馈到学校，通过一定时期的吸收、检验后再通过一定的程序予以修改，以保证制度既有相对的稳定性又能对不符合实际的制度予以修订，从而保证制度的长期运作效果。

（1）合理定编，科学设岗，完善教师考核、聘任制度。按照上级主管部门规定的编制比例，确定教师编制，提高人才资源使用效益。依据学科类别，按照结构比例，科学地进行高、中级专业技术岗位设置。实行按需设岗，平等竞争，严格考核，合约管理。加强考核力度，每年对教师在课堂教学、科研工作和参加教改、课程（教材）建设、实验室建设和其他教学活动以及教书育人方面进行综合考核，根据考核情况，进行表彰、奖励、晋升、续聘或缓聘、解聘。

（2）加强合同管理。为确保师资队伍的相对稳定，使教学第一线的教师尤其是优秀骨干教师茁壮成长，在强化爱岗敬业教育的同时，根据学院已制定的相关规定严格执行教师的服务期限制度，使教师能履行合同约定的相应义务。对不能履约的教师，要追究相应的违约责任。

（3）按照尊重劳动、尊重知识、尊重人才、尊重创造的要求，逐步提高教师的待遇。同时建立和完善教学奖励、科研奖励制度，从精神上、物质上鼓励广大教师，借以更好地调动一切积极因素，为实现学校的育人目标而共同努力。

（4）坚持高职教育专业建设市场性原则，坚持对师资队伍建设的基本要求。①强化教学服务的基本功训练。我国高职院校的教师大多来自非师范院校，所以，熟悉教学规律，掌握心理学、教育学基本理论，精通教学法，真正实现向教师角色的转换，使之成为能够熟练运用教学艺术的合格教师。②提高学历层次。这是知识经济发展和终身学习的需要，是师资队伍知识结构的需要，是高职学生掌握前沿技术的需要，学校必须有计划、按比例地提高教师的学历层次。③更新知识，扩大知识面，加强专业建设学业支撑的力度。这是使高职院校教师不断完善知识结构，适应科技发展，提高师资队伍利用率的需要。短期适应性培训，不仅要解决师资数量不足、层次偏低，骨干与专业带头人及“双师素质”教师少，教育教学理论及技能不足等现实问题，还要充分参照国际高职教育的特点、发展趋势及其师资队伍建设与管理的经验，进行深入的思考。

（5）建立高职师资队伍建设的新机制。①引进机制。在解决高职师资数量不足的问题时，必须充分考虑高职培养人才的“能力本位”特点，构建起独特的师资引进机制。一方面要按照目前高职院校教师实际需求量较大的特点，广开师资引进渠道，通过向社会公开招聘高水平教师来增加高职教师的数量。同时更重要的是，在引进中要突出教师的“应用技能”这一重点，在严格把好“能力”关的同时，要注重从企业、产业部门引进一些有实践经验的技术骨干，他们一般应具有工程系列的中高级技术职称，有几年以上在一线从事技术工作或管理工作的经历，经过教师培训，取得任教资格。他们更适合于做技术实践课的教师，也可以做技术专业理论课的教师。还要注重从生产一线选聘有实践经验的技术骨干，经培训后做兼职教师，将不断加大兼职教师的比例作为向“双师素质”方向发展的一项重要措施。从而构建起高职院校师资引进的独特机制。②建立高职师资队伍建设的结构调整、培训和培养机制。大力调整现有师资结构，其重点就是要使教师中“双师素质”教师、学科带头人和科研骨干人员占有合理的比例。特别是面对“双师素质”教师的缺口，仅靠引进是远远不够的，还要立足于自身的师资培训与培养，使现有的教师向“双师素质”教师发展转变。为此，必须构建全新的高职师资培训培养机制。芬兰在职业教育和培训领域进行了改革，更加重视自我导向和目标驱动的学习，并增加了职业院校和用人单位的联系。企业的广泛参与，提供了师资培训培养的重要基地。高职院校与企业联合成立科研基地实验基地等，派教师到企业合作进行技术开发。“要提高教师实践能力，必须加强学校和企业之间、教师和企业之间的紧密联系。有了这种联系，学生进行‘真枪实弹’的实践锻炼就有了机会；教师也就有了学习提高的条件，有了新知识和新技能的来源，有了新发现的可能，有了科学研究的目标和动力。”与此同时，高职院校还必须大力依靠特有的高校师资培训机构、重点大学的高校师资培训基地、省级高校师资培训中心等机构，通过让高职教师在职申请学位进修、访学进修等多种途径对高职师资进行培训培养。以提高高职师资结构的学历层次，并造就一批学科带头人，使高职的师资结构趋于合理。

（6）教师管理制度创新是师源竞争的要求，也是适应这种新型竞争的有效对策。①改革教师管理模式。逐步取消身份式的师资管理制度，积极探索契约制和岗位制的高职师资管理制度。高职院校依法实施用人自主权。按照相对稳定、合理流动、专兼结合、资源共享的原则，探索和建立相对稳定的骨干层和出入有序的流动层相结合的教师队伍管理模式及教师资源配置和开发的有效机制。通过加强协作、联合办学、互聘教师、延聘专家等多种途径，拓宽教师来源渠道，促进教师资源的合理配置和有效利用。要利用产业结构调整的契机，积极采取措施，面向企业和科研机构招聘优秀人才担任专职或兼职教师。②深化内部管理模式。按照《教师法》和国家的有关规定，根据按需设岗、公开招聘、平等竞争、择优聘任、严格考核、聘约管理的原则，高职院校依法自主评聘教师，吸引优秀人员从教。要着手研究制定高职教育“双师素质”教师职称评定标准。该标准与普通高等教育系列职称评定标准有区别，要反映高职教育教学的特点，但在级别和待遇上应相同，以鼓励广大教师专心于高职教育教学工作。通过加大分配奖励制度的改革力度，实现“多劳多得，优劳优酬”的分配原则，合理拉开分配差距，鼓励和支持教师立足本职工作多做贡献。在分配上向有突出贡献的优秀拔尖人才、学术带头人和中青年教师倾斜。建立特殊岗位津贴和基础科研津贴等符合高校特点的岗位津贴制度，吸引和稳定优秀拔尖的学术人才和技术人才。

师资建设相关规章制度的建立健全，引入人才竞争机制，属于高职院校管理软硬件的一个部分，是高职教学管理体系的重要内容，必须纳入教学管理机制的整体构建，通过高职师资建设和管理的科学化、规范化和系统化，达到提升高职院校核心竞争力的目的。

（四）拓宽“双师素质”教师培养的途径

一是校本培训。它是一种由学校自行策划、组织、实施、考核的教师培训模式。其核心是培训的自主化和培训的个性化，即培训完全服务于本校的实际需要，培训内容和形式完全根据本校及本校教师的特点来编制设定，培训者基本由本校的教师来担任。校本培训目标非常明确具体，培训工作与日常工作密切结合，培训成果及时体现在教师的工作之中；培训地点在本校，培训时间与工作不冲突。由于目前高职学院专业种类繁多，经济紧张，师资短缺，教师很难抽出时间参加校外培训，因此校本培训不失为高职在职教师培训的一种好的方式。但校本培训的缺点是组织起来有一定难度，培训的面较窄，对师资条件不太理想的学校来说，培训质量也很难得到保证，再有就是这种培训往往与学历联系不起来，在一定程度上影响了教师学习的积极性。

二是校外培训。目前全国已有多个重点建设职教师资培训基地。高职师资培训基地覆盖了大部分应用型专业和应用型学科。依托普通高等学校和职业师范学院建立的职教师资培训基地来解决高职教师的培养培训问题，是一个既能发挥现有教育资源优势，又能够适应高职教师特点和需要的一种有效途径和形式。

三是加强同企业的广泛联系，建立稳定的校外实习和培训基地。我们知道，校企合作办学是促使教师深入生产第一线的最佳途径，是培养双师素质的突破口。通过合作办学，能使专业课教师更好地掌握专业技能。与企业合作过程中必然要了解和掌握技术生产过程，掌握企业劳动组织过程。这样将提高教师特别是青年教师的实践能力，使其逐步成为双师素质教师，教学水平也相应有所提高。同时，鼓励教师大力推行科技服务与开发，也是促使教师向双师素质方向发展的重要途径。

四是自主培训。自主培训没有特定的形式，主要是教师根据自身的情况阅读材料，请教他人，记下学习所获。自主培训的优点是不拘形式，教师自己可以灵活掌握，对自己的长处和短处也最了解；缺点是教师要有较高的自觉性和悟性，否则难以达到理想的培训效果。

除上述四种途径外，还有各种各样的方法，如：围绕专业办产业，办好产业促专业，培养“双师素质”教师；选派优秀教师挂职顶岗锻炼；以科技项目为载体锻炼教师；组织社会实践锻炼教师；“走出去，请进来”提高教师水平；拓宽“双师素质”教师的来源渠道；等等。

职业院校要积极从企事业单位聘请兼职教师，实行专兼结合来改善师资结构。兼职教师在高职教育教学、实践指导中有着不可替代的作用，是高等职业教育培养目标实现的重要保证。这里所称的兼职教师是指不在学校正式人员编制之内，学校正式聘任的，已独立承担一门专业课教学或实践教学任务的校外企业及社会中实践经验丰富的名师专家、高级技术人员和能工巧匠。他们既具有丰富的实践经验和专业技能，又有较高的理论水平。

建立兼职教师队伍，是建设“双师素质”教师队伍的必要手段。建设一支相对稳定的兼职教师队伍，改善高职教师结构，适应人才培养和专业变化的要求，已成为职业教育必须长期坚持的基本策略而非权宜之计。目前高职教育的学校数和高职教育的在校生数占了高等教育的半壁江山。应该说，高职教育的发展是喜人的。然而，我们也要看到，高职教育的发展还有诸多的制约因素，如前所述，较为突出的是师资队伍问题，其主要表现为整体数量不足以及队伍结构性失调。目前高职院校打破自身师资队伍建设“瓶颈”的主要措施是采取专职教师和兼职教师相结合的方式，即积极引进、大力培养专职教师和聘用兼职教师。对于积极引进和大力培养专职教师，构建稳定的教师队伍的举措，大家已达成共识。对于聘用兼职教师的做法，仍见仁见智。教育部高职高专教学改革试点专业的遴选和示范性高职院校的评价体系中，均把兼职教师队伍建设作为一项重要的评价指标列入其中，意即引导学校重视此项工作。我们认为，高职院校由于其自身发展的局限性、受国家经济实力的制约和自身办学特色的需要，聘用兼职教师不仅是权宜之计，更是长期的战略选择。

目前部分高职院校对聘任兼职教师认识不足，没有出台兼职教师遴选程序、监管办法，基本上是各教学部门自主聘用，采用课时费与兼职教师进行结算，聘后既没有报相关部门备案，也未签订双方约定责权利的正式聘用协议书，同时聘用部门未建立兼职教师业务考核档案，兼职教师的聘用基本上处于无序化管理。

兼职教师来自企业和社会，尽管能够在讲台上为学生传授知识，指导实践，但一般说来，他们的教育学、心理学、教法等教育理论不足，教师基本技能（包括教态、板书、普通话及现代教育技术）有所欠缺。主要存在以下问题：①缺乏高职教育系统理论，对培养人才方向把握不准，理论和实践教学把握分寸时常发生错位；②对授课教材钻研不深，理解不够，教与学相脱节，教学效果不太理想；③仅为创收而来，职业道德不佳，工作责任感和事业心不强，当本职和兼职发生冲突时，随意停课或频繁调课，严重影响正常的教学秩序；④由于缺乏必要的监管和考核，再加之兼职教师离兼职学校较远，大多是授课结束就离开学校，课后辅导基本上是一句空话；⑤个别兼职教师缺乏诚信，未经协商，中途溜号，擅自中断兼职工作，几乎造成该课程无人授课等诸多情况。由于高等职业教育有其内在规律和模式，特别注重对学生理论和实践相结合的综合能力培养，所以，抓好兼职教师的管理，对稳定教学秩序，促进专业的发展和建设，提高整个高职院校的教学质量，都具有积极作用。

首先应抓好兼职教师管理。①健全机构、明确职责。建立兼职教师专门管理机构，由专管机构负责制定聘用兼职教师的各项管理文件和制度的制定以及兼职教师试讲、面试的组织、考核、聘任、证书发放服务等工作。教务部门负责兼职教师的业务指导及培训，聘用部门负责考核，专管机构负责聘后监管及数据信息、数据库建设。②严把入口关。兼职教师来源广泛，成分复杂，流动性较大，基本上都是单位的骨干和业务能手，常常不能很好地处理本职和兼职的关系，这给高职院校的管理工作带来了诸多困难。因此高职院校专管机构应主动深入拟聘兼职教师工作单位第一线，多形式、多渠道、全方位了解拟聘教师的思想品德、工作责任心和事业心、专业水平和实践技能、工作业绩等情况，全面掌握拟聘兼职教师的第一手资料，并把职业道德、教书育人、为人师表、专业知识和业务技能作为聘任兼职教师的依据。③严格程序。聘用前要求兼职教师进行试讲，由专管机构组织教务、高教聘用部门等相关人员听课，对其教学水平、教学能力、技术水平及工作业绩进行全面评价和论证，科研处进一步确认其学术成果、科研能力，在综合考核的基础上，报分管教学领导审批同意后（资深教师和专家，经分管教学领导批准，可不试讲），由专管机构统一发放兼职教师聘任书，并签订兼职教师聘用协议书，明确兼职教师的责权、聘期和待遇等相关事项。④建立业绩档案。聘用部门负责建立兼职教师业绩考评档案，将平时同行教师听课记录、部门和教研室考核、所授课程班级学生测评及考核兼职教师的教学水平、工作质量、工作态度等材料全部装入教师业绩档案，并作为续聘或解聘兼职教师的依据。

其次应加强培训。由于兼职教师大多来自生产一线，对高等职业教育规律和教学模式不太熟悉，因此，对他们的培训更多的是着重于教育教学理论的培训，要组织他们参加学院有关的教学会议、教学教研活动和实习、实训基地建设工作。通过培训使他们具有教师的基本素质，促使他们向双师素质型教师转化。教务部门应加强兼职教师“高等职业教育教育学”“高等职业教育心理学”“高等职业学校职业道德修养”的培训，定期举办“教育创新”“现代教育技术”“教育科学研究方法”“教师形象”“教学艺术”“CAI 课件制作”等专题讲座及有利于提高兼职教师教育教学的经验交流会、座谈会、学术报告会，鼓励他们申报科研项目和课题研究，让他们尽快掌握高等职业教育的规律和人才培养方向，全面树立现代高等职业教育人才观、质量观、教学观。还要强化聘后考核，加强兼职教师聘后监管。聘用部门严格按照聘用协议书明确的职责和义务，对兼职教师实行定期和不定期考核，并将每次考评材料装入兼职教师业绩档案。在聘任期满前，兼职教师填写兼职教师考核鉴定表，详细总结聘期内的教育教学、科研等工作情况，聘用部门及教研室在全面考核的基础上分别写出是否续聘等建议，报分管教学领导签署意见，专管机构发文通知聘用部门及受聘人员是否续聘。

再次应建立激励机制，强化人文关怀。高职院校聘用兼职教师，应运用市场经济规律，遵循市场的原则，建立兼职教师激励机制和竞争机制，实行“多劳多得”“优劳优酬”的分配机制，推行“优绩优聘”“优能优聘”的聘任原则。以兼职教师的工作态度、工作质量及履行协议情况作为续聘的主要依据，即使具有同样的学历和职称的兼职教师，但其教学能力、科研能力和取得业绩的不同，其聘用期间的待遇也不一样。对教学能力强，业务水平高，理论联系实际较好的兼职教师给以优厚的待遇；对取得重要贡献且深受师生好评的兼职教师，应给予一定的物质奖励和精神奖励；对责任心不强，教学水平和教学质量与其学历、职称不相称的兼职教师，在待遇上实行降档执行。建立激励机制，有利于稳定兼职教师队伍，增强兼职教师教书育人的工作责任感和事业心，激发兼职教师的工作积极性和创造性。

积极协调处理与兼职教师的关系，加大情感投入，对兼职教师要给予人文关怀，要尽可能在思想上加以引导和沟通，教学上加以业务指导，生活上多给予关照，排课尽可能灵活。要定期或不定期召开兼职教师座谈会，广泛听取兼职教师对学校教学、科研工作的建议和意见，在力所能及的范围内尽可能解决，不能解决的要及时加以解释和说明，以得到兼职教师的谅解和支持。使兼职教师感到“我是学校的一员”“学校就是我的另一个家”，让他们从思想上彻底打消兼职是打工的念头，把兼职作为自己事业中的一个重要部分来对待。

总之，高职高专坚持专职和兼职教师相结合的方向，将会是高职院校师资建设中的一个长期战略选择，保持一定比例和稳定的兼职教师，是高职高专办学特色的需要。因此要充分认识到兼职教师的重要意义，切实加强对兼职教师的聘任和管理，建立兼职教师的激励机制和竞争机制，真正建设一支人员精干、素质优良、结构合理、专兼结合、特色鲜明的教师队伍。师资队伍建设，涉及学校的教学管理、教学条件等多个方面。但是作为职业院校，要有效地提高教育教学质量，为区域经济发展做出更大的贡献，抓好“双师素质”教师队伍的培养，努力提高中、青年教师的技术应用教学能力和实践教学能力是关键。

教师队伍的高质量是提高教学质量的前提，是办好高职教育的关键。我国高职教育发展的速度快，规模大，相应的配套措施跟不上，导致高职院校教师的数量、质量一下子无法适应教学实际需求。因此，当前要以提高教师实践技能水平和师德建设为重点，特别是要通过“双师素质”教师的培养加强建设力度，进而实现高职教师队伍的整体优化。

第五章　创新视角下的高职院校专业建设

高职院校的专业建设是一项系统工程，是学校适应社会人才需求和引导社会人才消费的一个基本尺度，反映学校对社会发展、经济发展、科技发展和职业岗位（群）的适应程度。专业建设的好坏直接影响到高职院校的招生、学生的培养及毕业生的就业与创业，事关高职院校的核心竞争力，生存与发展。科学合理地设置专业是高职教育主动服务地方经济和社会，体现自身功能和特色，实现培养目标的基础性工作。

第一节　高职院校专业建设的内涵和意义

一、高职专业设置的内涵与特色

所谓专业，是指学生当前的学习范围和今后的工作领域。我国高职院校的专业设置是在高职院校创办过程中逐渐摸索发展起来的，最初并没有国家颁布的统一专业目录，因而专业名称、培养规格、业务要求等没有统一的规定。多数院校是根据高职教育培养目标、地方经济需要并参考原有中专学校和普通本科院校专业目录，从改造原有普通本科院校的相关专业开始的。许多高职院校还没有完全摆脱计划经济的思维方式，在专业设置上不是考虑市场对人才的需要，所开设的专业还没能按照市场性的机理和线索设置和运行，因此大多专业的特色不突出，缺少市场和行业背景依据。所开设的专业，要么是过去已开专业的翻版，要么是凭主观臆断，闭门造车，要么是依据社会上一般流行的专业类别与专业名称来开发与设置，亦步亦趋、蜂拥而上，以致专业雷同或大同小异。名称不规范、特色不明显等现象都是因为不能真正坚持唯物主义原则，不能实事求是地从经济、社会发展的实际需求出发，不能从市场变化和要求的实际出发，不能面对产业发展、职业和岗位变化的实际认真、深入地研究专业的开发与建设。以这种方式进行专业建设，不能不带有很大的盲目性、随意性、主观性，使学校丧失生机与活力，造成了教育资源和人才资源的严重浪费。

教育是国之大计，党之大计。为适应我国改革开放的新形势，推动高职高专教育的持续健康发展，加强专业设置的动态适应性和宏观指导与管理，教育部经过较长时间的调研、分析、整合，并在全国范围广泛征求了相关行业、相关部门及部分院校的意见，于2004年12月颁布《普通高等学校高职高专教育指导性专业目录》（以下简称《目录》），并从2005年开始正式实行。我国高职高专院校招生时的专业名称将更规范化，招生、就业工作将按照该《目录》开展。教育部首次修订高职高专专业目录，原有的1500多个专业将在高职高专院校中取消，规范后的专业只剩532个。教育部还颁布了与《目录》配套的《普通高等学校高职高专教育专业设置管理原则意见》《普通高等学校高职高专教育专业简介》（以下简称《简介》）。

制定全国性的高职高专指导性专业目录，在我国高校专业设置管理中还是第一次。它是在21世纪初我国社会经济快速发展的时代背景下进行的，是推进教育管理创新，进一步落实高职办学自主权，推动职业技术教育结构调整、指导招生、就业改革的一项重大措施。新目录的制定，重在指导、帮助高职院校提高自主办学能力。将《目录》定位为“指导性”，反映了指导、帮助高职院校行使办学自主权的一个总体思路。《目录》以产业、行业、职业岗位群为主要依据对高职专业进行分类，理顺了高职专业与产业、行业、职业岗位群的对应关系，起到了对专业建设的指导作用；《简介》突出了高职教育的特点，明确提出了“专业核心能力”“就业面向”和“可考取的职业技术资格证书”等内容，指导、帮助高职专业的建设和推动“双证书”教育的发展；《目录》采用规范化的专业代码，为教育统计和人才预测等工作提供了方便，为学校的专业设置和结构调整提供了依据。同时，教育部又根据《目录》中19个专业大类的划分，成立了19个高职高专教育的教学指导委员会，对高职教育的专业和课程建设进行进一步的指导，帮助提升高职院校自主办学的能力。新目录的制定，有利于高职专业设置与结构调整，强化了与产业、行业、职业的对应关系。《目录》突破了本科院校按学科体系分类的方式，以产业行业、职业岗位群和技术领域为主要依据，兼顾学科性质，对高职高专的专业大类、专业类进行了划分，使《目录》的专业大类、专业类结构对应于我国的产业结构和经济格局，并从名称到专业内涵强化了高职教育的专业与行业、企业的对应关系，突出了高职教育的服务属性，为高职专业结构调整提供了清晰明了的技术路线。新目录的制定，提高了信息化程度与宏观调控功能，突出了服务宗旨和就业导向作用。《目录》的颁布帮助解决了信息统计分类的问题，它具有三个显著特点：一是《目录》按专业大类、专业类、专业三级分类，将原来全国1500多种高职专业归并为532种，并进入系统化管理；二是专业名称与产业、行业、职业岗位群和技术领域有明显的对应关系；三是《目录》编有两套专业代码，第一套代码体现了高职专业按产业、行业分类的特点，第二套代码解决了与本科专业的衔接对应关系，两套代码均按国家专业编码标准编码，纳入全国统一信息库进行管理。《目录》的这三个特点，体现了信息统计的特征，为高职专业人才统计和专业结构调整奠定了基础，为主管部门对整体专业结构和人才类型、数量进行宏观调控提供了可靠的依据，突出了服务宗旨和就业导向作用。《目录》按专业大类、专业类、专业划分层次结构，将对应相近职业岗位（群）或职业的专业归类在一起，有利于建立公共课程平台，提供优质课程和教学内容；《目录》中将相近的专业划分于同一个专业类，相当于将相近和相关职业岗位（群）的职业技术技能要求进行了归类，有利于投资人对实习训练公共平台的建设实现统筹规划，以提高投资效益，实现教学资源共享。

高职高专专业设置的特色具体体现在：①职业性与学科性结合。高职专业的划分，实行“以职业岗位群或行业为主兼顾学科分类”的原则。②合理性与科学性相结合。实行“宽窄并存”的原则，该宽则宽，该窄则窄，宽窄适度。③灵活性与稳定性相结合。在指导性目录框架内，大类及二级类相对稳定，第三级专业名称供各地教育行政部门和学校在审核备案和设置时参考使用，学校可在相关的二级类中增设目录外的专业，也可依据第三级目录中的专业名称以括号的形式标出专业方向或本校该专业内含的特色。④多样性与普遍性相结合。同一名称的专业，不同地区、不同院校可以且提倡有不同的侧重与特点，设置有本校特色的课程和实习实训环节。新制定的高职高专指导性专业目录，规定了专业划分、名称及所属职业技术门类，反映了职业技术人才的业务规格和培养目标，是国家对高等职业技术教育进行宏观管理的一项基本的指导性文件；是指导高等院校设置、调整专业，制订培养方案、组织教育教学、安排招生、组织毕业生就业，以及行政管理部门进行教育统计、招生录取和人才预测等工作的重要依据；也是有关公司企业、科研和其他单位选用高等学校毕业生的重要资料；还可作为学生报考高等学校选择志愿的参考。

二、高职专业建设的基本任务

高职教育的根本任务是为学生服务，是为生产、建设、管理、服务第一线培养具有创新精神、创业能力和可持续发展能力的高等技术应用型专门人才服务。按照我国高职教育的“培养目标的实用性，专业设置的职业性，教育过程的实践性，办学体制的地方性”的办学方针，高等职业院校专业建设的基本任务包括六方面的内容：（1）根据经济发展的要求，结合学校的办学条件，实现以就业为导向的灵活设置和调整优化专业；（2）建立适应区域经济发展的以重点专业为龙头的专业群；（3）以服务为目的、以学生为中心、以就业为导向的课程体系建设；（4）加强实践教学体系与实训基地建设，推行“双证书”制；（5）师资队伍（专业带头人、“双师素质”教师）建设；（6）教学管理与教学评价体系建设。专业建设的关键：一是以涵盖未来职业岗位所需的基本知识和技能的课程建设；二是以适应高等职业教学需要的师资队伍建设；三是以满足学生职业能力培养的教学条件建设。

三、高职专业建设的意义

高等职业教育是一种专业教育，在高职院校的教育教学管理过程中，专业建设具有举足轻重的作用。这不仅是因为专业建设本身牵涉方方面面，建设任务繁重，无法须臾而就，更重要的是，专业建设本身具有更新教育教学管理理念，实现教育教学方式和学生学习方式根本性变革的重要使命，是培养高级实用型技能人才的前提和基础；调整优化专业结构，构建合理的专业体系，是进行人才培养与科学研究的基础和平台，是高职院校长远发展的基础。因此，专业建设是高职院校教育教学的核心与龙头，是决定学校办学特色和水平的关键。专业建设的主要目的是要促进高职院校办学由粗放型向集约型发展，由片面追求量的扩张向追求质的提高转变。如何进行专业结构的调整优化，构建合理的专业体系，从而使学校办出特色，提高办学层次和办学水平，实现可持续发展是高职院校共同面临的课题。深刻认识高职专业建设的性质和意义，有助于提高认识，自觉投入专业建设中去，从总体上促进高职院校的教育管理，进而更好地促成高职院校办学目标的实现。

第二节　高职院校专业建设的基本原则

一、目前高职专业建设存在的主要问题及成因

（一）专业设置与社会需求脱节，不能适应区域经济发展和产业结构调整的需要

许多高职院校在决定专业设置时，往往不重视对社会需求情况的调研，也缺乏科学有效的专业论证和预测机制，没有形成与地方经济的主导产业发展趋势相适应又立足于自身办学条件和办学特色的切实可行的专业发展规划，人才培养目标不能与经济发展和产业结构调整目标相适应。随着经济和科技的发展，产业越来越由劳动密集型向技术密集型、知识信息密集型转化。新产业中岗位群急需大量的在生产第一线工作的技术型、管理型和技能型劳动者。高职教育就是要培养高等技术应用型人才，以满足现代生产部门对这类人才的需求。而目前，高职教育却不能真正做到这一点，其原因是对培养目标的把握不够准确。目前很多高职院校，未能很好地把握高职教育与普通高等教育、中职教育的区别，没有把培养目标真正定位在“高等技术应用型专门人才”上，表现在高职教育与当地经济发展战略重点的适应性差。教育与经济密切结合应该成为高职教育的重要特征，尤其是经济发展由农业时代转向工业时代、工业时代转向后工业时代和信息时代的转化过程中，急需职业教育与培训来确保人力资本的数量与质量，以提高对物质资本和技术资本的吸收能力，作为经济发展的内动力，这是至关重要的。而目前，教育与经济脱节、与市场需求脱节的现象非常明显，与当地经济发展战略重点很不适应。高职教育的专业结构体系与劳动技术结构的适应性差。经济部门的劳动技术结构主要指科学变为物质生产技术的程度和物质生产部门科技人员的比例关系。随着生产的发展、产业结构的变化，劳动技术结构也必然发生相应变化，低级劳动技术减少，技术含量高的高级尖端劳动技术不断增多，这要求高职教育的专业结构要向更加现代化的方向发展，从更广阔的环境来考虑专业设置，努力提高专业对劳动技术结构日益升级的适应性，体现高职教育的实用性、应用性。而目前的情况是，由于多方办学、多头管理造成条块分割、各自为战的状态，使得学校布局不合理，专业设置重复，学校的规模效益无

法提高，所培养的高等职业教育人才与社会需求明显脱节。各部门、各企业都按自己所需办学，而部门办学往往社会化程度不高，在宏观上出现结构不合理，有的专业毕业生过剩，而急需人才又缺少相应的专业来培养。

（二）专业设置随意性大，社会需求的多变性与专业设置的稳定性不能很好地结合，专业调整过于频繁

经过多年的发展，我国高等职业教育已经取得了阶段性成果，特别是在校学生数量有了较大的突破，开始由以规模快速发展为标志的扩张式发展阶段转向全面提高教育教学质量、注重效益的内涵发展的新时期。但专业建设已严重滞后于教育规模快速扩张式发展。教育经费投入不足，财政投入有限，大部分学校主要靠学费办学，办学经费困难；不同层次、不同类型的学校争办高职、争夺生源的竞争局面惨烈。因而各学校对高职专业的设置会受制于这种竞争压力，无法顾及学科、专业结构的合理性、学校办学条件和社会的需求，而是力图盲目增加专业数量，发展办学规模，扩大招生量，只求数量，不讲质量，甚至以经济效益作为推动办学的杠杆，将其作为创收渠道。显然这种各行其是的局面不利于高职教育的发展，也不利于专业的合理设置和合理布局,甚至出现地方保护主义、小集团主义、唯经济主义等弊端。

高职院校专业建设追求超常规跨越式发展。把生源看成是学校的生命线，教育经费的保证线。生源竞争催生出恶性的专业设置机制。仅仅从有利于招生的角度出发，既不顾社会实际需求，一味迎合学生心理，开设紧俏热门专业、低成本专业，盲目争办一些“热门”专业，随意性很大；又不顾自身条件，追求专业设置全面性、综合化，专业设置重复、雷同，最终造成毕业生“就业难”。这样盲目性设置的专业，很难形成竞争优势，于是在生源激烈竞争的压力下，又不得不频繁地调整或更换专业，一些专业刚刚上马就面临下马，专业建设更无从谈起，这不仅不利于高职教育的可持续发展，还造成了教育资源的极大浪费。

（三）专业建设缺乏有效的校企合作机制，没有形成统一的专业建设标准

高职教育是面向生产、管理、经营、服务第一线培养高等技术应用型人才的教育，是以就业为导向的教育。这就决定了高职教育必须走产、学、研结合之路，专业建设也必须强化校企合作。高职教育的教学目标就是满足企业的职业岗位对职业能力的要求，专业建设的标准理应与这一目标相适应。目前，我国尚未真正形成校企互赢的合作机制。高职院校的实力和影响力又远未达到可以吸引企业主动与学

校寻求合作的地步，于是便出现在校企合作上学校热、企业冷的局面。校企合作的举步维艰，加上政府（行业）又不能向学校提供专业标准，这就必然使高职院校的专业建设走向随意化，使专业名称与内涵严重错乱，这不仅严重影响高职教育的质量，而且极大地损害了高职教育的社会信誉。

（四）专业支撑条件严重不足，教育教学改革进展缓慢

1. 师资队伍方面。高职院校多数是从中专校升格或从职大合并而来，师资力量普遍比较薄弱。加上许多高职院校近年来充当了高校扩招的“排头兵”，办学规模迅速扩张，虽然已加大了师资引进的力度，但结构不合理、教学能力不强，“双师素质”教师严重不足的局面仍将长期存在。

2. 实训基地建设方面。实训基地是培养学生的职业意识、职业情感和职业能力的重要场所，也是高职院校专业建设的重点。近年来，由于新专业的大量增设和招生，加上办学经费严重不足，校内实训基地建设往往很难及时到位，严重影响了专业教学的正常进行。校外实训基地也因为缺乏政策支持和制度保证而难以保持稳定，企业往往以影响经济效益和保守“技术秘密”为由拒绝高职院校的学生前往实习，或者向学校漫天要价，致使许多实习无法落到实处，有的单位虽碍于情面接受了学生，但也常常是应付了事，难以达到预期的教学目标。可以说，实训基地建设滞后已经成为高职院校专业建设和发展的最大“瓶颈”，也是当前高职教育教学改革难以深化以及“职业”特色不明显的重要原因。

3. 在教学改革方面。受制于实训基地的支持不足以及教师观念、素质等方面的因素，目前在大多数高职院校，产、学、研结合的人才模式难以真正推行和取得实效，教育教学改革进展缓慢，自然就很难形成有别于普通高等教育的鲜明“职业”特色。

此外，高职专业在建设和发展过程中还存在如下问题。

1. 有的高职院校专业设置不考虑专业的学科性质、属性、类型、学理基础和学缘传统，缺乏基本的学科知识和专业常识，忽略专业的学科性、专业性、学理性，忽略了高职教育的“高”而一味注重于“职”。

2. 有的高职院校专业设置只注重“高”而忽略了“职”。一些高职专业几乎是普通本科院校专业设置的翻版，或稍改头换面而已，或是将传统专业稍加改动而翻新，其内容或者课程设置没有多少改动。甚至有的专业就是原有专业的重复，将普通院校的专业直接拿来作为高职教育专业。

3. 高职专业与职高专业重复设置。职高是国家调整普教办学格局的一项重要战略措施，也是一项国民教育与社会需求结合的宏观策略，早在高职教育兴起之前职高就已形成规模和一定格局，从而为高职教育的发展奠定了基础。高职的生源有相当一部分是从职高输送上去的，从而形成职高与高职一条龙办学模式。因此，高职专业设置与职高专业设置在一定程度上有对应或传承关系，一些专业确实应注意以不同层次的教育来培养不同层次的人才。但是，如果高职专业都按职高专业来设置的话，高职专业就局限在职高专业中，失去了高职专业拓展的机会，也失了去高职院校的优势和特点。高职专业设置一要面广，二要学科性强，三要形成体系和专业间的联系。在一所高职院校中，共存文、理、工、医、农等各种学科和专业，有利于跨学科、多学科、交叉学科、新兴学科的发展和产生新兴专业。因而，高职教育专业不能局限于职高专业，仅限于为职高配套来设置专业就无法发展了。

4. 高职专业的定位不准确，不符合社会需求和市场需求。高职教育培养的是高等应用型人才，因此应紧紧围绕生产、技术、管理第一线需要。高职教育面临着三重任务：一要为个体进入工作岗位做一般性准备；二要为个体从事哪种职业做准备；三要为个体在工作中所处的特殊地位和角色做准备。在高职专业设置过程中存在重理论、轻实践，重基础、轻技能，重知识、轻应用的偏向。高职专业是应用型专业，因而应强调其应用性、技术性、可操作性。不能简单按理论学科、基础学科的需求去进行专业设置，也不能将高职教育的专业设置为理论学科、基础学科。

二、专业建设的指导思想、基本思路和原则

（一）专业建设的指导思想

以教育思想、教育观念的改革为先导，遵循高职教育规律，主动适应本地区经济结构战略性调整的人才市场需求和提升核心竞争能力的需要；主动适应本地区及周边地区国民经济和社会发展需要；主动为农村产业结构调整和新农村建设服务；主动适应企业人才发展的需求；加强各专业间的交叉融合和专业结构的优化组合，以社会需求、专业结构调整和专业建设为需要拓宽服务功能，增强社会适应性；集教学、实验、实训、生产和培训等多种功能，成为教学、科研、人才培训、技术开发和社会服务的综合性、现代化、开放式的实践基地；加强与行业、企业的联系，实现校企一体化、产学研相结合。

（二）专业建设基本思路

高职专业建设是集专业开发、专业设置、专业调整、专业教学为一体的活动，包含了四方面的内容：其一，市场分析。其二，专业设置和专业教学，包括培养方案、教学计划、课程、教材等方面。其三，实践教学体系和基地建设。高职院校专业建设要为地方经济服务，针对本地区经济和社会发展实际需要，依托行业、企事业单位，充分分析本地区人才市场和职业与岗位的具体要求，开发、创办新专业，调整、改造旧专业，使专业结构与本地区经济结构相适应，满足本地区经济建设发展的需求。首先必须充分体现本地区和周边区域产业、企业的特点，把面向企业、面向基层、面向第一线和培养行业、企业发展需要的各类技术应用型、现场管理型人才作为办学的根本目的。因此，必须分析宏观到微观的社会经济形势，本地区和邻近周边地区的经济发展模式和经济成分的变化，产业行业和职业结构的调整以及技术结构、劳动力结构、就业结构等的发展势态。产业结构决定就业结构，就业结构又决定高职教育的专业结构。专业建设要走“产、学、研结合”的道路。在整个专业建设过程中，坚持“背靠行业，双向介入，全方位参与”的原则，坚持走“产、学、研结合”的道路，加强学校与社会、教学与生产、教学与科研工作的紧密结合，以企业的用人订单为导向，实施“订单式”教育。成立校企合作专业委员会，充分发挥行业、企业在人才培养中的重要作用，按照企业的岗位要求重新进行课程开发，有力地促进教学改革。这种办法有利于学校在教学过程中做到专业设置与企业需求相协调，技能训练与岗位要求相协调，培养目标与用人标准相协调。而这三个协调是奠定高职院校实现其技术应用型人才培养目标的重要基础。从而做到社会需求什么样的人才，我们就培养什么样的人才；市场需要什么样的专业，我们就开设什么专业；就业要求什么技能，我们就培养什么技能。因此高职院校专业设置应以本地区和周边区域支柱产业为核心，同时兼顾其他产业，并在保持专业设置的相对稳定性、体系性的同时，根据经济发展和产业调整对人才需求变化的要求，及时调整培养目标、更新课程内容，使专业和课程的设置保持发展性，形成专业设置与社会需求的良性互动。其四，师资队伍建设。师资队伍是实施专业教育的根本保证，只有拥有一流的师资队伍，才能培养一流的人才。

（三）专业建设原则

高职专业建设要摆在教育事业的战略高度，切实重视和加强专业建设规划制订工作，同时要严控专业设置和调整的论证和审批程序，从制度上减少专业设置的粗放性和盲目性，增强集约性和科学性。专业设置要主动去适应社会需求，甚至要引导和创造新的岗位要求。在制订专业建设规划时，除应坚持适销对路、宽窄结合、长短结合、突出重点、力求特色等基本原则外，还应坚持以下原则。

1. 服务地方经济原则

专业建设以“服务当地经济发展”为宗旨。一是与当地的区域经济和产业结构调整相适应；二是为新农村建设培训农村紧缺的机动车维修人才，为农村劳动力转移提供技能培训。

2. 创新性原则

专业建设思想应当体现先进的教学理念，具有观念引领和思想导向的作用。要建立校企合作、社会参与的新模式，多方投资的新体制，市场经营的新机制。

3. 适用性原则

专业建设项目要结合自身专业特点，根据学生的实际情况，使学生在实训过程中熟悉、掌握本专业领域的先进技术方向、工艺路线和技术应用的本领。内容安排要根据经济结构和产业结构调整对技能型人才培养的需求来设置，体现明确的针对性和适用性，使学生通过实训掌握本专业的基本技术和技能，熟悉和了解与专业相关的技术和技能，获得综合技能和能力、职业综合素质。

4. 先进性原则

以行业科技和社会发展先进水平为标准，在技术、设备、管理、教学手段方面体现先进性。把握技术发展前沿，运用现代技术，集成先进设备，做到适当超前并留有可发展空间；要主动去适应社会需求甚至要引导和创造新的岗位要求。

5. 仿真性与真实性原则

专业建设内容应尽可能创造专业的真实情境，靠近生产和管理第一线，营造真实的职业环境，按照专业岗位（群）的基本技术、技能和教学大纲的要求组织和实施实际操作训练。

6. 开放性原则

在服务面向上要具有开放性。专业给学校与企业、行业的紧密结合提供了接口，它不仅能承担高等职业学历教育的基本技术技能实训，而且能承担各级各类职业技能的培训任务，使学校实训基地与经济社会发展紧密联系。

7. 效益性原则

专业建设实质是追求效能最大化，实现教学成果最优化和社会效益最大化，在坚持服务教学的前提下，通过市场化运作和成本核算，保持盈余，保持经济效益逐渐增长。

第三节 高职院校专业建设的具体措施

高等职业教育的办学方向就是以服务为宗旨，以就业为导向，走产、学、研相结合的发展道路。坚持“以服务为宗旨，以就业为导向，走产、学、研相结合的发展道路”体现了高职教育的本质，是高职教育主动适应社会和可持续发展理念的必然选择。以服务为宗旨，就是要在服务中求支持，在贡献中求发展，是现代教育理念的体现；以就业为导向，是满足市场对人才的需求，改变我国目前高技能人才短缺局面的需要；产、学、研相结合是创建特色、提高质量、吸收社会资源的必由之路。高职院校的办学方向体现在专业建设上，一是建立适应区域经济发展的以重点专业为龙头的专业群建设；二是以涵盖未来职业岗位所需的基本知识和技能的“精品课程”为核心的课程体系建设；三是以适应高等职业教学需要的专业带头人培养和“双师素质”队伍建设；四是以满足学生职业培养的教学条件建设。

一、建立适应区域经济发展的以重点专业为龙头的专业群

教育部、财政部在《关于实施国家示范性高等职业院校建设计划，加快高等职业教育改革与发展的意见》中指出：“中央在100所示范院校中，选择500个左右办学理念先进、产学结合紧密、特色鲜明、就业率高的专业进行重点支持。形成500个以重点建设专业为龙头、相关专业为支撑的重点建设专业群，提高示范院校对经济社会发展的服务能力。”因此，示范性高职院校建设的重要项目之一就是重点专业建设以及以重点专业为龙头的专业群建设。为了实施这一“高职211工程”项目，首先我们要厘清什么是专业群、专业群建设的意义，并提出专业群构建的相应方法和措施。

（一）专业群的概念

什么是专业群？一些教育论著中虽然提到过专业群的概念，但没有做具体的分析。高职教育的专业设置是针对职业岗位或岗位群，面向不同的职业分工来设置专业的。正是由于这一特殊性，使得高职教育的专业设置具有明显的自身规律。对高职教育来说，所谓专业群，是针对职业岗位群而言的，是指由若干个专业基础相关、内在联系紧密（具有共同的专业基础课、相近的专业技能、面向同一个工程对象或技术领域）的专业组成的一个集合。专业群中的各专业应面向企业中的某一岗位群或产业链；也可以是同一技术平台上的多个专业方向，能够在同一个实训体系中完成其基本的实践性教学环节。教育部 2004 年公布的高职高专专业目录分设农林牧渔、交通运输、生化与药品、资源开发与测绘、材料与能源、土建、水利、制造、电子信息、环保气象与安全、轻纺食品、财经、医药卫生、旅游、公共事业、文化教育、艺术设计传媒、公安、法律 19 个大类，下设 78 个二级类，532 种专业，就是坚持“以职业岗位群或行业为主，兼顾学科分类的原则”进行划分的。专业大类中的二级类专业体系可称为专业群（如制造大类中的二级目录的汽车类的汽车制造与装配技术、汽车检测与维修技术、汽车电子技术、汽车改装技术、汽车技术服务与营销、汽车整形技术六个专业可以构成一个专业群）。但高职院校专业群如何规划和建设是由学院的行业背景、地方经济社会发展程度、学院自身的办学条件和专业发展过程确定的，各高职院校专业群内专业的数量和分布并不一定与专业目录中的专业划分一一对应。

高职专业群具有如下特征：第一，专业群内的专业往往是面向企业中的某一岗位群或产业链设置形成的一类专业。各专业具有相同的工程对象和相近的技术领域。反映在教学上就是各专业可以在一个体系中完成实训任务，在实验实训设施、设备上也必然有共用性，有相当一部分实验实训项目是共同的，这对目前高职院校的实训基地建设有着十分重要的意义。第二，专业群内的专业应具有相同的学科基础，有相同的专业理论基础课程、相近的专业技能。

（二）专业群建设的意义

专业群建设是以专业建设为核心的资源整合。专业群建设有利于形成专业优势，增强市场适应性和岗位针对性，从整体上提升高职院校在行业和区域内的技能型人才培养的水平和能力；有利于形成实践教学优势，将分散的实验资源整合为专业化的实习实训基地，降低实习实训建设成本，实现资源共享；有利于形成师资队伍优势，形成专业教师团队，增强专业竞争力、办学实力；有利于以涵盖未来职业岗位（群）所需的基本知识和技能的课程体系建设；有利于支撑重点专业形成特色和品牌优势，增强核心竞争力，提高学校知名度。因此，专业群建设对高职院校建设有着十分重要的意义。

第一，专业群建设是高职院校专业发展规划的重点。科学地规划专业群布局，是使专业全面适应社会需要的重要举措，是专业建设科学化和专业结构优化的重要步骤，是学院建设与发展总体规划的重要组成部分。高职院校的专业建设如何布局，必须从专业群建设的角度来分析和研究，从专业群的角度来布局学校的专业发展。专业群的布局要考虑学院所处的行业、区域优势，根据学院办学的基础，合理布局专业群。

第二，专业群建设是形成高职院校办学特色的关键。它关系到高职院校特色兴校战略思想的落实。优先发展的专业，重点发展的专业，一般应是专业群中的核心专业。高职院校就是要建设若干个重点专业群，发挥其辐射带动作用，显示出办学特色。

第三，专业群建设是高职院校提高办学效益的有效途径。由于专业群内的专业之间相互交叉、渗透、融合，围绕专业群进行资源的配置与优化，可以大幅度降低师资和实验实训设备等方面的投入，降低专业建设的成本。以专业群为基础，可以不断地调整专业方向，可以设计或增设相近的专业，使社会对人才需求的多变性与高职专业设置的相对稳定性有机结合，适应了市场需要，提高了办学效益。

（三）专业群建设的途径和架构

1. 按照专业大类合理构建专业群框架

专业建设是高职教育的基础与核心，要从当地区域经济发展的实际、产业结构调整出发，结合学校教学条件，按照专业大类合理构建专业群框架。专业群的各专业不能跨越同一个专业大类。专业群建设并不等同于专业框架建设，需要从战略高度考虑专业框架的构建，即要从学院所处的社会环境、地理环境、经济环境和自身所具有的办学基础条件出发，结合广泛、深入的市场调研，寻找确定若干个行业，作为专业群建设和发展的背景与依托。要用发展的眼光分析、判断所依托的对象，做到近期与远期结合。这样，才能有利于逐步建立若干个专业群，成为学校整体专业框架的支柱。

2.确定重点建设专业作为龙头专业

专业群是由若干个专业基础相关、具有共同的专业基础课、相近的专业技能、面向同一个工程对象或技术领域的专业组成的一个集合，专业群中的重点建设专业可起到引领带动和示范作用。

3. 建设开放共享的系列化实训基地

实训基地是高等职业教育中对学生实施职业技能训练和职业素质培养的必备条件，是提高人才培养质量的关键。实训基地建设应以专业群内各专业的核心技能训练为基础，按专业群分类组建实训基地，实现资源共享。实训基地的功能定位应为：（1）专业群内各专业学生的实践教学基地；（2）校企合作企业的职工培训基地；（3）本地区职业技能训练考核鉴定基地；（4）技术开发应用与推广基地。

4. 围绕产业链构建专业群

专业群的布局和调整应以服务产业为目标，通过对某个产业链应用型人才需求状况的结构分析，构建与该产业发展要求相一致的专业群体系，形成链条式专业群。首先要研究产业结构调整态势，搞清区域内产业结构的发展方向，明确区域内行业发展的重点，预测未来发展的走向。特别是针对那些具有发展潜力的朝阳产业，要根据学校办学实际，寻找、确定一些行业，作为专业群建设和发展的背景与依托。要重点加以分析，认真梳理产前、产中、产后和售前、售中、售后的产业链，寻获相应的专业链，以此作为规划专业布局的前提，使专业链与产业链对接，形成学校的办学优势和特色。

5. 围绕职业岗位群构建专业群

职业教育的专业与职业有着紧密的联系，专业以职业岗位（群）为依据，与职业岗位（群）具有一致性。专业群的构建要考虑企业岗位的设置背景，针对某个行业一组相关的职业岗位来设置专业，满足企业岗位群的需要，尽可能多地覆盖行业岗位群。为企业提供全面的、“打包式”的立体化人才服务，减少企业人才招聘过程中的成本，畅通毕业生就业渠道，逐步形成相应的专业群。

6. 围绕学科基础构建专业群

高职教育的专业，对于学科基础相同的若干专业可以构建成一个专业群。

7. 专业群的人才培养模式

根据专业群的特点，高职院校的人才培养模式适合采用“平台+模块”的模式。“平台”是根据专业群对高等技术应用型人才所必备的共同基础知识和基本技能，以及各专业技术的共性发展和学科特征要求而设置。按照培养社会人才的要求，突出培养现代社会对人所要求的最基本素质。“模块”是根据不同的专业（或专门化方向）而设置，是以工作任务或工作过程为依据，培养学生具备在行业内从事专业群所包含岗位的基本职业能力和适应职业变化的能力。

8. 培养“双师素质”教师团队

专业群建设有利于教师团队的形成，在专业群的基础上，必然形成师资队伍集群，形成某类专业建设的良好的师资队伍环境。同样，加强教师团队建设是提高专业群建设质量和水平的关键和根本所在。选好专业带头人特别是选好专业群内核心专业的带头人是教师团队建设的关键。

9. 创建优质共享型专业教学资源库

教学资源库是指按照一定的技术规范和专业课程的内在逻辑关系构建的，由优秀的数字化媒体素材、知识点素材及示范性教学案例等教学基本素材构成的，可不断扩充的开放式教学支持系统。建设教学资源库，是为了整合优秀的教学资源，从而实现教育资源的广泛共享，凸显专业的示范与辐射效应。每个专业群都要围绕核心专业，建立自己的教学资源库，按专业群分类，共同研制开发教学资源，形成共建共享的良性循环机制。

专业群建设是一个系统工程，关系到高职院校专业布局和办学特色的形成，对于高职学院的长远发展将产生重大影响。专业群建设要从学校所处的行业背景、区位优势出发，依据本地的经济发展、产业结构和自身所具有的办学基础条件，逐步建立若干个专业群，将专业群中的核心专业作为建设的重点，将这些核心专业建设成精品专业，带动整个专业群的发展。同时，专业群建设是一个逐步发展的过程，要从行业和社会发展的实际需求出发，结合学院拓展新专业的可能性，逐步推出新的专业方向或相近相关的新专业，构建一个以重点建设专业为龙头、相关专业为支撑的独具特色的专业体系。

二、构建以精品课程为核心的课程体系

所谓“课程”，即：（1）有规定数量和内容的工作或学习进程；（2）特指

学校的教学科目和进程；（3）某学科的教学进程；（4）广义是指为实现各级各类学校的培养目标而确定的教育内容的范围结构和进程安排，狭义是指教学计划中设置的一门学科。所谓“精品课程”，是指具有一流教师队伍、一流教学内容、一流教学方法、一流教材、一流教学管理等特点的示范课程，有校（院）级、省级和国家级三级。

高等职业教育课程开发的特点是：以就业为导向，以技术应用能力为主线，根据不同专业所适应的职业岗位（群）要求，通过任务导向、项目导向、案例化教学、模块化教学等多种方式与途径来开发课程，旨在培养学生的职业能力与素养。课程还应注意具备一定的弹性。坚持以就业为导向，积极与企业共同合作开发课程，根据职业岗位的任职和专业技术发展水平要求，参照相关高级职业资格标准，确定高技能人才培养专业目标。从职业岗位（群）需求能力和职业资格标准分析入手，确定课程教学内容。以能力为主线，进行课程结构和教学设计，构建与高技能人才培养目标相适应的专业基础知识、实践技能、文化素质教学课程体系。培养具有一定专业基础理论知识、较强岗位实践操作技能、良好职业道德素质的，适应生产、建设、服务一线需要的应用型高技能人才。课程建设与改革是提高教学质量的核心，也是教育教学改革的重点和难点。要实现高职院校教育管理的整体创新，重要的一条，就是要加强具有高职院校特色的课程建设，推进课程改革。高职是要培养面向基层、面向生产服务第一线的实用型、应用型人才；掌握岗位群的多种技能；重视职业素质教育，强调合作、协调能力的培养，突出能力本位。这就要求高职课程结构突出应用能力，以特定的能力要求作为教学目标，使其课程结构体系注重职业能力培养。“十一五”期间，国家将启动质量工程1000门工学结合的精品课程建设，这是实施高职院校课程体系建设的一个重要举措。

（一）精品课程建设的主要内容

1. 教学内容建设

高职院校的课程体系是以培养岗位能力为着眼点，依据专业人才培养规格所制定的综合能力表构建成新的课程（模块）体系，按照层层分解的子能力要素选择相应的教学内容，然后再按课程规律把相关内容有机衔接。在课程内容体系结构中，要根据技能型专业人才培养目标、岗位需求和前后续课程的衔接，以够用为度，不追求学科的完整性，但也不刻意去打破，内容的取舍遵循教学规律，统筹考虑和选取教学内容。要做到知识结构有序可循，知识的综合具有有机性和相融性，教学内容与培养目标相呼应，学、做结合。内容中应明确课程中主要内容应达到的教学目标和结果，教师不引导学生过多地探究“为什么”，而是使他们懂得“是什么、怎么做”。对学生的要求是能够正确运用方法进行操作，或是要求学生运用相关理论解决实际问题。

高职教育的课程体系具有很强的“实用性”特征，教学高度重视实验、实习等实践性教学环节，实践性内容占有相当大的比例。因此，在精品课程建设中，一要坚持基本理论与实践并重的原则改革实验教学，加强工程实践性训练，既反对忽视基本理论对实践和人才智力开发中的作用，又要防止把能力的培养误认为是专业技能的培养，处理好基本理论和实践教学的关系，建立完整的实践教学环节；二要结合具体课程的特点，把握好主要内容和体系结构建设的主线，改革不适应专门人才培养的体系和结构，把计算机技术引入课程教与学，使教学内容与地区或行业经济及技术的发展水平相适应。

2. 教学方法与手段建设

良好的创意需要通过一定的方法和手段来实现。要打破传统的教学观念，用新的教育思想指导教学方法的改革，根据课程特点灵活实施教学，强调“面向工程一线”，采用工学交替、任务驱动、项目导向、现场教学、案例教学等教学模式；加大训练强度；创造条件，引导学生自主学习；改革考试方法等。在教学手段上，合理运用现代教育技术和手段，利用网络教学资源、多种媒体进行授课。完善精品课程相关的教学资料，如教师教案、习题、实验（习）指导、参考文献目录、授课录像等网上资源的建设，方便学生在网络上自主学习，使优质教育资源得到共享。只有通过教学设计和组织教学，把各项教学活动落到实处，才能使精品课程在促进学生的发展中起到促进作用。

3. 师资队伍建设

师资队伍建设历来是学院建设和教改工作的重要环节，有没有优秀的师资队伍是评定精品课程建设成果的重要标准。高职院校精品课程师资队伍建设应紧紧围绕“双师素质”队伍的建设展开，形成以“双师素质”教师为主体的高级、中级职称教师占一定比例的，具有较强的教育教学能力的，教学效果好的教学群体。高水平的主讲教师是精品课程建设的保证之一，要为主讲教师创造良好的工作和成长环境，要为他们开展教学研究、科技成果推广和对外技术服务提供条件，激发他们进行课程建设的积极性，不断地提高教育水平。对参加课程建设的青年教师应严格要求，给他们压担子。在教学的同时，开展各种教学研讨活动，让他们在提高教学质量中发挥作用，形成稳定的教学梯队、素质较高的专业团队。

4. 教材建设

教材是教师从事教学所用的材料，是教学改革成果的固化。除了选用国家级优秀教材外，教材建设是精品课程建设的一项重要内容。教材建设的主要任务是围绕课程目标，抓好主教材和实验、实训等教材的配套建设，主要由行业组织、学科专家和主讲教师自行编写和制作相关教材、教学参考资料。教材内容应符合教学内容和体系要求，适当引入本课程领域中的一些科技内容、新工艺和新方法，并留好“接口”，便于修改和重新组合内容。教材的形式应便于学生自主学习，便于启发学生思维，便于使用先进教学方法和手段，便于反映课程的特色。

5. 实训基地建设

精品课程配套的实训基地建设，是专业实践教学基地建设的一部分。在院内实践教学基地的建设中，要充分考虑精品课程实训要求，模拟生产一线或就业岗位环境，把单个实验（训）室的建设，向综合性、创新型实践基地发展。在校外实践教学基地的建设中，要与相关企业联手，建立合作机制，把课程搬到企业中，建成能适应本专业培养目标，培养学生的技术应用能力和实践创新能力的实践教学基地。

（二）精品课程建设的主要步骤

根据不同院校课程建设的实践，可将精品课程的主要建设步骤总结如下：

（1）制定本课程的建设目标；

（2）课程教学内容与体系的研究，包括教材建设；

（3）课程实践环节与实验、实习基地建设；

（4）师资队伍建设；

（5）教学方法与手段现代化建设（包括课件制作）；

（6）教学内容与体系、教学方法与手段的改革与整合实践；

（7）网上资源的完善及上网计划。

（三）精品课程要重点抓好以下七个方面的工作

1. 制订科学的建设规划

各高职院校要在课程建设全面规划的基础上，根据学校定位与特色合理规划精品课程建设工作，要以精品课程建设带动其他课程建设，通过精品课程建设提高学校整体教学水平。

2. 切实加强教学队伍建设

精品课程要由师德好、事业心强、治学严谨，且具有丰富授课经验和较高的专业技能水平，并在本领域影响力较大的教师主讲；要通过精品课程建设逐步形成一支结构合理、人员稳定、教学水平高、教学效果好的教师梯队；要按一定比例配备辅导教师和实验教师。

3. 重视教学内容和课程体系改革

要准确定位精品课程在人才培养过程中的地位和作用，正确处理单门课程建设与系列课程改革的关系。精品课程的教学内容要先进，以工学结合为切入点，根据课程内容和学生特点，合理设计教学方法和教学评价，要及时反映本学科领域的最新科技成果，同时，广泛吸收先进的教学经验，积极整合优秀教改成果，体现新时期社会、政治、经济、科技的发展对人才培养提出的新要求。

4. 注重使用先进的教学方法和手段

要合理运用现代信息技术手段，改革传统的教学思想观念、教学方法、教学手段和教学管理。精品课程要使用网络进行教学与管理，相关的教学大纲、教案、习题、实验指导、参考文献目录等要上网并免费开放，鼓励将网络课件、授课录像等上网开放，实现优质教学资源共享，进而带动其他课程的建设。

5. 重视教材建设

精品课程教材应是系列化的优秀教材。精品课程主讲教师可以自行编写制作相关教材，也可以选用国家级优秀教材和国外高水平原版教材。鼓励建设一体化设计、多种媒体有机结合的立体化特色教材。

6. 理论教学与实践教学并重

要高度重视实验、实习等实践性教学环节，要特别重视配套实训基地建设，通过实践培养和提高学生的创新能力。精品课程主讲教师要亲自主持和设计实践教学，要大力改革实验教学的形式和内容，鼓励开设综合型、创新型、实验型和应用型课程。

7. 建立切实有效的激励和评价机制

各高职院校要采取切实措施，要求高职称教师上讲台和承担精品课程建设，鼓励教师、教学管理人员和学生积极参加精品课程建设，形成校内外、师生间的良性互动。各高职院校应对国家精品课程参与人员给予相应的奖励，鼓励高水平教师积极投身学校的教学工作。高职院校要通过精品课程建设，建立健全精品课程评价体系，建立学生评教制度，促使精品课程建设不断发展。

（四）高职高专精品课程分类体系

高职高专精品课程共分为农林牧渔、交通运输、生化与制药等 18 大类和英语、高等数学等 10 门基础课程，与教育部颁布的《普通高等学校高职高专教育指导性专业目录》相对应。

（五）精品课程评估指标说明

1. 评估指标是根据《教育部关于全面提高高等职业教育教学质量若干意见》（教高［2006］16 号）和《教育部关于启动高等学校教学质量与教学改革工程精品课程建设工作的通知》（教高［2003］1 号）文件精神制定而成。

2. 精品课程是指具有特色和一流教学水平的优秀课程。精品课程建设要体现现代教育思想，符合科学性、先进性和教育教学的普遍规律，具有鲜明特色，并能恰当运用现代教学技术、方法与手段，教学效果显著，具有示范性和辐射推广作用。

3. 精品课程的评估要体现教育教学改革的方向，引导教师创新，并正确处理以下几个关系：①在内容体系方面，要处理好经典与现代的关系；②在教学方法上，要协调传统教学手段和现代教育技术应用的关系，以充分调动学生的学习积极性和参与性；③坚持理论教学与实践教学并重，重视在实践教学中培养学生的实践能力和创新能力。

4. 采取定量评价与定性评价相结合的方法，以提高评价结果的可靠性与可比性。评估方案分为综合评估与特色评估两部分，采用百分制记分，其中综合评估占 70%，特色评估占 30%。

5. 总分计算：$M=\sum K_iM_i$，其中 K_i 为评分等级系数，A、B、C、D、E 的系数分别为 1.0、0.8、0.6、0.4、0.2，M_i 是各二级指标的分值。

6.评估指标内涵。评估指标有教学内容、教学方法与手段、教学队伍、实践教学、教学效果、特色及政策支持六项一级指标，有课程内容等十五项二级指标，每一个二级指标都有相应的观测点、评审标准和分值（可在中国高职高专教育网 http://www.tech.net.cn/ 上查询）。

（六）国家精品课程教学录像上网技术标准

根据《国家精品课程建设工作实施办法》关于国家精品课程“需在网上提供不少于 45 分钟的现场教学录像”的规定，参考教育部《现代远程教育技术标准体系和 11 项试用标准（简介）V1.0 版》以及全国信息技术标准化技术委员会教育技术分技术委员会的《平台与媒体标准族谱（CELTS–17）》，制定本技术标准。本标准包括音、视频素材采集和录像上网共享的基本技术要求。它从资源开发的角度，定义了各类资源应符合的技术要求，所有国家精品课程上网教学录像的开发制作均应以此为标准执行。

1. 录像环境（讲课教室）

光线充足、安静，教师衣着整洁，讲话清晰，板书清楚。

2. 音频素材采集的技术要求

（1）数字化音频的采样频率不低于 11KHz。

（2）量化位数大于 8 位。

（3）存储格式为 WAV、MP3、MIDI 或流式音频格式。

（4）音频数据都要制作成流式媒体格式（m.wma 或 m3u 格式）。

（5）语音采用标准的普通话配音（英语及民族语言版本除外）。

（6）英语使用标准的美式或英式英语配音，特殊语言学习和材料除外。

（7）音频播放流畅。

3. 视频素材采集的技术标准

（1）视频集样使用 Y、U、V 分量采样模式，采样基准频率为 13.5MHz。

（2）彩色视频素材每帧图像颜色数不低于 256 色。

（3）黑白视频素材每帧图像灰度级不低于 128 级。

（4）存储格式为 AVI 格式、QuickTime 格式、MPEG 格式或流式媒体格式之一。

（5）所有视频数据都需要制作成流式媒体格式（rm、ra、wmv 或 asf 格式）。

（6）视频类素材中的音频与视频图像有良好的同步。

（7）音频播放流畅。

4. 视频上网发布标准

发布系统符合国际标准，如流媒体采用RTP、RTCP、UDP、MMS、RTSP及HTTP等流媒体协议。视频服务器为各高校负责架设的服务器，要求系统运行稳定、可靠，具有较强的冗余能力，支持每天24小时不间断服务，保证评审、公示和发布后的正常浏览。

服务器端视频文件建议使用avi、wmv、asf或rm格式，编码方式采用Mpeg-4标准，使用流媒体服务器对外发布。建议视频格式采用标准至少总比特率为300kbps、帧速度为30fps、大小为320×240。

客户端能够支持Windows Media Player或者RealOne Player等常见媒体播放器，用户可交互地选择播放音视频课件，并可对音视频课件实现播放、暂停、停止、跳跃等功能。

精品课程教学录像应按照本要求制作，连同课程其他教学资源一道存储在本校服务器上，对外实现共享。

三、培养一批专业带头人，建设一支“双师素质”结构的师资团队

高等职业教育是一种专业教育，专业建设是高职院校建设的核心和基础。高职院校的内涵建设就其目前现状来讲突出集中在“质量、师资、管理、效益”八个字上（简称“八字方针”），并集中体现在两项建设中——专业建设与管理建设。专业建设成效最终应落实到教学质量和师资队伍上，其关键是专业师资队伍的建设，它包括专业带头人和一支双师素质结构的师资团队。专业建设水平是衡量一所学校办学水平的重要标志之一，加强专业建设已成为高职院校建设的发展趋势，它关系到学校的长远发展，是一项重要的基本建设，是提高教育教学质量和人才培养水平的基础环节，是学校建设中的重点。示范性高职院校的示范作用主要体现在专业建设水平上，其是拥有一批优势专业、特色专业而奠定其地位的。而这些专业之所以具有优势，根本原因在于拥有一批优秀的专业带头人和一支双师素质结构的师资团队。专业建设的影响因素很多，有专业发展方向、专业建设经费投入、专业队伍建设、实习实训基地建设等，但师资队伍建设是专业建设的关键，是专业建设的核心，尤其是能否尽快选拔和培养一支具有综合素质的专业带头人队伍，直接影响到专业建设的发展，只有做好专业带头人培养工作，才能促进专业的进一步改革与发展。

（一）专业带头人的选拔标准和岗位职责

1. 专业带头人的选拔标准

（1）具有扎实的专业基础和宽广的专业视野，能站在专业发展的前沿并掌握相关行业（或岗位群）的最新技术动态和发展趋势。

（2）具有丰富的教学经验并熟练地掌握专业基本技能，教学效果好。

（3）对高职教育特点理解较深，熟悉本专业各教学环节，具有组织、制订专业建设方案的能力。

（4）具有较强的科技开发和服务能力。

（5）具有副高级以上专业技术职称。

此外，不同的地区、不同的院校还有具体的选拔标准和选拔程序。如湖南省要求具有与任教专业对口的本科学历，已获得湖南省职业院校“专业技能教学水平合格证书”，近三年主持校级以上教研教改课题 1 项以上，有教研教改成果，公开发表教研教改论文 3 篇以上，45 岁以下的教师要具有研究生学历或硕士以上学位；湖北三峡职业技术学院则要求有正式出版的、由本人担任主编或副主编的省部级以上教材或 20 万字专著一部，或具有省部级以上教学成果奖；还有的院校要求具有“双师”资格且具有较强的专业实践技能，丰富的实践经验，具有较高的动手操作和科技推广能力等。

2. 专业带头人的岗位职责

国家和各省虽然没有统一制定专业带头人岗位职责，但各高职院校应根据本校实际制定相应的专业带头人岗位职责。专业带头人的工作应以教学、培养指导青年教师和专业规划、建设为主，真正起到专业带头人的作用。

（1）负责专业论证、拟定论证报告，为专业建设提供决策依据；研究专业建设方向，确定专业特色；制订专业发展规划，组织实施专业建设方案。

（2）根据专业发展需要，提出专业教师队伍建设意见，协助院、系制订和实施专业师资培养规划和人才调配计划。

（3）组织并负责本专业的专业建设（包括制订专业发展计划、专业队伍建设、试点专业和精品课程申报，以及实验实训基地建设等）。接受上级部门对专业建设的检查与评估。

（4）任期内必须主持完成本人专业研究方向的正式立项课题。

（5）任期内必须公开发表本人专业研究方向的学术论文，或主编完成学术专著或教材，或作为副主编参编一定数量的学术专著或教材。

（6）负责专业建设项目的申报，制订、实施专业实训室的建设规划，加强校外专业实习基地的建设。

（7）组织本专业教师开展教科研交流活动和申报对外合作项目、国家和省市科学研究课题；完成院、系交办的专业建设任务。

（8）讲授本专业核心课程指导青年教师。

（二）高职院校专业带头人队伍建设的基本途径和方法

高职院校专业带头人培养的主要对象是“双师素质”教师中的优秀者，要重视和加强对专业带头人的培养，要通过加强思想道德教育，选派专业基础好的教师到相关企业进行较长时间的培训，引导教师大量地参与教改研究和专业建设方案的制订，鼓励教师积极参与社会服务和应用技术项目研究，制定优惠政策引进高学历、高职称的“双师”人才，在专业建设、教学和科研工作过程中培养他们的创新意识，提高他们的教学水平、科研水平和学术水平，使他们具有较强的工作能力。

1. 加强思想道德教育

高职院校专业带头人，既要具备高尚的思想道德素质，又要具备较高的学术水平。对专业带头人的政治思想教育，要制订培养规划，对他们进行教师职业道德教育，不断提高他们的思想政治素质和业务素质。

2. 加强专业带头人教师队伍的培训工作

许多高职院校在选拔专业带头人的过程中，一般要求具有硕士以上学位。对那些不具备规定学位，但成果突出的“双师素质”教师，学校要鼓励他们在职攻读硕士学位。高职院校专业带头人的培训，应本着为使专业带头人不断拓宽知识面，更新和补充新知识，及时了解本专业领域学术前沿的发展状况为宗旨，由高职院校和有关部门通过聘请国内外的知名教授专家、举办培训班和各种讲座来开展系统的培训工作。

3. 引进和培养相结合

从国内外特聘一批能够带领本专业达到国际先进水平的专业带头人，以达到发挥高职院校专业带头人传、帮、带作用的目的，加快专业带头人的培养步伐，以促进专业带头人教师队伍的建设。

4. 设立专业带头人教学科研基金

以竞争优选和专家确定等方式分批精选专业带头人，采取院校拨款与自筹经费相结合的办法，增强经费支持力度，以改善教师的工作条件，提高教师的教学、科研水平，促进专业带头人教师队伍建设。

5. 在专业建设实践中提高专业水平

高职院校专业带头人的重要任务是指导和从事专业建设，包括专业课设置，实验室和生产实习基地建设等，在专业建设实践中提高专业带头人的专业水平。

6. 在教学和科学实践中提高理论水平

高职院校专业带头人的教学能力和教学水平只有在教学实践中才能提高，所以高职院校要建立专业带头人授课制度，聘请他们承担两门以上专业课的主讲任务。而且学校还要支持他们编写高职专业教材，充实、更新教学内容。高职院校在培养专业带头人的过程中，还要把教学与科研结合起来，使他们在实践中边教学、边科研，以教学促科研，以科研促教学，以此来提高专业带头人的理论水平。

7. 走产、学、研相结合的教学道路，提高学术水平

高职院校与社会的有机结合、教学与生产的密切配合，以及教学与科研工作的紧密结合是培养专业带头人的基本途径。高职院校、生产企业、科研院所三者间的紧密配合，可以充分发挥三单位在人才、设备和财力方面的互补优势，是培养专业带头人的最好方式。建设校园教学、生产、科研三位一体的基地，使之成为学校的科研中心、实践教学中心和生产部门，可直接为教学和社会服务。形成适合专业教学特点的理论教学体系和实践教学体系，不仅培养了高质量的技术应用人才，而且也培养了专业带头人的实践能力和科研能力。

8. 制定扶植政策，创造良好条件

近年来，国家、地方和高职院校十分重视专业带头人的选拔和培养工作。首先，应该积极采取倾斜政策，创造良好的工作和生活条件。其次，增加投入，重点资助专业带头人开展学术研究，高职院校要设立专项经费用于专业带头人和学术梯队建设，以提高其学术水平和知识创新能力。最后，实行奖励政策，提高专业带头人的收入水平。

总之，高职院校专业带头人教师队伍的建设是高职院校迅速发展的根本，也

是树立高职形象的关键所在。只有发展壮大专业带头人教师队伍，才能营造校园的学术氛围，才能提高学院的教学质量。只有这样才能缩短同国外高职教育的差距，才能发展和壮大我国的高职教育。所以，高职院校专业带头人教师队伍的建设是当前高职院校师资队伍建设的首要任务，抓实、抓好专业带头人教师队伍的建设是办好我国高职教育的立足之本。

第六章　创新视角下的高职教育实践建设

高职教育是高等教育的一种，具有不可替代的“职教性”特色，其目标定位于培养生产、建设、服务一线的高素质技术技能型人才。实践教学是实现高职教育技术技能型人才培养目标的根本路径之一，也是体现高职教育“职教性”特色的重要实现形式，更是训练学生职业技能、提高岗位职业能力的主要方式。

第一节　高职实践教学与产、学、研合作教育

一、高职实践教学的内涵及其特点

（一）实践教学的内涵

实践教学，从字面上看，首先是一个与理论教学相对的教育术语，是相对于传统的理论教学提出的。它不仅仅遵从于传统的职业教育观，采用理论与实践相结合的方式完成知识的传授，它更加重视学生实际能力的培养。因此，高职实践教学是一种以培养学生综合职业能力为主要目标的教学方式，它在高职教育教学过程中是相对于理论教学独立存在的，但又与之相辅相成；它主要是有计划地组织学生通过观察、实验、操作实训、实习等教学环节巩固和深化与专业培养目标相关的理论知识和专业知识，掌握从事本专业领域工作的基本能力、基本技能。它一般由校内实验室的教学实验、实训中心的仿真和模拟训练及生产企业的现场实习和岗位实践等环节构成。

（二）实践教学的特点

1. 高新技术性

目前，各个行业的发展日新月异，一些传统产业都在向科技化、信息化转型，高新技术的应用日益加快和普及。那么，高职实践教学应反映各专业领域的高新技术应用，还应具有一定的超前性；要不断追踪生产一线科学技术的发展，及时更新实践教学内容，使高职的实践教学能跟上行业发展的步伐，接近甚至超前反映生产运用一线的发展状况。为行业的发展储备大批能驾驭高新技术的生产、应用型服务管理人才。

2. 实践性

实践教学的许多环节都是在工作现场进行，这一特点，在实践教学与其他教学形式相比较时相当明显。实践教学内容必须有比较强的实践性，能够让学生看得见、摸得着。生产一线的主要设备要通过实践教学让学生全面了解和认识，并学会基本的使用、维护、保养、拆装及故障处理。通过实训教学培养学生检测、判断和处理设备故障的技术和能力，可以说实践教学是培养学生实践动手能力、应变能力、创新能力的重要途径。

3. 开放性

实践教学的开放性指的是实训场所全方位开放。学生的能力和水平是有差异的，对于那些接受能力、动手能力差的学生，要为他们提供时间和空间，使他们有反复实践和提高的机会。而对那些学有余力的学生，在完成规定基本项目之外，要增加一些设计型、开发创新型的项目供他们进一步发展、提高，使其个性、能力充分发挥。

4. 综合性

这主要体现在两个方面，实践教学本身在教学内容、教学形式上是综合性的，同时对人的培养也是综合的和全面的。

5. 多极互动性

所谓多极互动性，是指实践教学的开展不仅以学校为主体，还注重行业、企业和学生的积极参与。行业、企业不仅提供实训、实习场所，参与专业建设、实践教学计划制订等，还直接介入教学实施过程。此外，实践教学较其他教学形式而言，更注重发挥学生的主体作用，因为主体的实践活动是学生职业素质形成和发展的必由之路，学生对专业知识的学习、职业技能的掌握和一些职业素养的养成必须以自己的亲身参与为前提条件。因此，实践教学的教学方法、教学模式等诸多方面都很明显地表现出这一特征。

二、我国高职实践教学的现状和发展趋势

我国高职实践教学的现状、问题及成因

经过 20 余年的发展，我国高职实践教学的理论研究和实践探索总体上取得了较大的成功。具体表现在如下几个方面。

在实践教学理论研究和观念层面，实践教学作为高职教育的主体教学地位已经确立。实践教学是培养高职院校学生技术应用能力的最主要手段这一点在观念上已为人们广泛接受并在实践中加以落实；实践教学在促进学生全面素质提高方面的作用也逐渐为人们认可；对实践教学本身的理论研究已经由宏观转向微观，超越了是否重要和必要的阶段，正在向如何构建一个有中国高职教育特色的实践教学体系和如何进一步发挥和挖掘实践教学的功能和作用阶段转变。

在实践教学的实践探索层面，借鉴国外职业技术教育实践教学体系构建的成功经验，针对区域经济、产业结构和人才市场，我国高职院校正积极探索建立有自己特点的实践教学体系，并取得了一些成绩。

在实践教学的教学目标层面，我国高职实践教学十分注重培养学生的综合职业能力，同时重视在实践教学中促进学生做人、做事、求知、创新等素质的全面提高。

在实践教学的教学模式与方法层面，我国高职实践教学立足地方经济发展实际，借鉴发达国家经验，形成了几种综合性较强的教学模式，比较有代表性的有："五阶段"教学模式、"交互—探索"实习实训教学模式、模拟公司模式、项目导向模式等。在这些模式的指导下，我国高职教育已逐渐整合和开发了一些行之有效的实践教学方法。目前，在我国高职教育实践教学中运用比较多的、比较有代表性的教学方法有案例教学法、项目教学法和顶岗实习法。

在实践教学具体实现途径层面，我国主要采用实验、实训和实习等教学环节，借助集教与学、学与练、校内与校外、课内与课外为一体的实践教学基地，首先通过实验室的实验对学生所需的理论知识进行验证和巩固，使他们获得感性认识，掌握数据处理等基本方法；然后组织学生参加实训中心的仿真教学感悟和模拟训练，

使学生初步掌握操作技能、专业技术，获得对职业岗位的初步认识；最后组织学生到企业参加生产实习和顶岗实践，进一步提高他们的专业技术应用能力和职业综合能力，从而实现高职教育造就技术应用型人才、实施型人才的培养目标。这些教学环节在操作上具有很强的连贯性和渐进性，符合学生接受知识及养成能力和相关素质的学习规律，也比较适合我国高职教育目前普遍采用的学年制或部分学分制的教学管理体制。在实践教学的教学计划制订和实施方面，大部分高职院校都制订了与理论教学相辅相成，又相对独立的实践教学计划。在制订过程中，遵循循序渐进的原则，围绕职业综合能力培养这一中心，将实践教学体系划分为基本技能、专业技能、综合技能和技术应用能力等模块，在教学过程中做进阶式编排，形成了一些行之有效，并有推广意义的做法。同时，各校在正确处理知识、能力和素质关系的基础上，能自觉地重视和提倡对学生全面素质的培养。

在实践教学教材建设方面，经过 20 余年的发展，我国实践教学教材已由最初的“极其匮乏”和“尚在借用本科或中专教材”阶段，发展到开发编撰了一批专门的实践教学教材，形成了与主干课程配套的实训教材，专门为实训制定的教材，经管、人文类侧重实务操作的实训教材和软件操作实训教材等几种类型，并由零散开发向系列化、高职教育特色鲜明的实践教学教材方向发展。

在实践教学师资队伍建设方面，我国高职院校已清醒地认识到建立一支适应高职教育需要的“双师素质”教师队伍，是办好高职教育，尤其是保证实践教学有效开展的关键，在“双师素质”教师队伍建设方面做了很多工作，通过在职培训、从企业引进等方式培养了一大批“双师素质”教师，较好地保证了我国高职院校实践教学的正常开展。

当然，我们也应该看到，由于我国高职教育起步较晚，在实践教学方面还存在不少问题，主要表现在：

1. 对实践教学的理解存在偏差

一些高职院校仅仅把实践教学视为培养学生技能的手段，而忽略了实践教学在学生的知识、能力、素质培养方面的综合作用，从而影响实践教学功能和作用的发挥。高职教育的快速发展与人们对高职教育的认识不到位、心理准备不足、办学资源缺乏等形成了鲜明的反差。由于受办学思维定式和传统的教育观念影响，在办学实践中，仍然沿袭以前那种注重理论知识的传授，而忽视实践能力培养的办学模式。表现在教学上，就是把课堂教学、理论知识传授放在首位，而把实践教学、能力培养作为课堂教学、理论知识传授的补充形式。表现在专业教学计划上，一是仍有部分高职院校的专业教学计划理论教学学时偏多，专业技能课学时偏少，带有明显的成人高等教育、普通高等专科教育的痕迹，实践教学环节比较薄弱，缺乏高职教育办学特色；二是部分高职院校虽然按高职教育的培养目标对专业教学计划进行了修订，在专业教学计划中加大了实践教学的比重，但由于受各种条件的制约，在实际操作中，专业教学计划难以执行，其实验、实训、实习的学时部分流于形式，实践教学环节落不到实处。由于对高职教育这种教育类型认识不到位，没有把实践教学与理论教学放在同等地位，所以，学校在资金与人员分配，管理人员在教学资源配备，教学人员在教学内容选择、教学方法使用上，均倾向于课堂理论教学，致使实践教学处于次要地位。这种对高职教育办学定位不准的状况，直接导致高职教育培养目标的缺失，致使培养出来的学生成了本科教育的“压缩饼干”。

2. 教师现场经验不足，理论与实践脱节

不少高职院校的教师原本从事普通高等专科教育、成人高等教育或中等专业教育，目前要从事高职教育，就有个教育观念转变、教育理论更新、相关专业知识充实的过程。他们当中不少是从学校到学校，理论对理论，实践能力很弱。有些教师知识老化，技能单一，对新知识、新内容、新方法、新工艺、新材料、新设备了解甚少，缺乏现场经验。“双师素质”教师的缺乏，使得这类高职院校的办学特色难以凸显。这些因素使得部分高职院校的实践教学难以有效开展，其质量也难有保障。

3. 办学经费短缺，实习实训基地建设薄弱

高职院校多为地方办学，其办学经费直接由地方政府拨款。如果地方政府重视的话，一般来说，其办学经费是没有问题的。目前大多数地方政府财政并不充裕，有许多基础建设要投资，对学校经费的投入，能做到按人头费及时拨款就算不错，根本没有更多的资金用于添置教学设施、实验室装备、实习实训基地建设等。投入不足、办学条件差是不少高职院校的普遍状况。有人把这一现象比喻为“缺粮断奶”。特别是新开设的专业，因资金短缺，实践教学条件远远跟不上专业实践教学的需要。有的高职院校的一些专业不但校内实习实训场地缺乏，而且校外也缺乏相对稳定的实习实训基地。

4. 企业对学校的实践教学支持力度不够

国外高职教育发展的历史经验和中国四十多年来的实践探索证明，产、学、研结合和校企合作是培养高素质技术应用型人才的必由之路；既是高职教育深化改革办出特色的必然要求，也是实现高职教育人才培养目标的可靠保证。在市场经济条件下，企业受经济利益驱动，以追求盈利为目标，以互利互惠为原则，而与高职院校的产、学、研合作教育功效不明显，与高职院校进行产、学、研合作的积极性不高。

5. 尚未形成独立完整、科学权威的实践教学评估体系

目前教育部加大了对高职院校教育水平、专业建设、重点实训基地、精品课程等的评估，但对实践教学进行单独评估则尚未开展。

目前我国高职教育界正在在借鉴发达国家实践教学经验的基础上积极探索建立有自己特色的实践教学体系，实践教学的发展趋势在以下几个方面逐渐呈现出特色。

第一，随着对实践教学之重要性认识的不断深入，实践教学在高职教育教学过程中的比重正在进一步增加。这种增加不是对理论教学的削弱和冲击，而是有机地将部分理论知识融入实践教学中穿插进行，使理论知识与技能技术应用更加紧密地结合在一起。甚至有部分课程或实训模块已将理论教学完全合并到实践教学中，对“必备”的理论采取缺什么补什么的方式来安排。

第二，实践教学的运作更加社会化。这主要体现在：其一，实践教学计划的制订由以学校为主导转变为以学校和相关企业、行业为主导。其二，配合职业资格准入制度的推行，实践教学内容将以行业组织制定的职业能力标准或国家、国际通行证书所涵盖的内容为依据，做到双方的直接接轨。其三，实践教学教师来源逐渐社会化。来自行业、企业第一线的兼职教师在专任教师中比重逐渐加大，并占据主导地位。其四，实践教学经费、设备设施来源逐渐社会化。其五，实践教学评估逐渐社会化。

第三，实践教学运作逐步经营化。这种趋势主要体现在两个方面：一方面，实践教学作为一种培养学生职业能力的主要教学活动，其成效往往是以一定的实物形式表现，这批实物可以用于商品交换；实践教学设备、设施可以用于开展科研，开发新产品，甚至直接介入生产，从而产生一定的经济效益；另一方面，学生可以

采取半工半读或休学等形式参与企业生产。

第四，适应终身教育的发展潮流，实践教学更加注重对学生收集和处理信息的能力、解决实际问题的能力、社交能力、合作能力、创业能力、适应能力的培养，在保证专业适应性的基础上，兼顾学生未来岗位转换的需要和终身教育的需要。在教学方法上，逐渐由现在的以“技术性实践为主”过渡到“技术性实践与反思性实践并重”，配合开放式的教学方式和学分制（部分学分制）的开展，实践教学的开展使学生不仅能解决一些简单的问题，也能解决综合性和复杂性的问题。

第五，配合开放式教学方式的实施和学分制（部分学分制）的开展，实践教学的时间跨度将更大，场所不再固定，形式更加灵活。

三、产、学、研合作教育的内涵及其特点

（一）产、学、研合作教育的内涵

对产、学、研合作教育的基本内涵的了解，必须对两个方面具有明确的认识：一是产、学、研合作教育与产、学、研合作的区别；二是产、学、研合作教育与常规生产实习的区别。

“产、学、研合作教育”与“产、学、研合作”不是同一个概念。“产、学、研合作教育”在国际上被称为“合作教育”，它与传统只强调知识传授和理解的教学模式相区别，是学校与用人单位合作、共同培养具有全面素质人才的教育模式。“产、学、研合作”是指生产单位和高等院校、科研院所相结合，协调发展的过程或者活动。“产、学、研合作”无论在内涵还是在外延方面都比“产、学、研合作教育”来得深、来得广。“产、学、研合作”的主要内容除了包含科研成果转化、产品与技术的开发和应用外，也应该包含人才培养（产、学、研合作教育的主要内容）。前者涵盖后者。“产、学、研合作”就其领域而言，可包括经济、科研、教育等领域，其基本特征是科研与生产相结合，大力解放和推进科技第一生产力；其核心是经济，主体是科技人员；目的是科技成果产业化。而“产、学、研合作教育”的核心是教育，主导是学校，主体是学生，目的主要是提高学生对社会与生产的适应能力。

产、学、研合作教育不同于常规制教学计划中的生产实习。在常规的教学计划中，生产实习是作为理论教学的验证与补充而被列入实践性环节的。生产实习有计划安排，有过程监督和考核评价，但是生产实习的时间一般比较短。在生产实习

中，学生是一名“学生”而不是雇员，他们是作为客体介入生产领域的，因此无报酬可言。相反，学校要支付一定的费用给接受实习的单位。对于实习内容，则要求严格地与相关的理论教学内容相一致。产、学、研合作教育工作学期是作为一个“学期”而存在，它需要一定的时间做保证。同时，在工作学期中，学生不是以“学生”的身份而是以“职业人”的身份出现，他们是作为雇员这一主体介入生产领域。因此，此时不是学校支付一定的费用给用人单位，相反，用人单位必须支付一定的劳动报酬给学生。这是两者间根本的区别。

从实质上讲，产、学、研合作教育是一种以人才培养为主要目的的教育模式。产、学、研合作教育的基本内涵概括为：产、学、研合作教育是一种以培养学生的全面素质、综合能力和就业竞争力为重点，利用学校、科研院所和企业三种不同的教育环境和教育资源，采取课堂教学与学生参加实际工作有机结合，来培养适合不同用人单位需要的应用型人才的教育模式。它的基本原则是产、学合作，双向参与。实施的途径和方法是工学结合、定岗实践。它的目标是提高学生全面素质，适应社会发展对各类人才的需要。

（二）高职院校产、学、研合作教育的特点

高职院校产、学、研合作教育不同于普通本科院校，特别是重点本科院校。高职院校无论是教学科研实力，还是学生的文化专业素质，都无法与普通高等院校特别是重点大学相比，其培养目标与普通高等院校也有着很大的差别。因此，它的重点是合作教育，其特点为：

1.“产”是高职教育教学的基础

因为高职院校以培养高等技术应用型人才为根本任务，以培养满足社会生产、管理、服务第一线对中高级应用型技术人才需要为目标，因此其中的“产”有几个方面的含义：一是以社会和行业的需要作为专业设置的依据。高职院校按照职业岗位的需要设置专业，应用技术专业的设置与“产业”结合，借助“产”而与社会需求紧密联系。二是以具有丰富行业背景的教师作为高职教育的主体。高职教育急需大批具有丰富实践经验的，且能紧跟行业前进步伐的“双师”型教师。因此必须与“产业”紧密结合，或是让现有教师深入到行业中去，或是把行业中适合的人选聘过来。这就是高职教育管理中，师资建设这一板块，也必须与“产”结合起来。三是高职学生综合素质的养成需要真实的现场环境。高职的主要特色在于它所培养的

人才具有较强的技术应用能力和比较高的职业素质。而技术应用能力和职业素质的获得，需要高职教学过程的整体优化。其中，实践教学环节是非常重要的。有些课堂上无法传授的经验和应变方法，学生需要在真实的现场环境中反复训练中才有可能掌握。这几方面说明，“产”在合作教育的整体布局中具有基础性作用。

2.“研”是高职教学的桥梁

高职院校的产、学、研合作教育以教学和生产为中心，科研地位相对比较次要。普通高等院校特别是重点大学，科研力量强，科研成果多，在开展产、学、研合作教育中科研具有重要地位。作为从事高等教育的高职院校不能没有科研，当然它也不必、不应、不能以科研为中心。高职院校产、学、研合作教育中的“研”是“产”与“学”之间必不可少的桥梁，它由四个方面的内容构成。

一是对社会需求的研究。基于高职教育着重于应用技能培养和以就业为导向的特点，需要高职教育执行机构对社会需求有及时清醒的认识和充足的前瞻性。社会需求受经济技术、政治、文化、宗教、地理等众多方面的影响，其形成和变化非常复杂，要对其进行及时的跟踪认识，就需要大量研究，要获得前瞻性的准确预测，更需要连续跟踪和深入研究。因为这种需求性的研究是涉及社会多领域的，研究本身也是跨学科的。高职院校不能盲目地、被动地制订学科执行和发展计划，而必须跟踪社会发展实际，研究社会所需、学生所需，以决定自己的发展战略。

二是对高职教学内容、方法和手段的研究。在技术进步速度越来越快的今天，每门学科、每门技能都在快速变化，知识激增，呈几何级数增长，这已经是不争的事实。所以，教科书、教案或者教学大纲常用常新，是高职院校必须遵守的规则，固定一本教材、一种教案在高职教育领域是行不通的。这就需要对教学内容不断研究，推陈出新。在方法和手段上，由于教学需要紧跟社会需求，而且高职教育又有强调通过学生自己动手掌握技能的特点，要求学校拥有和具备供学生亲手实践的条件。如何创造这些条件，优选实践设施，这是专业性很强的研究课题，而且这类研究是需要长期地、不断地进行，并且具有紧迫性，又要有可操作性。

三是对新技术、新产品的研究。这就直接与企业实际结合在一起了。许多产品在性能、体积、功能上都需要不断更新发展，这也需要研究。

四是对特有的教学对象的研究。高职院校的学生面临着接受终身教育的问题。随着产品和技术生命周期越来越短，在职人员更新和提高知识与技能已经成为社会普遍现象。而在职人员和在校全日制学生在年龄上、基础知识和技能上、时间安排上、知识和技能接受特点上会有很大的差别。如何让不同年龄、不同技能背景的学员在最短的时间里掌握同一门课程，这在高职院校中是需要花大力气去研究的，更何况有众多的课程。因为不同的人员用同一种方法去教学显然不会是最佳方案。高职教育中的“研”有其特定的内容和特殊的作用，是搞好高职教育不可或缺的重要一环。

3.“学”是高职教育教学的核心

我们知道，高职教学强调的主要是“应用已知”，而不是“探索未知”。高职教学的内容必须以社会需求为目标、以技术应用能力培养为主线，观念上强调可持续发展能力的培养，内容上注重科学思维方法的训练，实践上强调技术应用能力的培养，这些要求前提都是不断适应现实和形势的发展需要，给学生提供所需要的知识和技能。这是高职院校服务性质的核心内容。

四、我国高职产、学、研合作教育的现状和发展趋势

经过四十余年的发展，我国高职院校的产、学、研合作教育的理论研究和实践探索总体上取得了较大的成功。具体表现在：在产、学合作教育理论研究和观念层面，产、学合作教育作为高职培养高级应用型人才的重要途径已经确立；产、学合作教育是培养高职院校学生技术应用能力的最主要途径这一点，在观念上已为人们所广泛接受并在实践中加以落实；产、学合作教育在全面提高素质教育、提高毕业生就业率方面已为人们所认可；产、学合作教育研究正在向如何构建一个有中国高职教育特色产、学合作教育模式运行机制和如何进一步发挥和挖掘产、学合作教育的功能和作用阶段转变。

在产、学合作教育目标层面，我国高职产、学合作教育十分注重培养学生的综合职业能力，同时重视在产、学合作教育实践中促进学生做人、做事、求知、创新等素质的全面提高。在产、学合作教育模式与方法层面，我国高职产、学合作教育立足于地方经济发展实际，借鉴发达国家经验，形成了几种综合性较强的产、学合作教育模式，如深圳职业技术学院“结合地方经济全面合作”模式、北京联合大学“企业为主”模式、武汉职业技术学院“订单式”模式、云南机电高专的“双定生”模式、宁波职业技术学院的“倒实习”模式、上海二工大的“实训—科研—就业”模式等。

在产、学合作教育管理队伍建设方面，我国高职院校已清醒地认识到建立一

支适应高职产、学、研合作教育管理队伍的重要性，加大了产、学、研合作教育管理人员在职培训，通过在职培训、从企业引进等方式培养了一大批高素质的产、学、研合作教育管理人员，较好地保证了我国高职院校产、学、研合作教育的正常开展。

在高职院校科研方面，我国高职院校的科研已初步形成了高职教育对社会需求的研究，高职教育教学内容、方法和手段的研究，新技术新产品的应用研究，高职特有的教学对象的研究体系。

当然，我们也应该看到，由于我国高职教育起步较晚，在产、学合作研究和合作教育方面还存在不少问题，主要表现为：

1. 企业、学校和政府部门对产、学合作的深层次认识不深刻。目前企业、学校和政府部门对产、学合作理论认识不深，认识与实践有偏差。政府缺乏有力的财政和政策支持，企业行为短期，学校偏重利益，没有形成长远的人才培养目标和产、学合作机制。

2. 产、学合作目标不明确，合作不深入。目前高职院校产、学合作大部分是求生存、求发展和适应市场经济的要求，主动找企业寻求合作伙伴；而主动寻求与学校合作的企业很少，多数是企业给予学校提供实践基地，提供项目的支持，并没有建立可持续发展的良性循环机制。

3. 产、学合作教育的预见性差。经过数年产、学合作探索，高职院校能根据社会发展的需求及时调整专业设置，但大部分把力量集中在短时间内开发经济建设急需的专业，忽略了人才培养的长周期性，忽略了教育应有的预见性。

4. 高职院校自身的科研能力和实践能力较弱。产、学合作对高职院校教师的水平提出了更高的要求，教师要有更高的理论水平，要具有较强的实践能力。而目前的高职院校的师资队伍水平达不到此类要求。

5. 政府支持不足，合作双方缺少运行机制和保障机制。产、学、研合作是科技与经济的合作行为，应有相应的政策和法规来调整、规范和推动，并提供必要的资金保障。为保障双方在互惠互利的前提下合作必须有较完善的、切实可行的运行机制和保障机制。

目前我国高职教育界正在在借鉴发达国家产、学合作教育实践经验的基础上积极探索建立有自己特色的产、学合作教育体系，并形成了如下的发展趋势。

第一，政府高度重视，形成政府统筹的局面。政府要尽快出台与产、学、研合作教育相关的法律法规，制定相关政策；采取措施提高人们对高职教育的认可度；

沟通我国不同类别教育之间的立交桥；提高高职教育办学层次；严格执行职业准入制度；把产、学、研合作教育视为发展高职教育的重要工作，要协调各个相关部门，实现与行业协会的沟通和协商，成立由政府企业、学校共同参与的产、学、研合作教育指导机构，搭建产、学、研合作教育的平台。

第二，引起学校高度重视，形成以学校为主体的产、学、研合作教育格局。培养人才是学校的主业，它对合作教育的状态和各项活动的开展起着主导作用。要将产、学合作教育视为职业教育的立教之本，发展的长远大计；要充分利用自身的教育资源优势通过主动服务的方式与企业建立良好的合作关系；要利用提供人力资源的优势，将企业引导到产、学、研合作教育中来；要建立产、学、研合作教育的运行机制和保障机制，确保产、学、研合作教育健康发展。

第三，企业积极参与，形成市场化运作的有效机制。在产、学合作教育中，离开企业，没有企业的积极性，一切都是空话。产、学、研合作教育要实现市场化运作，使教育的公益性与企业的盈利性做到有机结合、互惠互利、相得益彰，应充分调动企业参与产、学、研合作教育的积极性。

第二节　高职实践教学体系的构建

一、高职实践教学体系的要素构成

实践教学体系是由实践教学目标体系、内容体系、管理体系和条件支撑体系所构成的整体，在实践教学体系运行中，各个亚体系既要发挥各自的作用，体现各自的功能，又要协调配合，以实现实践教学体系的总体目标。

（一）目标体系

高职实践教学的目标是指学生通过实践教学活动后，在职业素质养成、技术应用能力和职业技能上应达到的水平或标准。在确定实践教学目标体系时，要把人才培养目标的基本要求按类别、分层次、划阶段地剖析成具体的个别目标，并遵循以下原则：其一，符合技术应用型人才的培养目标及培养规格和层次；其二，符合行业或企业中职业岗位群的技术应用能力和职业技能水平及标准，获得核心职业技能的职业资格证书；其三，不仅培养学生的职业技能，更为重要的是培养学生的职业素质；其四，目标的确定要具体、明确、可测。

（二）内容体系

高职实践教学的内容是实践教学目标任务的具体化，包括能胜任职业岗位（群）所必需的基本经验技术和动作技能、能胜任职业岗位（群）所必需的专业经验技术和动作技能、能胜任职业岗位（群）所必需的综合经验技术和动作技能三大模块。

（三）管理体系

教学管理是开展教学工作的基础。高职实践教学管理，包括管理机构、实践教学基地和人员等的硬件管理和校内外实践教学管理的规章制度、管理手段和评价指标体系等的软件管理。

（四）支撑保障体系

高职实践教学支撑保障体系要求有熟悉生产、建设、管理、服务，掌握过硬技术的双师素质专兼职教师，较完备、先进的技术设备设施，仿真性的实践教学环境、良好的学习环境等三个重要条件。

二、高职院校校内实践教学基地建设

（一）校内实践教学基地的组成框架和功能

1. 校内实训基地由多个能进行操作、训练、实习的实训室组成，总体框架及布局合理，并且有学生独立自主进行创意的实践条件。

2. 校内实训基地能满足教学要求，具有相应的职业氛围，具有一定的仿真性和综合性，能适应行业现状和发展趋势。

3. 校内实训基地既要面向校内，也要向社会开放。

基本功能：

1. 能完成所承担的实践教学任务。包括完成教学计划规定的能力训练；按照职业技术技能的规范开展职业技术技能训练；按照职业活动环境的实际要求来规范学生的行为准则；制定各种规章制度（安全、操作、管理等），对学生进行职业素质训练。

2. 能承担学历和非学历职业技术技能训练。

3. 能承担专业技术技能的鉴定和考核工作。

4. 能进行专业研究、开发、生产及新技术的推广应用工作。

（二）校内实践教学基地建设的原则

高职院校校内实践教学基地应该怎么建？建设水平的高低直接关系到其功能的实现，关系到高职院校人才培养的质量。然而，各地、各校和各专业的情况不同，对实践教学基地的建设也有不同的要求。校内实践教学基地建设应遵循如下基本原则。

第一，效益性原则。实践教学基地建设追求质量效能最大化，实现教学成果最优化和社会效益最大化。在坚持服务教学的前提下，通过市场化运作和成本核算保持盈余，保持经济效益逐步增长。

第二，职业性原则。职业定位是高职教育生存的基础，体现职业性是高职实践教学基地的重要特征。为此，实践教学基地应努力营造现代化生产、建设、服务、管理第一线真实的或仿真的职业环境，从设备、厂房建筑、工艺流程、管理水准、人员配置和要求、标准化以及质量与安全等方面模拟或接近职业环境，注意形成自身的“企业文化”氛围，重视职业素质训导，强化学生的安全、质量意识，借鉴现代企业的管理运作模式。

第三，技术性原则。高职教育不仅是以就业为导向的职业教育，同时也是以技术应用为导向的技术教育。技术性特征是高职教育内在本质的反映。因此，在实践教学基地的建设中，技术先进性与适用性原则必须得到充分体现，在注重体现技术教育的同时，还要注意把技术开发与创新及推广与应用作为它的一项重要职能。

第四，共享性原则。共享讲的是各种实训场地、仪器设备、软件、师资、人员，各种管理与服务平台等都要考虑到，各专业能够共享，是基于合理使用有限的资金及提高投资效益等原因提出来的。从整合资源、综合利用的角度出发，实训室在布局上尽量按照产业群或技术应用大类集中布局和建设，不强调与校内所设专业一一对应。同时，要实施有效、有序的共享，建立良好的管理机制，促使不同部门可在各种时段使用实训室的各种资源。

第五，开放性原则。所谓开放性原则，是相对封闭性而言的，是指实践教学基地的建设从空间到时间都要向学生、社会全面开放，而不能成为学校，甚至某个系部、专业的专用场所。

（三）校内实践教学基地建设的要求

第一，必须为学生提供真实的职业环境。包括校内实践教学基地在环境布置、设备配置、文化氛围、管理模式等方面与生产、建设、管理、服务第一线相一致，充分体现规范性、先进性和实效性，形成真实或仿真的职业环境；在实践教学中起主导作用的是进行技能训练或技术应用训练的实训室，而不是实验室或校办工厂，实训室的设备和设施在类型、功能、技术参数等方面尽量贴近当地企业；教学计划中的各个教学环节要根据未来岗位的工作特点妥善安排；按照当地行业对技术与工艺的具体要求设计训练项目；实训室要与当地行业、企业建立稳定的合作关系；要有一批来自生产第一线的工程技术人员作为实训室的兼职教师。

第二，科学分类，合理布局。实践教学基地一般由多个实训室或实训车间构成，实训室下面再设立分室。实训室如何分类是建设实践教学基地首先要确定的问题。一般可以采取如下模式：第一种是根据技术的应用领域或技术群按技术大类来划分实训室，一般可按机械、电子、生化、汽车、自控、管理、经济、艺术等划分。这样分类的好处是可以充分利用硬件资源，避免重复建设，适合有一定规模多学科的综合性高职院校。第二种是根据专业的设置来划分实训室，其最大好处是专业人员全方位参与实训室的规划与建设，可以确保实训室满足专业教学的需要。第三种是根据学科属性划分实训室，在普通高校中多采用这种方式，但在高职实践教学基地中，也有一些基础类实训室应按学科划分。

第三，贴近生产、贴近技术、贴近工艺。所谓贴近生产是指实践教学要从生产实际出发，对学生进行真刀实枪的训练。在实训室的建设上，从布局到使用的设备、提供的场地、加工的材料、指导实训的教师等方面要充分考虑如何贴近生产。贴近技术是从技术教育出发，在实践教学中注重应用技术的先进程度、学生实际操作的熟练程度。因此，在实训室的建设中要考虑到为学生提供实际动手的条件，要让学生多干而不是多看；训练的设备和内容都要有一定的技术含量；要广泛采用现代教育技术手段进行实践教学；还要与企业建立密切的合作关系，跟踪现代技术的发展，在各种训练项目中注意采用新材料、新器件。贴近工艺是从科学、合理、规范的要求出发，在实践教学中注重标准化意识与质量意识。这就要求实训室的建设要引进有关行业的标准，保证按生产工艺的标准对学生进行严格的训练。

第四，讲求实效，多方筹资。实践教学基地建设要讲经济效益，采取合理的措施提高建设效益。一是统筹规划，优化配置，防止重复建设。二是加大对全盘性、基础性、共享性比较明显的实训室的投入，注意集中力量与条件建设好公共的基础性实训（验）室，防止分散配置、分散管理、局部使用、低水平低效益的建设方式，不能单一讲求规模，实施低水平的规模建设。三是实验室建设与学科专业建设、课程建设相匹配，在功能、设备购置等方面注意专业和技术发展的方向，防止刚刚建设好就落后的情况出现。四是实训室建设要充分发挥广大教职员工的积极性，鼓励教师自己设计、制造实训设备。五是通过与企业合作、争取社会资助与政府扶持进行实践教学基地建设。六是加强造血功能。必须注重开发和经营，创办与专业设置相联系的经济实体和服务机构，以充分发挥实践教学基地的功能与作用，通过自身积累资金，改善办学条件。

三、高职院校校外实践教学基地建设

（一）校外实践教学基地的内涵及其教育合作模式

校外实践教学基地与校内实践教学基地都是高职实践教学框架的重要组成部分，“内”与“外”的结合，从一定层面上体现了高职教育的发展方向与办学途径，但在基本属性、功能、建设方法、运行与管理模式上，两者存在一定的差异。从一定意义来说，校外实践教学基地是校内实践教学基地的补充，但在应用型专门技术人才的培养中，校外实践教学基地又起着校内基地无法替代的作用。

校外实践教学基地是校企双方合作，利用企业生产与经营的资源建立的用于培养学生专业技能与职业素质的实践教学场所。这与校办工厂或企业办的学校有着明显的区别。校外实践教学基地的最大特点是利用学校与行业、企业在人才培养方面的各自优势把以传授理论知识和基本技能为主的课堂、实训（验）室的学校教育环境与直接获取实际经验、综合能力为主的生产现场环境有机结合于学生的培养过程之中。它突破了在传统教育几乎完全在校内进行的单一的人才培养模式，使专业与行业、教师与企业、学生与生产岗位之间建立了广泛的联系，由此解决高职教育教学中培养方案、培养模式与培养质量的诸多问题。

高职教育校企合作可以包含不同的内容与层面，主要目的是合作教育。校外实践教学基地实际上是实施校企合作教育的媒体或落脚点。它在如下方面为合作教育服务：一是为学生提供一个不同于校园环境的实践教学场地或环境；二是提供专业技能训练所需的现场设备、师资或其他条件；三是为学生提供就业前企业实际工作的全方位预演。校外实践教学基地教育活动的内容是在一定的合作教育模式下完成的，在国内外的高职教育中，可供借鉴的教育模式是多种多样的。我国高职教育主要有如下几种。

1. 学工交替合作模式

在这种模式中，学生的学习分学期或分阶段在学校和企业之间交替进行。一般三年制的做法是将三学年分成 6 至 9 个学期，某些学期学生在企业，某些学期学生在学校，但最后一个学期一般在企业。学生在学校期间以学习公共课程和专业理论课程为主，在企业学习期间以参加生产实践为主，并在企业学习部分专业基础和专业课程。

2. "项目化"合作教育模式

它是一种围绕具体的生产或产品开发项目开展教学活动的教学模式，一般有两种情况：一是学生在整个学习期间的学习都围绕着项目进行，专业教学计划围绕着项目制订，根据项目的需要开设课程与实践训练，并最后完成项目。二是学生在企业实习期间，围绕企业提供的具体项目进行。在这种模式中，企业全方位介入专业教学，工程技术人员直接指导学生的理论与实践学习，其最大特点是学习的目标明显、实践性强，学生以企业员工的身份直接参与企业的生产实践，强化了人才培养的针对性与实用性，毕业后几乎不存在角色转换的问题。同时，在这种模式中，学校比较容易融入企业的生产与技术改造，校企双方容易找到合作的切入点，有利于建立合作教育关系。

3. "订单式培养"模式

它是一种学校按照企业对人才质量与数量的要求与企业合作共同培养学生，学生毕业后直接输送到企业的教育模式。这种模式根据订单时间的长短，一般有两种情况：一是远期订单，即从招生开始企业就下订单，专业教学计划按企业要求制订，企业参与专业教学的全过程；二是中期订单，即在专业基础课程基本完成以后企业下订单，学校将学生最后一年或半年的学业按照企业提出的人才培养目标和知识能力结构制订教学计划组织教学，企业为专业教学提供必要的条件。这种培养模式能为企业提供最需要、最适用的人才，企业避免了人才选择的盲目性，能以最小的投入获取最大的人才收益。这种以企业需求为导向的人才培养模式，具有鲜明的职业教育特色，是我国目前正在大力倡导的教育模式。在这种模式中，企业的利益是十分明显的，因此实施起来相对要容易些。但在实施中，要防止企业制订过于单一化的人才培养方案，从而降低了人才培养的总体质量，同时要准备好企业因变故无法接收毕业生和学生大面积不按订单就业的应对措施。

（二）校外实践教学基地的建设途径与管理模式

高职院校校外实践教学基地建设的方法与途径是多种多样的，一般而言，我国高职院校校外实践教学基地建设主要采取如下途径和方法：

第一，不拘一格寻找合作伙伴。总结一些院校校企合作比较成功的经验，在建立校外实践教学基地的过程中一般是采用了大、中、小相结合，集中与分散相结合，国企与民企相结合，专业对口与不对口相结合，不拘一格寻找合作伙伴的思路。所谓大中小相结合，是指高职院校在选择合作企业时，既有大型企业，也有中小型企业。大型企业经营相对稳定，一个企业往往一次可以满足一个专业学生实践教学的需要，因此大多数高职院校都力求和它们建立长期稳定的合作教育关系。中小型企业数量多，不少企业效益显著，他们有与学院建立合作关系的强烈愿望。尽管一个企业往往一次只能接受几名学生实习、实训，虽不能满足集中教学的需要，但数家企业产生的群体效益也是十分可观的。因此，高职院校要走出仅与大型企业建立合作教育伙伴关系的固有思路，把目标更多地投向中小型企业。

第二，寻找联系产、学双方合作的纽带。分析产、学结合的成功范例，有些似乎源于偶然因素，比如校长来自主管企业的政府部门、学生家长是某一企业的老总等。无论偶然也好，必然也好，合作双方之间必须存在一条将“产”与“学”即企业与学校联系到一起的纽带，关键是如何寻找这条纽带并充分发挥其作用。如由企业高级技术人员与管理人员及学校专业人员组成的专业委员会（或专业指导委员会等类似组织）本身就是校企合作的产物。专业委员会一头联系行业与企业，了解行业和企业的现状资源、愿望与需求；另一头联系学校，参与专业规划与建设，了解专业的需求，可以从不同的切入点将学校与企业两个不同利益要求的主体为了共同的利益建立起合作关系。

第三，寻找双方合作的切入点。在校企合作教育中，成功与否在很大程度上取决于校企双方是否遵循了互利互惠、双向互动的原则。利益驱动对双方来说都很重要。企业的利益体现在：学院能否为企业在人才培养、员工培训、客户培训、人才引进、产品开发方面提供智力支持及为企业提供廉价的劳动力。学院的利益体现在：企业能否为学校的学生提供一个与学校完全不同的教育环境，能否帮助学校按教学计划完成实践教学任务，为社会培养合格的应用型技术人才，能否为学生就业提供帮助，能否在师资方面得到企业的有效支持等。事实上校企双方任何一种需要、任何一种利益，都可能成为校企双方合作的切入点。因此，就高职院校而言，就必须主动出击寻找校企合作的切入点，通过为企业主动服务的方式建立起校企双赢的合作伙伴关系。

第四，建立良好的运行机制。从一些地方校企合作的情况来看，有时候，高职院校寻找伙伴并不太难，难的是实践教学基地建立后运转困难，无法形成稳定的教学环境，因此，建立良好的实践教学基地运行机制就显得十分重要。如何建立良好的实践教学基地运行机制，就我们的经验而言，首先，要确保校企双方互利互惠、互动互进的合作原则能得到充分体现，形成良好的利益机制；其次，要建立人员精简、办事效率高的领导机构与办事机构及科学严密的管理制度，使校企双方的合作能从体制和制度得到保障；再次，校企双方要珍惜双方领导之间、教师与企业员工之间、学生与企业员工之间在合作中建立起来的友谊，要通过合适的方式与途径延续与加深这种友谊；最后，定期对参与实践教学基地工作的企业员工与学校教师的工作做出符合事实的评价，并根据评估评价的结果对有突出贡献的员工与教师进行表彰，形成校企合作的激励机制。

校外实践教学基地建立后要保证其正常运转，还必须根据参与合作教育企业的性质规模，以及在合作教育中所承担的具体教育任务的不同，选择能充分发挥其教育功能的管理模式。

在实践中我们主要采用了如下几种管理模式。

第一，以企业为主的管理模式。这类模式一般适用于两种情况：一种是企业全方位介入的订单式合作教育形式，合作方一般是大型企业。企业合作的主要目的是按其要求培养所需的应用型技术人才。一种是在合作教育中，以企业接受学生岗位实习为主要内容的合作形式，合作方一般是中小型企业。

第二，以学校为主的管理模式。这种管理模式一般适用于如下情况：一些大型企业将校企合作作为形象工程,通过社会效应获得政府或社会在其他方面的支持。企业将一条生产线、一个营业部或其他生产、经营性的实体交给学校独立管理与经营，学生在这里学什么、如何学、如何管，完全由学校决定与实施。当然实体的正常运转与产品的质量要接受企业的监管。

第三，企业与学校相结合的管理模式。这是我们采取的最为普遍的管理模式。在这种模式中，企业为学校提供实践教学必需的场地、设备、师资及其他条件，并派专人负责实践教学基地的管理。学生在实践教学基地的实践活动，是企业生产活动的一部分。与企业单独管理不同的是，实践教学基地的教学活动完全按照专业的要求进行，专业教师直接参与实践教学基地的教学管理。

四、高职实践教学教材建设

（一）实践教学教材的特点

根据高职办学特征，高职实践教学教材具有如下特点。

1. 可操作性

可操作性是由实践教学的目的和实践教学教材的性质决定的。实践教学教材是进行实践教学的载体，是师生进行实践性教学的依据，这种性质决定了编制实践教学教材必须将实训项目的可操作性作为首先考虑的因素。为此，实践教学教材必须对实训项目进行认真筛选，选拔那些技能针对性强、训练目标明确、便于学生操作的项目组成实训教材。

2. 知识（原理）的简约性

实践教学教材虽然以技能和技术操作训练为主要目的和内容，但对高职教育来说，任何技能和技术都具有一定的“技术含量”，因此，都会涉及一些知识或原理性内容。但相对理论课教材，这种知识或原理的目的是培养学生的操作能力，其呈现形式通常以简约方式出现，避免繁杂的推导和计算，具有简约性。

3. 内容设计要体现“三个贴近”

由于高职教育以培养应用型人才为目标，要求学生毕业后动手能力强、懂操作、能顶岗，因此，实践教学教材作为实践教学的载体必须体现“贴近技术、贴近生产、贴近工艺”的要求。

4. 针对性

针对高职教育的培养目标，培养学生的技能操作和技术应用能力是所有实践教学教材的鲜明特点。实践教学教材的针对性有两方面内容：其一，是针对培养目标设置实践训练项目；其二，针对学生的实际组织实践教学内容。

5. 形式的多样性

实践教学形式、环节、类型的多样性决定了实践教学教材的多样性。实践教学的多样性是指教学形式的多样性，指课程性质的多样性，指教材自身载体的多样性。

（二）实践教学教材的要素构成

实践教学教材是由设备与器材、操作步骤、技能（标准、工艺、流程等）要求、考核内容与要求等构成。在实践教学教材中，各部分内容既要发挥各自的作用，体现各自的功能，又要相互融合，以实现课程实践教学目标。

设备与器材是进行实训教学的基本条件。实践教材中必须对实践教学中所使用设备的技术参数、耗材数量等都有具体而明确的要求，也要求学生熟悉设备与器材的性能、操作方法及耗材的规格等。

操作步骤是实训教材的主要内容，它将技能、工艺、流程操作过程具体化，是对学生进行实训教学的主要依据。操作步骤又可分为操作准备、操作过程的操作要领与方法等。技能（标准、工艺流程）要求是实训课程的核心，是实训教材的精华所在，也是实训教材质量高低优劣的主要体现。实训教学最终的目的是让学生熟练掌握操作过程的技术标准、工艺流程等内容，学生职业能力和技术应用能力的形成也主要体现在对它们的掌握上。

考核内容与要求也是实践教学教材的重要因素。实训教学中，侧重学生对技能、标准、工艺、流程等的掌握。

（三）实践教学教材的编制原则

1. 突出技术应用能力培养

实践教学教材的编制要体现高职人才培养目标，突出技术应用能力培养，就是要在课程教材中贯彻高职培养目标的根本要求，将人才培养目标的要求具体化为课程的教学目标和内容安排。

2. 内容上要做到“三个贴近”

实践教学教材的主要目的是训练学生对技术和技能的掌握，要通过贴近生产、贴近技术、贴近工艺，体现教材的先进性和特色。

3. 内容编排上适应学生的心理发展和认知规律

实践教学教材内容编排上既要注重操作内容的科学性、适当性，又要在教学法方面体现学生的认知规律和技能训练的规律，在编排形式上有利于学生学习。同时，为了便于学生自己进行实践训练，教材要对实践训练的过程进行细致分解，细化技能操作的环节和过程，明确技能训练的难点和关键点，并指明技能掌握程度的评价标准。

4. 整体优化原则

实践教学教材编写时不能孤立地对某一门课程进行思考，而要从高职教育的特点去考虑，从实现高职人才培养目标着眼，从人才所需的知识、能力、素质要求着手，实现整体优化。

5. 形式多样性原则

科学技术的进步为实践教学教材的编写提供了更多的技术手段。配合实践教学，可以编制形式更为多样的主辅教材，如以文字教材为主，辅于录像、录音、幻灯、电影、电视等教材，以音像为主的实践教学教材，还可以利用现代计算机网络等辅助教学设备，编制多媒体教材、网络教材等。

（四）实践教学教材建设的措施与途径

1. 明确实践教学各环节的标准

实践教学教材是实践教学的载体，是师生进行实践教学的依据，它的目的是帮助学生掌握专业的基本能力和基本技能，形成职业综合能力。因此，实践教学教材必须以能力培养为目标，体现各实践教学环节的要求。

2. 高度重视，加强实践教学教材建设的组织和领导

教学教材建设是一项系统工程，不仅仅是教师个人的事情，也是高职学院和国家高等职业教育发展的需要。首先要有必要的经费支持。经费支持是实践教学教材建设得到良性发展的经济保证。教材建设是一项系统工程，从教材立项、调研、组织人员编写、开编审研讨会到出版、发行都需要一定的经费支持。其次要为教师编写实践教学教材提供一个写作平台。一是组织教师开展人才培养方案及教学内容与课程体系研讨，理清各专业实践教学内容和课程体系，明确专业的基本技能、专业技能和综合技能（能力），编写比较完善的实践教学大纲；二是为教师编写实践教学教材提供时间上的保证；三是积极组织教师研究和编写各种形式的实践教学讲义教材，与出版社一起组织各种研讨会，多方争取出版机会。

3. 与实践教学课程改革紧密结合

教学改革和课程研究是教材建设的基础，任何高水平的教材都是教学改革和课程研究的结果。高职实践教学中的许多问题都没有现成的经验可供借鉴，必须通

过教学实验和改革进行探索，才能找到适当的模式和方法。一是理清专业技术与能力要素；二是构建适当的实践课程体系；三是完善实践课程的实现形式。

4. 加强合作，吸收各方力量共同参与

课程建设本身是一项复杂的系统工程，作为教学改革成果体现的教材建设也不应局限于某一门课程或某几门课程孤立地开展，而应系统性地开发系列化教材。我们认为要出版系列化实践教学教材单靠个别教师，甚至个别院校的单兵作战是不够的，必须采取切实措施，实施集团化战略，充分调动各方面的积极性。第一，各高职院校，特别是具有较长办学历史的学校，要在政策上鼓励和引导教师积极投身到实践教学改革及自编讲义的工作中来，为教材建设的集体参与、系统开发提供坚实的基础；第二，发挥各高职院校的积极性和专业优势，开展广泛的合作，编写优质精品实践教学教材；第三，广泛开展与企业的合作，吸收企业优秀专业技术人员，参与到高职实践教学教材的编写中来，确保编写的教材既反映生产、技术和工艺方面的最新成果，又具有很强的职业针对性；第四，全方位地开展与出版社的合作，以适应面广、数量大的高职公共课、技术基础课教材为支撑，补助实践教学教材的出版，实现合作双赢。通过建立长期的伙伴关系，确保教材建设的持续、良性发展。

第三节　产、学、研合作教育模式的构建

一、产、学、研合作教育的基本模式

产、学、研合作是指产业、学校和科研单位三者的合作。具体对高职院校来说，产、学、研合作是指学校充分利用企业、学校和科研单位的资源，将三者有效结合起来打造一个合作研发、合作育人的平台，这是高职教育培养人才的重要模式。我国各地高职院校的产、学、研合作的教育教学模式的形式是丰富多样的，有“2+1”模式、订单式、准订单式、工学交替式等。它的主要形式有：学校为企业或科研单位提供技术服务和人才支持；学校和企业或科研单位共建研发机构或合作开展研发项目；共建人才培养机构，共建校内外实训基地以及共建各合作培训机构；学校通过工学结合、半工半读、顶岗实习和订单式人才培训等方式加强学生职业技能培养和提高学生就业率等。这些形式各有千秋，值得结合当地实际，借鉴实践。人们按

其逻辑关系，做出了一些基本类型划分。

按合作主体的关系可分为：（1）校内产、学、研合作模式——高职院校根据学生培养目标的需要而建立的与专业密切相关的产业、企业、工厂，并使之与教学、科研挂起钩来。这既为各种实习提供了基地，又为学校扩大办学创造了物质条件。（2）双向联合体合作模式——结合区域经济发展实际，依托当地主导产业办专业，依托专业办产业。（3）多向联合体合作模式——高职院校选择现代化程度比较高，与自己所设专业相同或相近的企业作为合作伙伴进行办学。（4）以企业为本模式——企业结合自身的产业类型，配套开办高职院校，设置针对性比较强的专业培养适用性较强的人才。

按其功能可分为：（1）人才培养型合作模式；（2）研究开发型合作模式；（3）生产经营型合作模式。

实际上，作为一种依托学生和社会需求产生的教育管理方式，应该允许形式的多样化。只要这些模式在遵循教育教学规律的前提下，符合区域经济发展实际，符合学生就业需求和社会人才需求实际，就可以采用。我们认为，在产、学、研合作教育基本模式的构建上，不必千篇一律，刻意统一。

二、运作方式的比较

产、学、研合作教育模式及其运作方式各有不同，也各有特色。这里，我们仅就工学结合式中的工学交替和订单培养两种方式进行简单讨论。

学生在企业工作与在校学习相结合的教育形式叫作工学结合。主要形式有半工半读、工学交替、勤工俭学、订单培养、项目导向、任务驱动和岗位见习等。

工学结合形式的教学形式特征：模块化教学内容呈开放型和职业型；教学方法多为教学练结合、手把手、任务驱动、案例式；“双证”融通的实践和理论教学；学校（教室）和企业（实训基地）一体化；以双师素质教师和外聘专家为主体，兼职教师占较大比例；真实的职业体验和职业道德教育。

1. 工学交替

工学交替是高职院校的一种新的培养模式，其主要特点是学生的工作和学习交替进行。一是校内学习与企业实践交替进行，学用紧密结合；二是企业参与育人的全过程；三是学生在校内是学生身份，在企业是员工身份，具有双重身份；四是具有校内、校外两个教学场所。工学交替把整个学习过程分解为学校学习和企业工作两个过程并交替进行。工学交替是在校企双方联合办学的过程中逐步形成的，其实质是产、学合作、联合育人，利用学校与社会两种教育资源和教育环境，使学生的理论学习与实践操作有机结合起来。这种方式给了学生比较大的自主权，学生能够凭着自己的专业需要选择合适的企业。其不足之处在于可能导致一些学生满足于应付过关，于本身实际技能提高无补。因此必须在实施和总结阶段，加强教学管理，强调全员跟踪服务，力求实效。

2. 订单式

订单式也叫“订单教育”，即“以销定产”，按市场需求来培养人才。用人单位需要什么人才，就培养什么人才，以市场定专业，以用人单位的需求来定课程。让学生一毕业就能直接上岗，而不用再由用人单位重新培训。“订单式”不同于以往的定向培养，学校招生时，根据企业要求，在考生中选择学生，学校对学生全面传授企业的文化和经营特点；学生毕业后，就能直接进入企业胜任工作。

订单式体现了高职院校的人才培养与劳动力市场中各种工作岗位之间直接的结合和对接机制。该模式将传统的“校内教学—实习—教学”的方式，改革为“订单—校内教学—企业实训（或校内仿真实训）—校内或企业教学—就业”的方式，实现了学校与用人单位之间的高度、密切的合作，从根本上解决了高职教育专业教学的职业针对性、技术应用性以及学生就业等问题，可有效地为地方经济建设服务。“订单式”的基本特征有：校企双方签订用人及人才培养协议；校企双方共同制订人才培养计划；利用校企双方的教育资源，共同实施人才培养；针对岗位（群）要求进行实践能力培养；企业参与人才质量评估；企业按照协议约定，落实学生就业。而在专业设置上，则依照市场需求开设专业，以工作岗位的实际需要为主，重视技能性培养以及当前的市场需要，能够直接满足于劳动力市场中各种各样工作岗位要求，毕业生非常熟悉岗位的特点及实际需要，进入角色快，大大地缩短了岗位适应期。同时企业用人单位在招聘中能比较具体地了解学生所掌握的知识和技能状况，对毕业生能否适应和胜任岗位工作的实际需要能做出比较清晰的判断，也不再需要对毕业生进行单独的岗前指导培训，缩短了毕业生的职业社会化过渡期进程。作为职校则依照用人单位工作岗位的具体要求安排课程和教学工作，以岗位需要作为人才培养的基本规格，具有非常强的针对性，学生的专业思想也得到稳固。

总之，同传统的模式相比，“订单式”在专业设置、课程结构、教学目标、考核方式等方面，都以用人部门的需要为出发点，具有极强的针对性。但是，订单式也存在着一些不容忽视的问题。

一是订单具有不确定性。订单式中的校企双方对订单所持的态度存在差异，其结果是导致订单的签订与落实具有不确定性。这种不确定性具体表现为：订单对企业具有法律的形式，无法律的效力。企业一方由于改制、法人更换与生产、经营发生问题等情况造成订单流产，不履行合同所规定的义务，这是一种违约。但学校基于长期合作的顾虑和于事无补的考虑，往往息事宁人。订单内容的不确定性。市场经济中，市场需求的变化会波及企业的各个方面，企业的很多决策更具有短期、动态的特点。实际情况是订单下得越早，企业就越有可能搜寻到相对优秀的学生。因此，在订单模式的实施过程中，培养的数量、预订岗位和交付时间随时都有可能发生变化。这种变化对订单教育的影响是巨大的，有时甚至是致命的。培养数量的变化造成落选学生就业的被动，也易引起其他订单学生的思想波动；预订岗位的变化造成了培养过程中的割裂，重新组织教学难度大；交付时间的变化使得学校在办学资源的调配上陷入被动，人为地增加了培训成本。培养费的不确定性。费用加大，甚至时有增加。

二是企业用工避免近亲繁殖与学校规模效益存在矛盾。一个企业出于避免近亲繁殖的考虑和用工需求数量的限制，不大可能连续几年在一个职业学校接收同一专业的学生，而学校从降低教学成本考虑，则希望企业连续下订单并能保证一定的班级规模。学校如果已经为某个企业订单培养过学生，学校与企业经过了磨合，那么再次按相近订单培养时，教学文件已经基本齐备，教学组织在原有基础上也已驾轻就熟，培养的效率和效果都会较前有所提高。假使多个企业一次订单人数都不是很多而且没有连续性，学校就会因为培养成本较高和不易组织教学而失去一定的积极性，影响订单式实施的效果。

三是订单模式的僵化性。“订单教育”体现了就业方向的刚性，即学生一入学就确定了就业的方向与岗位，这就往往难以适应劳动力市场的变化，易受就业形势走向的改变的影响而使毕业生就业非常被动。而劳动力市场的变化又是难以预测和控制的，与经济政策、国际市场变化是紧紧相关的。再则“订单教育”模式中，学生所接受的专业知识和技能是按预定岗位设计的，不能很好地适应科技与社会的变化对人才的新需求。当今的知识和技能的更新与变化是非常快的，具体工作岗位对技能的需求变化也在不断变化，且变化频率越来越快，这样就会造成毕业生所接受的非常具体的知识和技能一时难以适应知识的更新。倘若从毕业生的长远职业生涯发展看，这种模式也会影响劳动力市场的职位变化。

3. 其他一些模式

私立民办模式。采用个人、团体集资、出资建校，按国家教育方针办学，由教育法人或教育团体进行股份制管理的一种办学模式。

学制套办模式。招收初中毕业生，实行五年大专、四年中专两种学制套办。学生入学两年后进行分流，一部分学生继续深造三年大专课程，达到大学专科要求后毕业；一部分再修两年中专课程，达到中专毕业要求后毕业。（为了国家教育资源的合理利用，满足市场对两种人才的需求，强化两种教育办学的准确定位和分工，并防止把中职教育变成升学教育，国家已严格控制五年大专招生。）

高校联合模式。中心城市将一批小型实用型高校、高职院校、职技高师院校和成人高校联合起来，合并成一所功能齐全的统一管理的集团式高校。合并后统一进行专业分类布局重构、人员师资配备重组，使教育资源（包括师资、场地、设备等）合理配置，优势互补。

三明治模式。即“行（行业、产业）校合作”模式。它紧紧围绕地方行业（产业）经济发展、技术进步、工艺流程、生产技术，分析与产业（行业）相关联的各专业的能力要素，进行知识、技能相对应的课程建设，使毕业生在人力市场上具有较强的比较优势。这种模式不求理论知识的系统性、完整性，而强调综合性、实用性，学生毕业时就业竞争力较强。

一校二制模式。一批高校实行转制，建立了以举办高等职业技术教育为主的二级学院。或者是综合性大学办职业技术教育学院。既招收公立的高职学生或普通本科学生，又招收私立的高职学生，在管理上分别实行不同的管理体制。

“地方大学”模式。以地域中心城市为基点，培养包括高职在内的各种该地区需要的各类型、各层次高级专门人才。

教育集团办学模式。大型企业集团与有关高校（包括高职院校）组成办学联合体，或几个各类型学校（含高职院校）组成教育集团，根据市场人才需求和企业集团人才需求进行培养，进行企业式管理。

科研—生产模式。以科研促生产，将科研成果转化为生产力，在生产中搞科研。主要内容有：①参与企业科研开发项目，以解决现有设备、生产工艺上存在的问题为主，项目负责人可以是校方人员，也可以是企业人员。②有价值的自有科研成果的推广应用，高职院校所选科研课题应以应用研究课题为主，紧密结合生产实际。

考虑到目前高职院校在科研经费、研究设备、信息资料方面的现状，在进行科研时，可采用多个高职院校联合攻关的形式,或利用社会及其他高校的仪器设备进行研究。③以学科带头人、课题组为龙头，与相关企业联合，组成课题产业公司，课题从立项到批量生产，由课题产业公司一家承担，解决了产、学、研一体化实施过程中的分歧与差距问题；课题产业公司按照务实、高效、服务的原则开展工作，尽快将科技成果转化为产品。

教学—科研模式。科研促进教学，同时在教学过程中也可以产生科研成果。具体形式是：①利用科研单位的仪器设备、实验装置进行课程辅助教学。②利用科研成果充实教学内容，同时通过搞科研形成的一系列思想方法，有效提高教师的教学水平。③鼓励教师进行教学科研课题的研究，教师在进行某门课程的教学时，通过对该门课程的深入研究，也可以产生一些基础性的科研成果。

这些模式多与办学体制相关，而且都具有强烈的地域性色彩，富有适合当地实际的特性。一般高职院校只能从宏观上给以借鉴，因而普遍性意义不大。我们也就不予详细讨论。

三、一般模式的优化

优化产、学、研合作教育模式是全面建设小康社会，实施科教兴国战略的一个新的重要课题，高职院校要发挥优势，拓展社会职能，在优化产、学、研合作模式中起主导作用。各级政府要调整管理体制，切实把产、学、研合作作为重要的工作，纳入政府规划，明确职责，引导企业成为科技创新的主体；要加强宏观调控，协调解决产、学、研结合中的各种困难与矛盾，创造有利于产、学、研合作的政策环境。同时，产、学、研合作教育的模式应该允许其形式的丰富多样性，各个学校可以根据自己的实际情况，决定模式的选择和创新。类似于工读交替、基地实训、订单教育等，都可以采用，但也需要进一步优化。优化的方式方法多种多样，但实现产、学、研合作教育管理的业务流程重组却是不可或缺的。

所谓的业务流程重组，即 BPR（Business Process Reengineering），是 20 世纪 90 年代建立并得到迅速发展和广泛实施的一种新的管理思想，最初于 1990 年由美国的詹姆斯·钱皮和麦克·哈默提出，在 20 世纪 90 年代中期引入我国学术界，而后随着我国 BPR 应用热潮的兴起而逐渐被国内企业所熟悉。根据麦克·哈默和詹姆斯·钱皮的定义，“BPR 就是对企业的业务流程进行根本性（Fundamental）的再思考和彻底性的再设计，从而获得在成本、质量、服务和速度等方面业绩的戏剧性的改善”。显然，BPR 强调以业务流程为改造对象和中心、以关心客户的需求和满意度为目标，对现有的业务流程进行根本的再思考和彻底的再设计，利用先进的制造技术、信息技术以及现代化的管理手段最大限度地实现技术上的功能集成和管理上的职能集成，以打破传统的职能型组织结构，建立全新的过程型组织结构，从而实现企业经营在成本、质量、服务和速度等方面的巨大改善。把这个概念引用到高职院校教育教学管理的业务流程的改造中来其重组模式应该是：以产、学、研合作教育管理作业流程为中心，打破金字塔状的组织结构，使合作教学的管理业务能适应信息社会的高效率和快节奏，满足学校内部和外部对相关教育教学管理信息的需求。将学校的各部门、各环节通过重建组成一个有机的整体，使之成为一个具有共同目标的系统，实现资源共享以及各部门之间的高度协调，提高工作效率和服务质量，满足广大学生的需要，最终提高社会、学生和学生家长的满意度，提升学校的核心竞争力。

高职院校产、学、研合作教学管理的业务流程重组首先要从全局着眼，调整战略，制订计划，确认重组的形式、内容、目的等，然后落实措施，逐项完成。这里把重组的范围简要概括如下：

项目——产、学、研合作教育管理模式。

形式——合作。指生产企业、高职院校与科研单位的合作。实施过程中还强调三者与学生的合作。与学生的合作体现在为学生服务上。

内容——包括在工厂企业或基地对学生的实践训练、工厂企业等生产单位与学生建立的订单教育关系、高职院校的总体管理协调、科研单位的研发指导。

产品——教育教学管理服务。

对象——学生。

目的——服务。通过管理服务，满足学生要求，实现对学生的优质服务。

目标——学生、家长和社会对服务的满意，这不仅是指对合作教学管理模式的满意，也是指对学校的满意。

在所有产、学、研合作教育的基本模式中，都必须基于服务目的进行新的整合，使形式简洁，任务明确，便于操作，易于达到目标。在这个基本框架里，工厂企业、高职院、校科研单位组合成有机整体，通过生产实训、订单管理、管理协调和研发指导，以合作教育管理的形式酿造出优质的服务产品，提供给服务对象，其目的是提供给学生以优质的服务；学生完成学业后，再通过市场选择和选择市场，获得就业，实现创业。最终目标是学生、家长和社会的满意。这种具有教育管理的业务流程重组模式改革，促成了产、学、研合作教育管理模式的优化和品质提升，对提高服务质量，提升高职院校的核心竞争力，具有极为重要的意义。特别是把高职教学管理的目标定位在学生、家长和社会的满意度上，突破了传统的目标定位和价值观，实现了高职教育管理的理念更新。创新实践的结果，一定会促成产、学、研合作教育的质的飞跃。

四、模式运作的基本要求

共同利益是维系各主体长期合作的纽带，有效的运行机制是促使产、学、研合作教育进入良性循环的保证。那么，如何使产、学、研合作教育长期、有效、良性互动呢?

首先，产、学、研与学生四方合作。产、学、研合作的教育模式，不但强调生产企业、学校和科研三者结合，共同管理，同时要把服务对象——学生包括在内。如果只强调学校与用人单位、科研单位的合作，只注意调动这三者的积极性，而忽视了学生的积极性，这是一个严重的误解。离开了学生，教学就失去了意义。因此，他们的需求是合作教育正常运行的基本动力。产、学、研合作教学模式必须强调“四方合作”，注重学校的主导作用，学生的主体作用，明确学生积极性的特殊意义。

其次，引入市场竞争机制。市场经济以价值规律为指导，它的主要特征是选择性，市场的运行规律要求供需双方通过各种方式进行选择。因此，高职院校必须在产、学、研合作教育管理中，实现教学、实践训练、工作就业的供求调节机制的转换，即遵循市场经济的运行规律，让学校的供给与用人单位的需求由市场去调节，学校成为中介和协调部门，从而变学校一方的积极性为学校、科研机构、用人单位和学生四方的积极性，符合市场经济的内在运作机理。

再次，加强合作教学基地建设。在合作教育工作学期中，学生安置工作的市场化运作丝毫不会削弱合作教育基地建设的重要意义。相反，为了更好地加强对工作学期的管理，为了安置好一些在市场运作中无法找到企业单位的学生，为了今后合作教育内涵的深化和外延的拓展，学校很有必要建立一批合作教育基地。实践教学基地建设是校企双方合作的重要内容。校内实践教学基地的建设要根据专业设置、人才培养目标而定。校外实践教学基地主要是企业的生产车间。在教学基地建设中，一是要处理好基地的岗位无针对性和教学广泛性的问题，确保学生的全面发展；二是注重开放性创新实验室建设，加强学生创新能力的培养。

最后，还要实现管理方式的变革。为了使产、学、研合作教育的运作规范、有序、高效，学校必须建立健全完备的合作教育管理体系。实现管理方式的变革，要求做到：

（1）形成合作教育管理整体机制。产、学、研合作教育管理机制，包括硬件和软件两个方面。基本设施、必要的投入、合作教育的计划、规章、管理机构、研究机构、后勤服务机构等，都必须建立和完善。

（2）成立管理协调机构。从全局来看，产、学、研合作教育模式的运作管理，除了加强学校本身的教学管理之外，还要求学校、企业和科研单位三方建立“三级双轨”式的管理机构，负责协调处理合作教育中的有关问题。

（3）成立专门领导小组。在管理协调机构建立的同时，学校应该建立专门的合作教育领导机构，全面领导学校产、学、研合作教育工作，形成一个完整、高效能的领导管理体制。在组织上加以整合，在运作上加以联合，在机制上加以化合，形成崭新的合作教育管理模式，开辟产、学、研合作教育的新天地。

（4）抓好教学质量监控与评价。教育教学质量是产、学、研合作教学的出发点和落脚点。高职院校必须建立一个科学、规范、可操作的行之有效的、有自身特色的并且是以职业能力为本位的产、学、研合作教育质量监控与评价机制。组成校企科研三方教学督导机构，加大教学质量监控、考核和督察力度，严格“教风、学风、考风”。特别是学生在企业内学习期间，必须由学校派驻专任教师，按照企业教学各环节基本要求和学生管理办法，扎实开展教案、教学进度、作业批改检查、学生评教、学生成绩考核以及学生日常行为规范管理，同时加强对企业教师管理，加大师德标兵选拔力度，强化激励机制，坚持教学质量评估和考核，对教师教学活动的各环节进行督察和评价，根据综合评价结果由校企双方给予相应奖励或处罚，等等。所有这些，形成一个完整的质量监控和评估体系，就可以保证高职院校产、学、研合作教育管理目标的实现。

第七章　创新视角下的高职院校体制管理

管理体制是一个拥有比较广泛内涵的概念，主要包含以下要素：机构设置、权限划分、运行机制等。因此本章将管理体制定义为：为实现一定的管理目标而制定的体系化的管理制度，包括组织目标、机构的设置、管理权限的划分以及运行机制等。

第一节　高职院校管理体制的基础知识

一、高职院校管理体制的含义

要研究高等职业院校管理体制的含义，我们首先必须弄清楚高等职业教育的含义，必须弄清它与高等教育的关系。20 世纪 90 年代以来，我国高等职业教育进入了一个新的发展时期，但人们对什么是高等职业教育并未取得一致的认识。各类报刊关于高等职业教育的文章大都将其描述为“服务地方”“能力本位”“应知应会”“按照职业岗位群设置专业”“以市场导向选择课程内容”或者“不以学科为导向”等等。并且在有的人的观念中，成人教育就是高等职业教育。这对高等职业教育的认识是不全面的，甚至是错误的。高等职业教育与我们平常所说的高等教育只有类型之别，而无层次之分，是高等教育体系中互为补充的两类教育。我们可将高等职业技术教育界定为：由高等学校和高等教育机构实施的旨在培养高级技术人才的高等教育。

界定了高等职业教育以后，我们对高等职业院校管理体制的含义的把握就有了一定的方向，可以根据高等教育管理体制的定义来定义高等职业院校管理体制：

为实现高等职业院校的办学目标而设置的高等职业院校的组织结构、权限划分及其相互关系和运作方式。它是高等职业技术教育的微观层面，我们可以理解为高等职业院校的内部管理。而宏观层面的高等职业教育管理体制指的是中央、政府、地方和高职院校的关系。

在理解高职院校管理体制的含义时，我们首先必须十分明确高职院校的办学目标，就是必须基于社会经济发展的实际需要，明确其人才培养与普通高等教育及中等职业教育的区别。培养适应时代需要的应用型技术人才，是社会经济发展赋予高职教育的根本任务，也是高职教育的基本办学目标。另外，高职教育的生命力在于突出地方特色和职业特色。地方经济发展需要什么人才就培养什么人才，使学校成为当地社会经济发展所需实用型人才的培养基地，为当地提供全方位服务。在立足当地的同时，积极参与国内和国际教育市场竞争，在竞争中逐步发展壮大自己，这样才能更好地为地方经济服务。高等职业教育的职业性就是按照社会职业岗位需要培养学生的职业能力，使学生不需过渡就可以上岗。

二、高职教育管理的基本特点

高职教育管理指为了实现职业教育的目的，在一定原则下科学地组织协调、使用各种资源，使职业教育工作持续、稳定、优质高效地运行的过程。其宗旨是要在职业教育系统内，运用组织机构、政策法规、人事、信息等手段和措施，科学地、民主地组织和使用系统内的人、财、物以及时间与信息等，优质高效地完成各级各类职业技术人才培养的任务。基于为经济建设第一线提供所必需的应用型技术人员、管理人员、服务人员、技术工人和城乡劳动者的培养目标，高职教育管理具有区别于其他教育类型管理的特点。

（一）社会性

社会性是职业教育的本质特征，职业教育的学校布局、专业设置、人才规格、教学内容等的确定都必须适应社会经济发展的客观需求，职业教育系统的整体运行，也必须在职业教育主管部门和其他业务部门，企业和社会的共同协作与配合下才能实现，职业教育的这一特征决定了其管理也必须具有社会性。一方面要求将办职业教育的责任与义务推广、扩散和辐射到社会的各行业、各部门，形成关心、支持、参与职业教育的社会风尚和办学格局，实现职业教育办学的多元化；另一方面也要引入各方力量参加职业教育管理，形成有多部门、多方面参加的实体型的行政管理机构，使职业教育的管理社会化。

目前，除了由行业、企业自己举办的职业学校之外，行业、企业以及社会有关方面对于职业教育管理事务的参与很不充分，各级职业教育主管部门和大多数职业学校管理机构的组成均是政府与学校方面的人，指挥决策基本是一家之言。

（二）整体性

我国已初步建立了具有中国特色的比较完整的职业教育体系。从层次看，既有初级、中级，也有高级；从类别看，有高职、高技、中专、中技、职业中学以及成人中专等职业院校，还有劳动就业训练中心和社会力量举办的各种职业培训机构；从年龄结构看，既有职前劳动后备力量的培养，又有职后成人提高专业教育和继续教育。其中任何一种形式、一种类型、一种层次的教育与培养，都是职业教育不可缺少的组成部分，都有自己的社会责任和历史作用。因此，在对其进行管理时，要运用整体的观点，统筹规划，统一管理。这种整体性还表现在它不单独考虑职业教育活动的管理，还要与各行业的技术以及劳动、人事制度的改革与完善相结合，与就业需求以及职业的变换等相结合。

目前我国在职业教育管理体制上，存在同一层次、同一类型的职业教育由不同主管部门主管的现象，这种状况不利于实施对职业教育的统一管理。

（三）地方性

高职教育的存在价值首先是为地方经济建设服务，也正因为如此，国家才提出兴办职业教育以地方为主的方针，由地方统筹，地方管理。我国城乡之间，东西部之间，沿海与内地之间，经济发展的水平差别很大，职业教育管理的地方性要求地方职教主管部门负责本地区职业教育发展的规模、速度、政策和具体管理工作等，要求地方职业教育管理工作从本地实际情况出发，因地制宜，因时制宜，在加强宏观指导和管理的同时，给职业学校以充分的办学自主权。目前各地政府在中央有关文件精神的引领下，正在加强对地区职业教育管理模式的改革探索，并在少数地区取得较大进展。但是对于职业学校来说，仍然缺乏充分的办学自主权，各种有形或无形的限制，仍然在制约着学校的运作。

（四）技术技能性

社会对人才需求的多样性决定了人才培养的多样性，高等职业教育主要是培养从事技术应用与运作的技能型人才，他们主要是将设计、规划、决策转化为产品，能否确立高等职业教育的这一培养目标，把握这一定位是高等职业教育存在的基础和能否稳定发展的关键。

（五）实践性与开放性

高等职业教学要求具有较高标准的实践性，实践教学在整个教学中所占比重大，要有良好的实习、实训基地；开放性是指办学形式灵活多样，能方便各种类型、层次的人们就学，满足社会多方位的需求。

（六）市场主导性

劳动市场人才需求的数量、类别、层次、岗位技能决定了高等职业教育的办学规模、发展速度、专业设置、发展层次以及教学内容。所以职业教育要面向社会的需要，把能适应当前和今后一个时期经济、社会发展和广大人民群众的实际需要作为高等职业教育发展的方向和评价标准，要随劳动力市场的变化而变化。

三、高职院校内部管理体制创新的基本理论

管理体制是指组织管理人类活动的模式，对人类活动实行不同的管理体制会产生不同的效果。高职院校管理体制是指管理高职院校的一种组织模式，实质上是解决高职院校如何有效运转的问题。我们可以把高职院校的管理体制从理论上概括为四个方面的内容：一是管理体制，它是推动高职院校各个管理层次、各个环节协调有效运转，以达到预期目标的客观推动力和约束力；二是管理机构，它是指对高职院校各项活动进行组织管理的具体单位及其人员配备，是各项管理职能的具体承担者；三是管理制度，它是指管理方式的具体化；四是管理方法，它是指具体的管理手段和措施。

高职院校内部管理体制创新是相对于国家宏观教育管理体制改革而言的，是高职院校改革创新的一部分，它自身也是一个系统工程问题，涉及包括管理机制、管理机构、管理制度和管理方法四个方面的系统配套改革，是对现行管理体制中不适合高职院校发展部分的改进、完善和创新。

（一）管理机制的创新

《中国教育改革与发展纲要》中指出，我国 20 世纪 90 年代教育改革的目标和任务是：改革原先那种与计划经济体制相适应的教育体制，建立与社会主义市场经济体制、政治体制和科技体制相适应的新教育体制。我们认为，与国家宏观教育体制改革相适应，高校内部管理体制改革在管理机制转换上，要引入市场机制、激

励机制、竞争机制，充分激发和调动广大教职工特别是教师的积极性，增强学校的活力和凝聚力，深入挖掘学校内部潜力，进一步发挥学校的综合优势，主动适应社会主义市场经济发展的要求。要充分发挥物质利益机制的作用，建立起诚信激励机制，贯彻物质激励与精神激励相结合的原则。教职工的行为与其他群体一样，其动力主要来自三个方面：一是行政指挥的压力，二是对物质利益追求产生的引力，三是对荣誉地位等的需求产生的推动力。单纯地依靠行政手段对教职工而言往往是被动的驱使，不利于发挥其积极性、主动性和创造性，而对物质利益和荣誉地位的追求往往发自内心，是一种内在动力，比较之下更易于调动积极性，发挥人的潜能。因此，深化高职院校内部管理体制改革，要彻底改变过去那种主要靠行政手段管理高职院校的做法，在机制转换化方面要注重充分发挥物质利益机制的作用，通过提高教师的社会地位，设立荣誉称号、各种奖励，营造激励教职工的舆论环境等建立起激励信仰机制，以利于调动积极性，发挥广大教职工的内在潜能。

（二）决策机制的创新

科学的决策是保证高职院校改革成功和取得良好效益的关键，发挥市场机制和竞争机制作用的目的是增强高职院校内部活力、调动和发挥教职工内在潜力。高职院校要建立起科学的决策机制，一要实施战略管理，一切决策要着眼于全局和长远；二要切实落实目标责任制和岗位责任制，高层、中层、基层奖惩职责分明，正确处理民主与集中的关系；三要采取科学的决策程序和方法，避免领导意志和主观臆断。引进市场机制和竞争机制：一是要建立起高职院校与社会、市场的广泛联系，实行开放式管理，以主动适应经济和社会发展的需要；二是高职院校要努力提高自身的实力和应变能力，充分发挥自身优势，保证在竞争中求得生存和发展；三是在高职院校内部建立起公平竞争、优胜劣汰、奖勤罚懒的有效的运行机制和手段。总之，高职院校既要遵守社会发展的客观规律，又要遵守自身发展的规律。

（三）管理机构的重组

管理机构是管理职能的具体承担者，其设置及其管理，人员配备科学、合理与否，直接关系到高职院校是否真正能实现通过转换机制提高效率、增强活力的目的。随着高职院校法人地位的确立，政府对高职院校的管理职能逐步转变，由直接行政管理向运用立法、拨款、规划、信息服务、政策指导和必要的行政手段进行宏观管理转变。我们认为，在深化高职院校内部管理体制改革的机构调整上，要着重做好以下工作。

（1）调整校、系（院、所）结构，建立起以系（院、所）为办学主体的校、系（院、所）、室三级管理体制。根据当前科技发展、高等教育发展规律及深化高等教育体制改革的需要，高职院校应进一步明确和建立起以系（院、所）为办学主体的管理体制，这样既有利于实现学校对学科建设、教学、科研等工作的宏观调控，又有利于各系（院、所）以学科建设为中心，统筹规划、全面安排，形成上下统一的协调整体，适应当今时代高等教育事业发展的需要。

（2）根据政事分开、政企分开、管理与办学分开的原则，进一步明确和划分教学科研、校办产业、后勤服务、党政管理等不同系列的积能和运行机制，分别建立起不同的管理模式。适应不同单位发展的特点和需要，分别采取不同的管理方式、方法和措施，彻底改变过去计划经济体制下形成的单一行政管理模式。

（3）精简机构，压缩管理人员，提高管理干部素质和工作效率。根据科学精简、高效、合理的原则，以提高工作效率和办学效益为根本宗旨，改变过去那种按党、政、群团分列设置管理机构的办法，转为按管理职能设置管理机构的办法，即按教学、科技、学生、后勤服务、人事组织等系统设置相应的管理机构。对职能相近、业务交叉的管理机构进行合理的撤销、合并和调整，尽量减少管理层次，同时压缩管理干部队伍，在管理干部的调整和配备上要考虑整体优化、综合素质的全面提高，使优秀教师、科研骨干向教学一线倾斜，以保证管理水平、工作效率和办学效益的不断提高。

（四）管理制度的创新

建立、完善和创新各项管理制度是深化高职院校内部管理体制改革顺利进行和取得预期效果的根本保证。这里的管理制度大的方面包括人事、分配、住房、退离休保险基金、医疗制度等内容，其中每一项中又包括若干具体的内容，创新管理制度从总体上要建立和完善上述各项制度，还要进一步做好下述工作。

（1）进一步加强和做好管理的基础工作。管理基础工作包括定编、定岗、考核、统计、信息等工作，它既是深化改革的内容，又是实行科学化、规范化管理，提高工作效率必不可少的工作，必须进一步加强和做好这些工作。

（2）建立健全与改革相配套的各项规章制度。根据改革和发展的要求，适应经济科技社会形势发展的需要，要对过去执行的规章制度进行清理，废除与目前形势和学校发展不相适应的规章制度，各项制度要相互配套，互相促进，这是深化改革的基础。

（五）管理方法的创新

深化高职院校内部管理体制改革，在管理方法改进上要着重做好以下工作。

（1）由行政手段管理模式转向实行目标管理。深化高职院校内部管理体制改革，在管理方法改进上，要改变过去那种在计划经济体制下形成的层层控制，只注重过程的完成，不注重效果的行政管理模式，转为实行目标管理，通过实行领导干部任期目标责任制和工作人员岗位责任制，克服层层干预工作过程过多，束缚基层手脚和活力的局面，通过层层分解和落实目标，并实行严格考核，既增强活力，调动各级各类单位和人员的积极性，又保证总体目标的实现。

（2）对不同类型单位实行分类管理。根据教学科研、学生管理、后勤服务、党政管理等不同单位和特点采取不同的管理方法，如对学校基地、工厂、后勤社会化服务单位采取以经济方法为主的管理，对党政管理部门采取经济和行政相结合的管理方法，辅之以思想政治工作方法等，改变单一的事业行政管理方法，提高管理的针对性和管理效率。

（3）综合运用各种管理方法。高职院校及其内部管理采取的方法包括行政方法、激励方法、思想教育方法和法律方法等，它们各有自己的适用对象、特点和场合，通过深化改革，在管理工作中要针对不同的对象和场合采用不同的管理方法，只有灵活运用各种管理方法，各取所长，才能保证预期效果的实现。

第二节　国外高职教育管理体制的启示

一、国外高等职业技术教育的发展历程

随着经济的发展，职业教育不仅数量在不断增加，而且教育层次也在不断提高。18 世纪欧洲出现职业教育。19 世纪中叶后，随着资本主义的发展，各国先后设立了不少中等教育阶段的职业学校和职业补习学校。第二次世界大战后，特别是 20 世纪 70 年代以来，职业教育有了更大发展，中等层次的学校迅速增加，同时也出现了越来越多的高等层次的学院。以英国为例，英国职业技术教育在战后 50 年中跨了三大步：① 20 世纪 60 年代初，英国将一部分条件好的技术学院改为高级技

术学院并划归中央。②《1956年白皮书》调整了技术教育的结构，把工艺技术一直到技术学位划分等级，规定了11所高级技术学院为技术教育的最高层次，其中10所高级技术学院根据《罗宾斯报告》的建议，于10年后升格为大学。这就使学员在技术教育范畴内也能拿到大学学士学位证书，并由此形成了高等教育体制的双轨制。③20世纪80年代末双轨制结束，40多所以应用技术为重点的多科技术学院正式升格为大学，与牛津、剑桥等平起平坐，这样就使技术教育与传统大学教育一样拥有颁发各级学位证书的资格，成为英国高等教育史上重要的里程碑。应该看到，随着社会生产进一步发展和文明程度进一步提高，职业教育也必将进一步发展，发展职业教育已经成为经济进一步发展的前提条件。

因此，20世纪60年代以来，世界各国和地区涌现出多种多样的高等职业技术院校，如美国、加拿大的社区学院，德国的高等专科学校和双元制的职业学院，英国的多科性技术学院、继续教育学院，澳大利亚的综合技术学院，法国的短期技术学院，韩国的初级职业大学，印度、阿富汗的综合技术学院，马来西亚的工艺学院和综合技术学院等。这些院校以培养高级技术型人才为其主要特征，学制大都为2～3年。这种世界性高等职业技术教育的发展趋势在1976年联合国教科文组织教育统计局所编的《国际教育标准分类》（1997年修订）（International Standard Classification of Education，简写ISCED）中得到了反映。从人才特征和教学内涵看，《国际教育标准分类》中的第五层次教育，即5B就是高等职业技术教育，这样，高等职业技术教育得到了权威性的归结。

二、美德英日澳五国职业教育发展的历史比较

为了更深入地探究我国职业技术教育的发展，构建符合中国国情的高职教育体系，我们需要学习借鉴发达国家的经验，这里以美国、德国、英国、日本、澳大利亚为例，对高职教育发展做简要的比较研究。

（一）美国

中等和中等以上的职业教育是战后美国学校系统发展最快的一个部门。美国职业教育的发展大致分为两个阶段。第一阶段是从1941年至1958年，促进这个阶段发展的原因是随着第二次世界大战的爆发，美国需要大量的技术人员。第二阶段是1959年至今，这个阶段迅速发展的原因是出现了新的技术革命，与此同时，联邦政府的拨款对职业教育的发展也起到了极大的推动作用。1946年联邦政府制定

了职业教育法案。据统计，职业教育发展速度快，1956 年职业教育的注册学生为 341.3 万人，1978 年为 2000 万人，平均每 10 年翻一番。

美国的社区学院是大专阶段的职业教育。据统计，1960 年美国有初级学院 509 所，学生 40 万人，1970 年已经增加到 1000 所，学生 200 万人。初级学院发展如此迅速，一方面是由于政府的鼓励和提倡，另一方面是因为它学制短，设科的针对性强，能满足社会劳动市场的需要。

（二）英国

英国的职业技术教育历史悠久，产生于 17 世纪下半叶。尤其是战后的迅速发展和积极变革，更与英国发展科技、振兴经济、改善和加强英国在世界政治、经济中的地位密切相连，从而走出了一条独特的职业教育发展道路。

为了培养适用于企业的工程技术人才，英国许多学校实行了“工读交替制”合作教育。就是人们常说的“三明治”（或“夹心饼干”）式教学计划。这种人才培养方法分为三个阶段：学生中学毕业后，先在企业工作实践一年，接着在学校里学习完两年或三年的课程，然后再到企业工作实践一年，即所谓的“1+2+1”和“1+3+1”教育计划。此外，英国还实行第一、二、四学年在学校学习三年理论，第三学年到企业进行为期一年的实践的培养方式。

英国多科技术学院的办学形式十分灵活，在招生对象上，既招收中学毕业生，又招收在职人员；在任务与学习内容上，既担负职前教育，又承担职后进修培训的继续教育；在学制上，既有全日制、半日制，也有夜间制、函授制。尤为突出的是，它们提供多级水平的课程，毕业生能获得不同的学历资格。多科技术学院的课程分为学位课程与文凭课程两种，学位课程提供学士学位，学生录取的标准和大学的录取标准相仿；文凭课程则相当于其他国家短期大学所设的课程，职业性强，培养一般的专业人员和技术人员，学制也比学位课程短，攻读文凭课程的毕业生不能取得学位，只能取得文凭。

“二战”后英国就高等职业教育的改革发布了一系列的政策。技术大学和学院是英国战后积极发展的一种高等教育机构。

1956 年公布的《关于发展多种技术学院的决定》，1963 年罗宾斯调查委员会的调查报告建议高级技术大学升级为大学和 1972 年发表的教育白皮书都对英国的职业教育事业发展起到了积极的推动作用。使个人职业、专业、技术的发展需求与本地区产业和经济的发展较为和谐地结合，从而推动了整个英国产业和经济的发展。

（三）德国

职业教育是德国教育中的重要组成部分。德国职业教育最早可追溯到中世纪早期的行会制度。随着18世纪的工业化进程的加速，到19世纪，德国大工业已经迅速发展起来，为了满足不断加速发展的工业化进程的要求，培养大批具有不同文化水平和劳动技能的劳动者，各种不同层次水平的职业学校便建立了起来。职业教育体系日趋完善，并在其不断发展过程中诞生了目前在德国占核心地位的备受世人瞩目的“双元制”培训体系。

德国的洪堡在19世纪初的教育改革中，将进行职业技术训练的国民学校从三级教育中分离出来，形成了双轨制教育。一是由初等学校、学术学校（文科中学）和大学三级组成的相互衔接的学术教育系统，主要教授具有完整学科体系的人文科学和自然科学。这就是人们后来所称的“正规教育”“普通教育”。二是由国民学校与职业教育机构组成的、旨在提高一般国民劳动素质、劳动技能的职业教育系统。当时被视为非正规教育。

“双轨制”是德国典型的职业教育形式。受过9 ~ 10年普通中学教育的青年，有的还必须接受“双轨制”职业教育。“双轨制”职业教育的形式是：学生以在企业当徒工为主，以接受学校教育为辅。一般每周4天在企业当徒工，在工作岗位、培训车间或跨行业的培训机构进行实际操作培养。

另外用1~1.5天或集中一段时间在职业技术学校学习普通文化课和专业理论课（包括技术数学、技术理论、制图、德语、社会学等）。学徒期普遍为三年，期间发部分工资报酬，一般每月300~700马克之间。学徒结束时，接受行业组织的考试，合格者领取各州均予承认的毕业证书。目前联邦德国有432种国家承认的“双轨制”职业培训。

德国“双元制”是目前世界上较为成功的职教办学模式之一，被誉为德国经济腾飞的“秘密武器”。所谓“双元制”，是学校和企业分工协作，共同完成培养人才全过程的一种模式。依靠企业办职教，一可以使职业培训更好地体现企业需求；二可以确保学生的高水平技能的形成，毕业后，可以迅速适应工作岗位的需要；三可以减轻政府的负担。“双元制”的特点主要体现在三个方面。

（1）适应企业需要，以职业能力为本位，确定培训目标。目前德国有370种国家承认的培训职业。每种职业都有具体的社会职业能力标准，该标准以企业实际需求为基础，并能不断完善。德国这种始终围绕企业需求调整培训目标的做法是值得我们借鉴的。

（2）以培训目标为依据，以形成职业能力为核心的课程结构。首先，课程门类少，突出职业技能。“双元制”培训设置三类课程，即文化课、专业课及实训课。以机械类为例，只开设德语、宗教、体育3门文化课，专业理论、专业计算、专业制图3门专业课及实训课，共7门课程。其次，打破学科体系，综合设课。

“双元制”课程不强调学科自身的系统性、完整性，而注重知识的实用性以及各种知识之间的联系，很好地解决了文化课为专业课服务的问题。3门专业课不仅包括专业知识，而且包括与专业紧密相连的数学、化学、物理等方面的科学文化知识。此外，实训在“双元制”培训中占主要地位。理论与实训之比为1 ∶ 2。实训有自己一套完整的培训体系。

（3）以职业岗位需求为标准，以形成职业能力为目标的教学内容。教学内容宽泛而适度。所谓宽泛，是指专业口径宽，知识面和技能覆盖面宽。所谓适度，是指教学内容的深浅以够用为度，注重新知识、新技术的传授。数控、程控、计算机辅助设计等新知识、新技术在培训中居重要的地位。

（四）日本

作为一个国土狭小、人口众多、矿产资源贫乏的岛国，日本是一个重视职业教育的国家，而且可以认为是“教育立国”的典范。包括职业教育在内的教育改革、振兴和发展，是“二战”之后日本迅速崛起的主要原因之一。属于“高等”层次的职业教育分三种情况：第一，高等专修学校培养目标为“深入教授专门的学艺；培养职业所必需的能力，毕业后一般能获得主任技术员的证书”。第二，短期大学，主要“在高中教育的基础上，对学生进行高深的专门知识教育，以培养职业上或实际生活中所必需的能力”。学制2 ~ 3年，专业设置主要在文科、教育、家政等方面，如食品营养、工艺美术、服装、幼儿教育、英语、文学、体育等。第三，技术科学大学，招收高等专修学校毕业生，实行本科与研究生的连续性课程教学，是高等专修学制基础上的进一步提高，也是技术教育的进一步发展，毕业生的职业能力即“劳技”水平，与学术性高等院校本科生甚至研究生的水平相当，这是一种新的职业教育层次。日本在战后的经济迅速发展起来，这很大程度上依赖于教育，尤其是职业教育。在日本，担负高职教育机构的主要是短期大学、高等专科学校和专修学校。到20世纪90年代初，日本短期大学多达近600所，高等专科学校62所，专修学校达2731所。为促进职业技术教育的发展，战后的日本政府推行“技术立国”

的国策，颁布了一系列有关发展职业教育的法规，从而使日本拥有发达的职业技术教育，一跃成为世界上科技、工业最发达的国家之一。

（五）澳大利亚

澳大利亚的职业教育主要由劳动部门负责，劳动部门的作用逐渐加大，且占主导作用。直接承担职业教育的主要实体是 TAFE（澳洲职业教育培训的代名词）。TAFE 虽然是学院，但实际上学员 80% 的时间是在工作现场进行的工作本位学习，只有 20% 的时间是在 TAFE 进行的学校本位学习，它实际上也是一种新型的现代学徒制度。澳大利亚的职业资格证书很发达，采用职业资格框架将职业教育与高等教育衔接起来。澳大利亚提供职业教育和培训的途径有三类：一是公有类，即国家或州举办。二是社团类。三是私立学校教育和企业内在职培训。澳大利亚职业教育培训 TAFE 模式是：对教师有严格要求，专职教师每周安排一天，每月安排几天，每年安排一段时间离开学校到行业或企业专业岗位实践；保持与产业界的紧密联系。课程内容涉及广泛，具有较强的针对性、实用性。凡在全国开发的课程每 5 年全部修改一次，平时还有常规、短期和临时的修改，以便跟上技术发展的步伐。课堂教学和实习是职业教育培训必不可少的两个环节。澳大利亚联邦政府及各州政府十分重视 TAFE 学院学习条件的改善与优化，投巨资建设实验室、实习工场，配备先进的仪器设备，并不断淘汰更新，以满足教学的需要。

三、国外高等职业技术教育发展的启示

高等职业教育对各国社会经济的促进与发展，已为各国政府所重视，研究和探讨发达地区高等职业技术教育专业设置的情况，总结其成功的特色，无疑将对正处于起步与发展中的我国的高等职业技术教育带来有益的启示。

在中国，经过 100 多年的实践与积淀，学科型、研究型的普通高等教育的管理、运行和人才培养模式已经非常成熟；然而，全国范围内高等职业技术教育的正式启动和运作只有近 10 年的历史。相对于中国改革开放、经济建设的速度而言，特别是相对其他各类教育，应用型高等技术人才培养模式的探索和创新比较缓慢。中国第三次全国教育工作会议和 2002 年全国职业教育工作会议以后，高等职业技术教育作为一种国际公认的高层次人才培养类型逐渐得到全社会的认可。基于中国人才市场需求和大学扩招的背景，近几年来，国内高等职业学校的硬件建设得以超常规发展。但是软件建设相对滞后。因此职业院校如何借鉴和引进国外先进的高职教育

的管理和运行模式，对于年轻的中国高等职业教育来说，显得非常重要。

（一）中国高职教育的创新需要管理体制的创新

澳大利亚的职业教育的政策制定与宏观管理由联邦教育、科技和培训部负责，具体协助实施和管理国家职业教育和培训专项基金的机构是 ANTA。企业的参与则是通过行业协会介入职业教育的。各州（领地）设立了相应的树状管理和实施机构。

目前，中国职业教育中的职前学历教育由教育部负责，而职业技能等级证书的颁发和职后教育由劳动社会保障部负责。其他各部委办亦从各条块实施了专门化培训，并发放了各自行业的岗位培训证书。如此“证出多门”，导致了现有的各类职业培训证书缺乏权威性。因此与就业挂钩的各类证书资格需要人事部门再次确认。

中国要建设一流的完善的职业技术教育体系，必须创新国家职业技术教育管理体制，营造培养中高端技术人才的完善机制。需要国家有类似科技领导小组的协调机构——国家职业技术教育与培训领导小组，其下设类似国务院国有资产监督管理委员会的机构来统筹全国的职前、职后的各级各类职业教育和培训工作，统一监督和管理职业教育和培训专项经费的使用。同时还要转变教育观念，重新确定培养目标。长期以来，我国在发展职业教育的问题上，于思想观念方面始终存在着误区，认为职校生低人一等，只能做些简单的、重复性的工作，或者认为应让高考落榜生接受高职教育等，这都是对职业教育的错误认识。职业教育与普通教育的主要区别在于：各自的培养目标不同，侧重点不同。职业教育是以能力为本位的教育，以培养实用型、技能型人才为目的，培养面向生产第一线所急需的技术、管理、服务人才。

建立统一、高效、协调的职业教育管理体制，加强对职业教育的领导。我们必须清醒地看到我国职业教育管理体制多头化，各类职业技术学校培训中心归口不同，加上立法相对滞后，势必会制约职业教育的发展。为此，尽快打破部门界限，简化理顺关系，努力实行职业教育的统一领导，成立一个有权威、有实力、有统筹协调能力的技术管理机构，在该机构的统一领导下，认真地研究我国现行的考试标准、专业技术资格标准，发动全社会和各行各业制定高中后教育的几种不同类型，又可相互打通的专业技术资格标准，有效地实行“无训不上岗，无证不就业”的就业制度，可有效推动职业技术教育协调发展。各级各类职业教育机构要依据社会需要办学，专业设置和课程内容要密切结合企业的实际，加强与企业的联系，加强调查研究，做好专业发展规划和人才预测。

（二）以就业为导向，积极探索产、学合作的办学路子是我国高等职业教育发展的必然选择

社会需要是高等职业教育发展的力量源泉，高等职业教育发展20年来涌现出的一批优秀院校也表明，瞄准市场对人才的需求，制定适合本地区和相关行业发展的培养方案，毕业生就受欢迎，学校发展就快。实践证明，适合经济发展、就业率高的高等职业教育有着广阔的用武之地。

一是以就业为导向是高职院校发展的方向，科学定位是高等职业院校健康发展的决定性因素。确定以就业为导向的改革与发展思路可以使高职院校的成长周期在一定程度上缩短，尽快走出一条颇具地方特色的希望之路。坚持走产、学、研结合的发展道路，改革人才培养模式，加强教学基本建设，可使高职高专教育对经济建设和社会发展的贡献能力明显增强。

二是以就业为导向是人民群众的强烈愿望。高等教育大众化要求高等职业教育突出其技术特色，大众化时代的人才标准是多元的，只要培养的人才适应国家经济发展需要，同时能满足个人发展需要，就是成功的高等职业教育。过硬的专业知识与操作技能加上爱岗敬业的精神将使越来越多的高等职业教育毕业生得到社会的认可。产、学合作、社会参与是职业教育的基本特征，也是充分利用社会资源的基本渠道。产、学双方要努力加强对话，学校应主动采取行动，积极满足产业界的需要；企业应当完善与产、学合作有关的各项制度，建立完备的交流基础。只有引进产、学结合的办学机制，充分发挥学校和企业的各自优势，才能真正做到成果共享，尽快地增加教学投入，改善教学条件，提高教学质量。

（三）高职教育专业设置要充分体现职业性、地方性、开放性和多样性、灵活性

高职教育专业设置是培养建立在高中文化基础上的从事生产、建设、管理服务第一线的和农村急需的人才。高职教育是在高等学校和被国家承认的高等教育机构中实施的教育，是高等教育的重要组成部分。高职教育的“高”，一是指学生的文化基础高，是在高中文化基础上，除了职业技术培训外，还要接受一部分文化基础教育；二是学习的新技术含量高；三是毕业生的综合素质高，培养的毕业生比中职生具有更强的综合应用能力。职业性要求高职教育的专业设置必须从职业或技术领域的需要出发，职业定向性是它的本质特性。职业性不仅表现在专业设置上，而

且也表现在培养目标上及人才规格、教学内容、教学方法、师资队伍诸方面。专业设立必须针对社会职业岗位或相应技术领域需要。专业设置必须充分考虑到其技术性，从社会人才结构看，可以划分为学术型、工程型、技术型、技能型四大类。通常国际上把培养技术型人才的教育称为职业技术教育。我国的高职教育主要培养技术型人才，属于专业技术教育。高职教育的专业设立必须体现时代特征，与时俱进，依据地方的支柱产业，立足于地方，服务于地方，紧贴地方经济，最大限度地满足地方经济的需要，如此才能健康地发展，办出专业特色。高职教育的专业设置必须充分考虑开放性，开放性是市场经济的重要特性。在市场经济条件下，高职专业只有面向市场、走向市场、适应市场，才能适应经济发展的需要。因此，专业不能办成封闭式的专业，必须充分开发校内的教育资源，使教育融入产业之中。

高职教育专业设置要坚持多样性、灵活性。所谓多样性，一是指由职业针对的专业种类多于普通高等学校。二是指专业口径和内涵有较大的伸缩与回旋余地。既可以根据职业技术岗位（群）的社会覆盖面设置宽专业和窄专业；也可以根据某类技术的应用范围，以技术定专业；还可以根据某些社会覆盖面不宽的职业岗位对实用人才的需求，通过寻找相近职业的结合点，组合而成为新专业。三是指根据社会对人才需求量和需求周期的不同，有长线专业和短线专业的区别。

灵活性是指专业的设置应主动适应社会经济的发展与市场接轨，并及时调整。专业是职业技术学院与社会的对接点，要想使培养的人才“适销对路”，就必须把改造旧专业、增设新专业作为经常性的工作。

（四）完善资格认证制度，实施学历文凭应与相应的职业资格证书并轨

为确认职业教育与普通教育的同等地位，应成立一个机构来规范职业教育的管理，建立一个统一的全国性的资格证书体系，来保证各职业资格相互间的认可。加强学术教育与职业教育的一体化，完善学术资格与职业资格之间的转换。职业资格证书和学位证书并举的制度，可增强两者之间互补的灵活性和渗透性。

职业院校教育是以能力为本的教育，其评估应以行业标准为准绳。因此职业院校经政府授权颁发的毕业文凭应具有职业技能的证书特性。根据澳大利亚职业教育框架体系，政府授权 TAFE 学院颁发的各类证书与文凭具有法定的到企业应聘所必备的技能与岗位证书功能。由于历史和体制的原因，目前中国职业院校的就业文凭只具有学历证明作用，与普通教育学校的毕业文凭并没有本质上的差别；如果职业院校毕业生要到某一行业就业，所学即使是相关的专业，也还得再到其他培训机

构接受额外的职业培训，从而另外再获得相应的政府认可的上岗职业资格证书。这样，在运行体制上，职业院校的就业培训功能实质上是在弱化。

要使职业院校教育健康发展，关键是职业资格培训的功能要加强，而管理体制上的障碍是学历证书如何与职业资格证书并轨的问题。因此，各级政府应从职业院校的办学条件实际出发，通过教学质量评估，对职业院校的毕业文凭的技能含量给予直接的职业资格认可。

加强学术教育与职业教育的融合，实行职业资格证书和学历证书并举的制度。目前我国职业教育注重了理论知识的教学，而忽视了学生实践技能的培养。加强学术教育与职业教育的融合，在现实情况下主要应在理论课中加强实践环节，在技能训练中加强理论教师与生产实习指导教师的合作，追求理论与实践的更好结合。另外，各类职业学校、培训机构应积极开设职业资格证书课程，提高职业资格证书在劳动力市场和劳动管理中的地位和作用。通过学术与职业教育的融合，提高职业教育质量，提高职业资格证书的含金量。高等职业技术院校，应大力培养我国急需的、掌握高新技术的高素质的双证书一体化高级职业人才，走出我国发展高等职业教育的新路。

（五）确立高职教育的发展目标，适应终身教育的发展趋势

1. 体制上，办学体制的社区性是发展趋势。国外的一些短年制高中后职业技术教育机构，如北美洲的社区学院，澳大利亚的技术与继续教育学院，日本的高等专门学校等，往往由社区举办，为社区服务。我国专科层次的高职教育也已经大体上明确是地方性事业，高职教育机构的设置审批权已经下放到省级政府。实际上，目前大量的高职院校都是由大中城市自行举办的，学校利益与社区利益完全融为一体。它们由地方投资建设，接受地方政府的指令，以服务当地经济社会发展需要为宗旨。近几年，已有部分高职院校由区县一级政府举办，它们的社区性质自然更为显著，同当地经济、社会发展的关系也更为密切。

2. 学制上，实现高职教育的多元化，建立“立交桥”是方向。各种学制的并存兼顾是现实社会和经济建设的需要。因而，全国高职教育布局不仅应有专科层次的高职教育，在新世纪我国已经入世的情况下，还应有本科层次和硕士研究生层次的高职教育；在尽可能短的时期内，努力实现高职教育的多元化，建立高职教育的“立交桥”，依据我国各个地区经济的不同优势和差异，设置不同层次和不同性质类型的高职院校，可使高职教育呈现阶梯层次，也可使高职教育与中等职业教育及

普通高等教育能够互相交叉支持、协调一致。

3. 评价标准目标上，学历与职业资格等级证书制度并举是潮流。高职教育自身的特性和社会的发展要求其实行双证书制度，即其毕业生应取得学历和技术等级或职业资格两种证书的制度。世界大部分国家都实行了职业资格证书就业制度，我国自 1994 年实行职业资格证书制度以来，逐步形成了自己的特点，如依靠政府的力量推行、社会化的管理模式、以国家职业标准为导向、借鉴国外的先进经验等。

同时高职教育还要适应终身教育的发展趋势，形成纵向衔接、横向贯通的系统。从传统意义上说，职技教育属于终结性教育，且专门化强，服务面较窄。但是，现代经济技术的发展，职业变动和职业技能的更新加速，使劳动者在一生中将会多次变动职业和更新职业技能，这就要求职技教育系统具有更大的灵活性和适应性，为人们一生提供多种、多次接受职业技术教育的机会。根据这种客观要求，职业技术教育各个层次的不同教育机构横向之间应尽可能融会贯通；中等职技教育阶段，不以培养技工和管理人员、技术人员的分工而设校，也不以就业方式的不同（国家安排就业和自主择业）而分设不同学校，而以其不同服务方向即不同产业（如一、二、三产业）和不同行业（如机电轻纺、交通、医疗卫生、金融、商业等）设置综合性教育机构，以便学生在学校学习时可以自由选择，构建复合型智能结构，在就业时有更大的适应性和选择性；在高等职技教育阶段，不论是区域性教育机构，还是行业性教育机构均应尽可能综合化，拓宽专业服务面，培养复合型人才，以适应经济技术结构变动中对高级技艺人才的需求。在不同层次职技教育的纵向之间也需要开拓相衔接的渠道，例如高等职技教育机构中若干需要职业实践经验的专业和需要有中等技能基础的专业，应优先或主要招收中等职技学校毕业并有实践经验的学生，这样既能培养出有高级技艺和技术应用（管理）人才，又能建立起与普通教育相并行的职技教育序列，有利于人才结构和教育结构的多样化，为具有不同禀赋的社会成员提供多种成才途径，为经济建设和社会进步提供多种多样的人才群落。

第三节 我国高职教育管理体制的构建

一、高等职业教育的管理体制及体制创新

高等职业教育的管理体制是指与高等职业教育有关的组织制度、隶属关系、职权划分等方面的体系和制度。早在20世纪80年代地方职业大学出现时我国高等职业教育管理体制问题就已提出。《中共中央关于教育体制改革的决定》明确了实行中央、省、中心城市三级办学的高等教育管理体制，也提出了大力发展高等职业教育的任务。不过在实际工作中，高等职业教育一直没有得到应有的重视，在管理上往往把职业大学视为市办专科学校，使用的是普通高教管理体制。直到现在，高等职业学校在设置标准上仍套用高等专科学校的设置标准，这样不仅造成高等职业教育管理上的混乱，而且客观上会导致职业大学向学科教育合流的趋势，不利于办出职业教育特色。现在，中央提出了两级管理，以省为主的高等教育管理体制，这对于原来中央高度集中的管理体制来说是一大突破，但此种管理体制并不能完全适用于高等职业教育管理。因为，我国高等职业教育的办学主体，往往并不是省级政府，而是行业、企业和省以下地方政府。笔者认为，对高等职业教育管理体制的改革，除加强中央、省级统筹管理和宏观调控外，还应实行多级办学、分级管理、以省为主的管理办法。在政府管理方面，随着区域经济的发展和政府职能的转变，管理权力必然下移，地方政府的管理职责和社会参与管理的职责将有所加强。

此外，在落实办学主体管理自主权的同时，必须落实高等职业学校的办学自主权。办学主体利益，只有通过其所办高校的工作正常运行才能实现。要按照“政事分开”的原则，通过立法明确高等职业学校的权利与义务，使学校真正成为面向社会自主办学的法人实体，在招生、专业调整、机构设置、干部任免、经费使用、职称评定、工资分配等方面享有充分自主权。高等职业学校在满足主办单位和社会各界对人才培养规格的要求及在社会服务中求生存和发展的同时，应逐步建立自我约束、自我发展机制，这是高等职业教育与市场接轨的基本内涵，也是政府转变职能进一步改革高等职业教育管理体制的核心内容。职业教育管理体制从静态意义上讲是一种职业教育系统内的组织体系，从动态意义上讲又是一种运行机制，两者构成了一个统一体。作为一个统一体，职业教育管理体制具有如下功能：一是领导和

指挥的功能，通过管理体制，参与职业教育管理的人员往往要代表国家行使权力，对职业教育事业进行领导。二是权力分配的功能。通过适当的管理体制，参与职业教育活动的各方按一定规则办事，明确各自的权利与义务关系，以此保证职业教育活动的顺利进行。三是分工协作的功能，管理体制既是各种教育力量在职业教育系统中发挥共同作用的外在表现形式，也是彼此间分工协作的一种表现。四是提高效率的功能。讲究效率是衡量任何组织结构的基础，离开了效率，管理体制的改革就变得毫无意义。一个科学合理的管理体制，应该有利于职业教育管理活动彰显社会性、整体性、地方性的特点，有利于职业教育管理活动符合职业教育管理的基本原则，有利于充分发挥体制自身的领导指挥、权力分配、分工协作、提高效率等各项基本功能。

体制创新就是要建立起适应 21 世纪高科技发展需要的，知识起点高、技术含量大的现代化的职教体系。国际上现行的职教体制基本上沿用的是工业革命初期的模式，是“双元制”的产物。这种体制不仅带有浓重的“歧视”色彩，把职业技术教育视为“二流教育”，而且其知识、技术的含量也非常低，往往只着重于操作技能的训练，培养具有一技之长的匠人。

21 世纪的职业技术教育应本着平等、民主的原则，形成其初、中、高体系完整、相互衔接，而又能与普通中等教育、高等教育相沟通、协调发展的职教体制；职教的招生标准不再只看学习成绩，而是在科学的心理测试下根据其兴趣爱好和个性品质来确定；职教和普教不再是等级、智力上的区别，而是分工的不同和人才规格、人才类型的区别。同时，职校也因重视学生的知识、能力和素质的全面培养，使学生的个性得到充分发展、生活得有尊严，而受到社会的重视。

二、制约高等职业教育管理体制创新的因素分析

高等职业教育是现代大工业的产物，是高等教育大众化的必然选择。近些年来，党中央、国务院多次强调要积极发展高等职业教育，并把它列为整个高等教育改革的重点，1994 年颁布的《中华人民共和国职业教育法》，又从法律上明确了高等职业教育的地位和作用，从此，我国的高等职业教育进入了一个崭新的发展阶段。但由于受传统教育思想的束缚和我国高等教育模式单一的影响，社会上鄙视高等职业教育的观念根深蒂固；再加上发展高等职业教育的具体政策缺乏等多方面的因素，我国高等职业教育发展缓慢、困难重重。

（一）鄙视高等职业教育的传统社会观念的影响

改革开放以来，我国初、中等职业教育发展较快，但在要不要发展高等职业教育问题上，认识不一致。一些人认为，职业教育只要有初、中等就行了，不必再办高等职业教育。理由是所有的高校毕业生都面临着一个就业问题，普通高等教育也存在着职业化的倾向，其所有专业事实上都有一定的职业针对性，高等教育就是高等教育，根本不存在什么高等职业教育，甚至有些人把高等职业教育看作“非正规教育”。还有一种畸形现象，近来不少学校都在不同程度地调整专业方向，调整培养目标，调整教学计划，都强调要为生产、经营、服务、管理第一线培养应用型复合型人才。他们明明是在举办高等职业教育，但就是不愿承认自己是在办高等职业教育。现在社会上存在着合格的职业大学办专科，不合格的办高等职业教育，专科是二流高校，高等职业教育是等外高校的看法，正是这些鄙视职业教育的思想观念阻碍了我国高等职业教育的发展。

高等职业教育管理体制要创新发展，必须消除鄙视高等职业教育的陈腐观念，要在社会上建立起平等的职业观，使人们认识到不同职业只不过是社会分工不同，没有高低、贵贱之分。普通学校与职业学校、普通高校与职业高校之间的区别仅在于培养人才的目标、规格不同。消除鄙视职业教育的观念，不仅仅是社会的事，学校内部、教育管理部门内部，甚至某些教育领导者也或多或少地存在这种观念。所以，优化高等职业教育发展的社会大环境，最重要的是全社会都要更新对职业教育的认识，要让大家知道什么是高等职业教育，高等职业教育在社会主义现代化建设中的地位与作用以及当前积极发展高等职业教育的必要性、迫切性等，要为发展高等职业教育体制创新创造良好的思想基础和社会环境。

（二）国家政策环境的影响

政策是高等职业教育发展的重要环境。早在 1985 年《中共中央关于教育体制改革的决定》中就已经提出大力发展高等职业教育、深化专科办学模式的改革等问题。20 多年过去了，高等职业教育发展缓慢的局面并没有根本改观，主要是具体政策缺乏。现在国家调整高等教育宏观结构来大力发展高等职业教育，并明确提出：“对部分独立设置的成人高校、职业大学和高等专科学校，通过改革、重组、改制按社会需要调整专业设置和培养目标，来促进高等职业教育的发展。”“今后国家每年新增的高校招生计划，应主要用于发展高等职业教育。”从战略高度看，这的确非常重要，因为成人高校、职业大学、专科学校在我国高等教育结构中占有很大的比例，下决心对这些学校按高等职业教育办学模式进行改造，指导思想是正确的，决策也是合理的，它符合我国的国情。但在具体实施过程中往往矛盾较多，仅就如何促使专科向高等职业教育方向改造这一问题，现行出台的一系列政策在导向上就不利于高等职业教育的发展，一方面强调专科改造，另一方面又强化现行专科标准，这在政策上是矛盾的，主要原因是教育管理部门思想认识不统一，认为只有按传统大学的学历教育模式来办高等职业教育，才是正规、合格的专科，才能称高等教育，否则，就是不合格的“野鸡”大学，不配称高等教育，这对现行专科改造十分不利。另外，在其他政策上也不能一视同仁，比如同是专科学历教育，在普通高考录取时，高职教育新生录取批次低于普通专科一个批次。其毕业生所持的证件与就业规定也有别于普通专科毕业生。高等职业教育是一种新的教育类型，由于宣传力度不大，社会认识不清，鄙视观念严重，再加上政策导向不利，致使高等职业教育的发展较难。高等职业教育的办学条件有高有低，因为它是一个很宽的职业范围，没有一个固定的模式，应当允许在同一标准下有多种办学模式的创造，可现行政策把专科一律以现行模式作为标准模式来管理的办法是十分不利于专科改造的，必须加以调整。按高等职业教育改造专科，应面向职业、职业岗位、职业人才市场办学，其办学模式是多样化的，国家制定的政策要为高等职业教育多样化发展创造条件，以促进专科向高等职业教育转变。

（三）旧的管理模式的影响

社会观念转变、政策扶持对发展高等职业教育固然重要，但建立符合我国国情的高等职业教育管理模式是个关键问题。

一是管理体制问题。计划经济体制下形成的职业教育办学和管理体制是行业部门和人民团体办中专，劳动部门和企业办技校，地方教育部门办职业中学，后来又发展了一批民办职业学校。实际对职业教育实施管理职能的部门是教育行政部门（管理高等职业教育、职业高中、直属中专、成人中专、社会力量办学等）、劳动保障行政部门（技工学校）、部分行业主管部门（直属高、中等职业学校）。各管理部门分别对所属学校均有一些特殊的保护政策和措施。

二是办学体制问题。《职业教育法》规定：“行业组织和企业、事业组织应当依法履行实施职业教育的义务。”但目前的现实是，一方面，随着国有大中型企业为实现减员增效，相当一部分职业学校停办或减少招生规模，原本就很薄弱的行业和企业在举办职业教育中的作用更为减弱，许多职业教育的资源闲置或流失；另一方面，由于政府机构改革，多数行业部门不再具有举办和指导行业职业教育的职能，这些职业学校有的划转地方，有的改为培训中心或改作他用。而在学校划转和下放的过程中，有的地方财政为减轻负担，实行层层下放，导致教育资源流失；另外，非公有经济单位目前还较少举办、管理和分担职业教育的体制、机制支持。

对民办职业学校，计划经济时期是通过指令性的招生计划进行的，调动了办学者的积极性，民办学校的发展得到了扶持。进入市场经济时期，虽然仍然坚持“积极鼓励、大力支持、正确引导、加强管理”的方针，强调个人办学，但在招生计划已不再有更多政策含金量的情况下，缺少有效的动力机制，在吸纳社会资金、盘活现有资源下缺乏有力的措施。

三是教学体制问题。教学体制的改革和探索始终是职业学校改革的重点，但由于缺乏宏观指导，收效不大。办学层次低且形式单一。长期以来，中等职业学校主要举办中等学历教育，高等职业学校主要举办专科学历教育，办学形式单一，学制固定、培养周期长。这一模式在目前已表现出了明显的不适应。一是不利于对劳务市场中的变化做出灵敏的反应，不利于学生的全面发展和继续学习的需求；二是不符合学生、家长的教育消费需求。由于效益的驱动，职业学校重长学制、轻短学制，重学历教育、轻非学历教育，重培养、轻培训。造成了许多初中毕业生不能升入高一级学校学习，特别是广大农村的学生将走进务农或进城打工的行列，无论是教育部门或是劳动保障部门都还没有能够组织起有序、有效的培训。社会上的一些培训机构和培训项目都还是自发的，其中多数是以获利为目的的，培训的质量不高。教学上受学科本位教育思想的影响，重理论、轻实践，重知识传授、轻能力培养，重系统性、轻应用性和针对性，理论教学内容陈旧，课程教材内容未能及时更新，实践教学尚未真正形成体系和引起重视，素质教育思想还没有很好地贯彻，现代化教学手段还没有被广泛采用等，加上生源素质低，给学校安排教学工作、实现培养目标带来很大困难。从而造成职业教育质量不高、无特色，缺少吸引力，高等职业学校现行的培养模式不能适应当前形势的需要。

四是就业体制问题。劳动准入制度和职业资格制度未能得到认真实施。过去，职业学校毕业生主要由国家统包统分，学校没有就业指导方面的职能。随着高校招生“并轨”改革的实施和实行双向选择、自主择业的政策，国家对毕业生不再进行分配。面对新的形势，许多学校还没有构建好毕业生就业渠道，许多用人单位特别是私营企业继续招聘未经职业教育和培训的低素质劳动力，一些职业学校和培训机构毕业生在变化了的就业市场面前束手无策。在实施职业资格制度方面，目前国家职业资格的类型相对单一，主要适用于操作型工作岗位，而且划分较细，面向较窄，国家职业资格体系尚待健全。职业资格标准与学历教育要求之间整合不够，高等职业学校学生取得相应的职业资格证书有一定困难。教育部门、人事部门、劳动和社会保障部门和有关行业部门尚未建立有效的沟通、协调机制，存在政出多门的问题，为整个职业资格制度的建立和完善带来了不利影响。

五是职业教育发展的宏观指导问题。过去教育行政部门实行普教、职教、成教统一、协调发展的政策，通过行政干预确定招生计划，但目前随着高等教育大众化和人民群众对教育需求的提升，此种方式显然已不符合实际。

三、我国高职教育管理体制创新的构想

（一）尽快建立和完善相关法律、法规体系

立法是国家管理职业教育的有效手段，是政府角色的最鲜明体现。完善职业教育的法律法规体系，是我国职业教育管理体制中国家宏观管理职能的重要内容。

我国在《教育法》的基础上，相继颁布了《职业教育法》《教师法》《社会力量办学条例》《就业准入制度》《中外合作办学条例》《继续教育条例》等法律法规，在规范职业教育的发展方面发挥了有效作用，但从我国目前职业教育的实际来看，仍然存在一些问题：一是法律体系还欠完备；二是有法不依、执法不严。因此我们需要结合自身情况，制定具体的实施细则和地方性法规，使各项法规能得到更好的落实。要以法规明确高等职业教育管理体制各个环节的职责与任务，以提供依法治教的法律基础；还需要规定高等职业教育在国家经济和社会发展中的地位和作用，并利用政府掌握的舆论工具加强宣传，提高国民对高等职业教育与社会发展的关系、职业教育的就业功能、职业教育社会地位重要性的认识，在全社会形成一个重视高等职业教育的外部环境，营造有利于高等职业教育改革与发展的社会氛围；要开展教育督导，保证职业教育法规的贯彻执行。

（二）确立“以人为本”的教学理念

贯彻由“应试教育”向“素质教育”转轨的新型教育观，21 世纪的高职教育是以学生为中心的教育，未来教育的基本目标是开发每个人的潜能，尊重学生个体差异，发展学生个性特长，挖掘学生潜能，鼓励学生冒尖，扩大学生学习的自主权，

增加选择机会，使不同素质的学生都有一个自我发展的空间，把群体发展目标与个性发展目标结合起来，多方面培养学生的主体性。以人才的多规格来适应社会对人才的多需求。

高职院校将高职教育作为一种服务，在教学中贯彻“一切为了学生，为了学生的一切，为了一切的学生”的原则，尊重学生，强调发挥学生的主体作用和主观能动性，充分发挥学生在认知过程中的主体地位，实现“应试教育”向“素质教育”转轨，是整体教育观念的深刻变革，是现代教学的发展趋势。培养学生的创新精神和创新能力是素质教育的灵魂。素质教育的内涵包括四个方面：一是坚持全面贯彻党的教育方针，使受教育者得到全面发展；二是坚持面向全体学生、全体受教育者；三是要贯彻于教育的全过程，又要贯彻于学校、家庭、社会教育等各方面；四是坚持面向现代化、面向世界、面向未来。素质教育的出发点是个性的全面、和谐发展，是个体综合素质的培养，是整个民族素质的提高。高职教育实施素质教育主要是突出职业性人格素质的培养。

（三）大力推进“订单教育”人才培养模式

所谓“订单培养”，就是学校根据与企业签订的培养培训合同即“订单”为方向确定教育目标，企业也在确定培养目标、人才规格、知识技能结构、课程设置、教学内容和学习成果评估等方面发挥重要作用。这种“订单”，不单是一张“用人”的预定单，而且是涵盖整个教育流程的一整套培养安排，是一组广义的“订单”集合。

这种培养模式与高职教育具有很强的职业定向性本质特征非常吻合，而这种职业定向性就是从某个岗位群出发，进行职业分析，了解构成这一职业岗位工作的重要内容，明确支撑其职业或工作所需的知识与技能，从而确定课程专业与设置以及教学内容与方法等。因此，“订单培养”能有效解决高职毕业生就业难的问题。

“订单教育”是将职业院校融入市场经济的具体体现。订单教育能解决为谁学、学什么、为谁服务的问题。可以达到三赢，即企业得人才、学生有工作、学校有生招。订单教育可以把原来校企松散的意向性合作变成实质性的联办。订单教育避免了职业院校培训学生的盲目性，使学校、企业、学生有了更多的沟通与互动。企业因此摆脱了用非所学的困惑，学生减少了学非所用的烦恼。

（四）办学形式的多元化探索

随着全球化步伐加快，我国高等职业教育的发展趋势必将是职教的教育目标由单纯针对职业岗位，扩展到着眼于整个职业生涯，高等职业教育的性质也将由“终结教育”发展为“终身教育”，“终身教育”（非学历教育）将从边缘走向核心。高职教育通过实施现代远程教育、技术资格等级证书培训、合作办学等，有效地发挥现有各种教育资源的优势，给从业人员的终身学习提供机会。在非学历教育的培训中，高职教育要树立“培训全体从业人员”的人才培养理念，搞好开放办学，加强学校与学校、学校与企业、学校与地方教育行政部门的联系，走校企合作、校际合作、国际合作的道路，实现优势互补，产、教、研之间的紧密结合，按“上岗—培训—再上岗—再培训”的模式进行培训，最大限度地统筹使用教育资源，制定合理的教育目标，不断增强协调和评估，使高职教育正常运转。同时，还要积极探索“公有民办”“民办公助”股份制等多种形式的办学模式，盘活高职学院的教育资源。

（五）坚持实施省、市地高职教育规划统筹

省、市地高职教育管理体制改革的直接目标是追求强化政府宏观调控和统筹协调行为。为此，要建立行之有效的统筹机构，赋予地方高职教育管理部门相应的职责。这一级的统筹领导机构即市地的教育工作委员会（教育局），负责规划全市地高职教育事业的发展，明确职业教育部门与其他办学部门的职责分工，协调职业教育部门与相关部门之间的关系，对地区职业教育事业实行统一领导、分工负责。市地政府在职业教育管理方面的统筹内容包括如下方面：规划统筹、政策统筹、资源统筹、经费统筹、办学统筹等。

第八章　创新视角下的高职院校文化建设

教育部、共青团中央《关于加强和改进高等学校校园文化建设的意见》强调指出："高等学校校园文化是社会主义先进文化的重要组成部分。加强校园文化建设对于推进高等教育改革发展、加强和改进大学生思想政治教育、全面提高大学生综合素质，具有十分重要的意义。"高职院校作为高等教育的有机组成部分，校园文化的建设既关系到学院现阶段能否在如此激烈的竞争中立足，打造好品牌，保持旺盛的生命力，又关系到学院未来发展大计等重大理论与实践问题。

第一节　创新思想政治教育工作

高职学生现状表明，宏观上，大学生群体构成日益表现出规模扩大、来源多样、组织多型的特点；微观上，大学生群体表现出生理成熟期普遍前移，而心理成熟期后移的特点；在思想行为方面，影响其思想活动的因素日趋多样，他们文化需求日趋多样，价值取向日趋多元。这些新变化和新特点，迫切需要我们探索和找到适合高职学生思想政治教育工作的新途径。

一、教育方式的转变

（一）要确立"以人为本"的教育理念

坚持以学生为本，强调学生在思想政治教育工作中的主体地位，努力使思想政治教育工作成为大学生的内在需求，把思想政治教育工作变成大学生的自觉行动、自主行动。这就需要：一是树立尊重学生的意识。学生是教育的对象，是教育的主体，也是教育的起点和归宿。坚持"以人为本"就是要遵循学生的个性特点，从个性倾向性（需要、动机、兴趣、爱好、志向）、个性心理特征（气质、性格、能力）、自我意识（自我认识、自我体验、自我监控）等方面考虑，认真倾听学生的呼声，尊重学生的主体地位，找好教育引导的切入点。二是要按照教育与自我教育相结合的原则，在发挥好学校教育引导作用的同时，充分发挥学生的积极性和主观能动性；既注重学生全面发展，又重视学生个性和特长的发挥，改变迫使学生机械、被动地接受教育的做法，将正确的道德观念、行为规范和政治信念变成学生的自觉行为，将外在的规范与学生的内在需求有机统一起来，实现学生自我学习、自我锻炼、自我教育、自我提高的目的。三是要树立服务学生的意识，思想政治教育工作要从消极防范和控制转向积极引导和真诚服务上来。近年来，由于实行教育成本分担机制，就业市场化，绝大多数学生有了教育投资意识，民主办学的意识越来越强烈，对学校的教学和生活条件有了更高的要求。高校只有通过全面优质服务，努力解决学生在学习、生活、升学、就业等方面面临的实际问题和困难，做到想学生之所想，急学生之所急，办学生之所盼，才能进一步提高思想教育的感染力、影响力和实际效能。

目前高职生所关心的热点问题主要有：第一，在学习上，除了专业课、计算机、外语这些重要课程外，他们也看到了自己文凭的不足，迫切地寻找着专升本的有效途径。如高职院校与国内一些重点本科院校联合办学，设立专升本自考点，为广大学生提供深造的机会，在不影响高职学业的基础上进一步提高，深受广大学生的欢迎。学校应该利用这一契机，大力宣传学风建设以及相关的思想政治教育工作，就很容易深入人心。第二，就业问题。高职生从收到录取通知书的那天起，就业问题就成了他们关注的焦点。在高校扩招、大专文凭不高以及高职收费较高的形势下，他们能够来校报到，已经下了很大的决心。所以，作为学校，从入学教育开始，就应该向学生们提供就业指导，让他们了解社会的需要，树立信心。学校要创造条件，合理安排教学进度，使学生有充裕的时间进行双向选择。学校应成立专门的就业指导机构，给学生提供就业指导材料，每周安排一定的课时开设就业指导课程，这样可以以就业推荐为契机做好毕业生的思想政治教育工作。

（二）要树立“正确引导”的开放性德育观念

开放性德育是指学校思想政治教育工作从学生的实际出发。即从学生所处时代的特点出发，不能光用过去的道德观要求今天的学生，应树立符合社会进步需要的新伦理道德观念。如对少数男女生往来过于亲密的现象，我们只能对他们正确引导，不能禁止男女同学交往；又如互联网作为一种新的社会文明的载体，为人类的社会生活提供了巨大的方便，也更新着人们的价值观念，对学生上网我们不能用禁止的办法来解决问题，而只能面对现实，加强网络环境下学生的道德规范、道德责任感教育，提高学生的个人修养和自律能力，用法律法规来规范他们的网上行为。

（三）优化学校育人环境

从高职学生的年龄心理特点上看，他们的独立性思维已接近成熟，自主性较强。他们对有意识的教育引导，即正面教育往往不感兴趣，或产生排斥心理，最多被动接受，因而实际教育效果大打折扣。比如新入学的学生在入校之初都在寻找着某种感觉，有的直言在寻找着“大学”的感觉。这是他们由中职生、中学生的角色转变为高职生的角色之后的一种心理变化，是自我角色意识的转变。他们在头脑中急于要弄清“高职学校”“高职生”到底是什么情形、怎么回事。这是教育的最佳期。但有一点是明确的，如果像对中学生那样进行正面教育，则肯定受到排斥，即使是生动的教育形式也是如此。因为他们主观上认为高等学校是与中学不同的，他们的口头语常是：“我们是大学生了，怎么还中学生那一套！”其实高等学校应该什么样他们也讲不清。所以，我们可以发掘校园文化的教育功能的优势所在。优良的育人环境和健康向上的校园文化，可使学生在耳濡目染和潜移默化中受到熏陶和感染，如校园的绿化美化、学校师生的书画作品展、名人语录、黑板报、宿舍的个性化设计、校史展览、校园文化艺术节、校园广播节目及文明班级、宿舍、学生评比活动等都是一种无声的熏陶和感染，要让学生置身校园，感到学校的每一建筑物、每一堵墙、每一条路、每一棵树都是一本活生生的政治思想教科书。

当然，我们不能忽视第二课堂活动这块阵地。在这里，要让他们的聪明才智得以发挥，让他们的忧愁苦闷得以宣泄，学生的思想政治教育工作也在寓教于乐中得到落实。学校要保证活动的设施和场所，还要有一定的经费，所谓物质文明是精神文明的基础，这样才能把握学生业余生活的主动权。否则，一到自由活动时间，校园里便冷冷清清，学生都拥到社会上，而校园周边的环境又糟糕得很，就很有可能出现“5+2=0”的情况，学生们五天之内受到的学校教育抵挡不住在双休日受到的社会影响，一切又回到了原来的起点。“你不为学生去想，学生就去想别的”，学生平时无聊、苦闷，大多数并非心理有障碍，而是没有条件和机会实现自己的设想。因此，多组织、指导学生开展以专业技能训练为主要内容的第二课堂活动，可让学生通过技能实训和课外活动掌握“一技之长”或成为“多面手”。有事做会让学生感到生活充实，也就不会惹是生非了。

二、人格培养的转变

以往我们的思想政治教育工作往往把力气花在了正面的、显性的教育上，花在外部灌输上，而很少从人格的和心理的角度来深化思想政治教育工作，使思想政治教育工作失去日常化和潜移默化的效应。因此，必须在人格培养和思想道德教育的方法上来一个根本的转变，发挥思想政治教育工作的应有优势。

随着社会的快速转型，学生的竞争压力明显增加，焦虑程度不断加大，情感领域的困惑与冲突也日益增多，如高职教育“高”在何处，与本科生和职高生区别在哪里，有什么优势，处于怎样的劣势，对这些问题，要给学生分析透彻，使之能够认识自己、调控自己，帮助学生准确定位。人格培养可以采取多种方式。

（一）取外部灌输和开发人的自觉性相结合的方式

从社会学的角度来看，外部灌输就是社会教化的过程，人的自觉性过程是个体内化的过程。只有外部灌输，而不注重社会个体内化了多少人格要素和思想观念，人格培养就是一句空话。中国传统教育十分重视从小培养人的自觉性，并主张通过“修养”建立自觉意识，这是值得我们今天借鉴的有效方法。

（二）采取日常化教育方式

把人格教育的内容和人的日常生活密切结合起来，进而形成为人的习惯。中国文化从小对儿童进行“洒扫、应对、进退”方面的教育，就是从劳动、言谈和礼仪方式培养其人格自觉性，重视从小做起，从小事做起，从日常生活的点滴培养人格和思想品德。例如，西方人注意培养儿童的独立生活能力，减少其依赖性；教育学生爱护一草一木，爱护环境，由此培养其热爱家园、热爱国家的基本情感。这些良好的教育方法，都应当积极借鉴。

（三）采取诱导式教育方式

人格的形成应当是自然的，道德的养成也是如此。教育者应当以诱导为主，逐渐引导被教育者建立良性人格。强制教育建立在对人的威胁和制裁的基础之上，因此，强制式教育会产生逆反效果，不符合人的受尊重和以理服人的心理。

（四）采取启发式教育方式

“不愤不启，不悱不发”，人格教育和思想教育与文化教育一样，应当想办法激发受教育者的探索热情和思考习惯，并在受教育者思考人生和社会问题达到

“愤”和“悱”的临界状态下，教育者适时“启”之、“发”之，就能使受教育者顿然醒悟，从此对思索出的人生道理铭记于心、终生难忘。所以启发式能使受教育者在自我思索的状态下建立起良性的人格。“能忧心，能愤心，能思虑心，能作为心，能有廉耻心，能无渣滓心”是著名诗人龚自珍心目中教育者与受教育者应达到的境界，是一种很高的境界。以今天的尺度衡量，忧心，不是忧心忡忡、杞人忧天，而是心怀忧患意识，自觉地把自己的命运与祖国和人民的命运紧紧联结在一起，同悲共欢；愤心，不是愤世嫉俗，不是“愤青”，而是心不曾麻木，血不曾冷却，马路上见老人摔倒就马上去扶，公交车上遇流氓挑衅就大声呵斥，所谓物不平则鸣是也；思虑心，不是象牙塔里的苦思冥想，而是拿出勇气，敢于质疑，不落窠臼，挑战权威，独立自主，创造性思考和工作；作为心，是服务人民、造福百姓的雄心壮志，也是适应社会，推动事业发展的实际行动；廉耻心，不是虚荣，不是面子，是气质上的矜持，是骨子里的高洁；无渣滓心，是自己当好自己灵魂的清道夫，是一身正气，两袖清风，是里里外外透露着的思想的尊严和人格的魅力。

（五）运用无形教育的方式

常言说，“有其父必有其子”，正是说明为父母者的自然“身教”的巨大影响力。在学校，学生往往以教师作为人生的标准和社会的化身，教师的一言一行都在默默地感染着学生。位尊势重的教师的言行“暗示”着学生，人应当怎样生活，怎样为人。可见，无形教育的效果往往大于有形教育，正如春雨的滋润往往比暴雨的冲刷更有益于万物的生长一样。做到这一点，有赖于教育者拥有高素质的修养。说到底，教育者也有一个不断地接受教育、自我教育和不断提高的问题，这也说明了人格教育是社会化的，思想政治教育工作是社会化的，全社会良好的思想道德风尚的形成，要靠每一个人在人格和思想道德素质方面的提高，以及彼此的相互影响。这正应了《礼记·大学》中的那一句话：“自天子以至于庶人，壹是皆以修身为本。”

三、工作载体的转变

1. 坚持以浓厚的校园人文精神底蕴为支撑，以校园文化活动阵地为依托，以健康向上、形式活泼的文化活动为载体，不断形成具有鲜明特色的校园文化；高度关注大学生心理健康，加强其心理健康教育；加大网络建设、网络监控力度，牢牢把握网络思想政治教育工作的主动权。

我们以往的思想政治教育工作常常以政治活动为载体，被局限在狭小的阵地上。学校转制后，各项事业面临着机遇和改革，思想政治教育工作也需要改革，需要开阔视野,拓展新阵地。什么是思想政治教育工作？我们过去好的传统、道德观念，就是思想政治教育工作。因为21世纪出生的高职生不能深刻了解遗留的优良传统，思想政治教育工作，不只是死板地讲讲两万五千里长征，也不单单是中国革命这一血染的历史，孔孟之道、传统美德、传统思想文化、先人的一些格言都是很好的思想教育内容。一部电影、电视剧，一场报告会、演讲会等都可以是思想政治教育工作的载体。开展丰富多彩、健康有益的文体活动，给同学们提供一个多层次、全方位的良好氛围，寓教于体、寓教于乐、寓教于文。相声演员马季说："相声的表演虽然没有同观众直接进行交流，但演员每说一句话、每一个动作，甚至每一个眼神，时时都在观众的表情和笑声中得到反映。这也是一种交流。做思想工作是一种思想和感情的交流，说相声与观众之间也是一种思想和感情的交流。"相声是从日常生活当中挖掘一些主题、揭示一种思想，能使人得到启发，进行思考，就是很好的思想政治教育工作。教师若能很好地运用语言艺术，感染力一定会增强。为人师表的教师的言行会影响到学生,所以要很好地利用语言艺术的载体不失为一种好的举措。

2. 深化政治理论课教学改革，增强大学生思想政治教育工作的实效性。要重视思想政治理论课建设在大学生思想政治教育工作中的主渠道作用。加强思想政治理论课建设，必须坚持学科建设、课程建设、教材建设和教师队伍建设的统一。同时，要根据马克思主义在当代中国的新发展，新世纪、新阶段对人才素质的新要求和当代大学生思想发展的新特点，进一步完善思想政治理论课程体系。

加强思想政治理论课建设，还必须坚持教学内容、教学方法、教学手段的改革与创新的统一。把现代技术充分运用于教学过程中，不断丰富教学形式，以增强教学的吸引力和感染力。通过落实这些措施，使思想政治理论课成为大学生们喜爱的课程，真正发挥其在大学生思想政治教育工作中的作用。

3. 思想政治教育工作如果能与科学的、民主的、规范的管理制度相结合，就是一种超前的思想政治教育工作。实践证明，思想政治教育工作不是万能的，必要的管理措施有助于思想政治教育工作，这样可以减少问题的出现或把问题解决在萌芽状态。

四、活动形式的转变

思想政治教育工作不分对象和层次的做法，收效甚微，应从以下几方面转变做法。

1. 破除面上的形式主义。要重实效，不能搞一刀切，形式上要放，方法上要活。除必要的政治活动外，一般把活动应该放在学生中间。

2. 应把精力放在调查研究上。熟悉学生们关心的热门话题，存在的思想疙瘩、难点重点，有的放矢地开展工作。

3. 根据学校的实际情况，做到忙时少学，闲时多学。不必强调方法和形式上的统一，避免形式主义。重在讲实效，理论联系实际。

4. 处理好集中学习和随机学习的关系。一定要结合学校的实际集中抓好某一时间和某一方面的热点、难点问题，突出重点，形成中心，搞好教育。又要搞好随机教育，要善于把基础性教育内容融合、渗透到本单位的中心工作之中，灵活确定一定时期的教育重点和实际步骤。

5. 处理好他律和自律的关系。思想政治教育工作的任务是帮助学生们树立正确的世界观、人生观、价值观，不断提高学生的政治道德素质。这就需要一个从他律到自律的过程，也就是外部教育与自我教育的过程。我们既要在课堂上广泛开展以党的基本理论、基本路线为核心的社会主义政治课教育，又要培养学生自我教育意识，倡导自己教育自己，使学生产生自我约束、自我提高的自律精神，形成热爱学校、热爱集体、关爱社会、无私奉献的良好的道德风尚。

每个大学生既是职业素质教育过程的参与者，又是成果的受益者，只有坚持在各种类型的教育活动中突出思想内涵，强化素质要求，才能使大学生在自觉参与中思想感情得到熏陶、精神生活得到充实、思想境界得到升华。我国的高等职业教育还没有形成自己的模式，高职院校的学生管理和思想政治教育工作也处在摸索之中，但只要我们解放思想、实事求是、大胆探索，是一定能取得实效的。

第二节　建设健康和谐的校园文化

一、校园文化的基本内涵

（一）校园文化的定义

校园文化是指除了第一课堂以外的和师生有关的学校的其他一切教育活动，是学校育人环境的综合体，它从思想、文化、道德、人际关系等方面直接或间接地作用于广大师生的学习工作和生活的全过程。高校校园文化是大学生群体所特有的文化标签，是社会文化中较有影响、生命力旺盛、前卫意识较浓厚的一种亚文化，是以高校师生为主体、以弘扬时代主旋律为主要特征、以第二课堂活动为主要内容的一种群体文化，对大学生思想政治素质的养成，对学校的精神文明建设起着不可替代的作用。

校园文化集中体现一所学校的发展状况、精神面貌、传统作风和理想追求，是在学校教育教学和管理实践中逐渐创造生成的，对提高全体师生凝聚力，营造优良的校风学风，提高学生思想道德素质，推进学校可持续发展都具有重要的意义。高校校园文化从形态上可分为物质文化、制度文化、精神文化等三个层次，其中，物质文化是校园文化的外层和象征；制度文化是校园文化的中层和标志；精神文化是校园文化的核心和灵魂。

校园物质文化也可以称为校园实体文化。它是指由学校师生员工所创造与创新的各种物质设施所构成的实体文化，即能够通过感觉器官感受到的综合物质形态系统。它主要包括校园的整体布局、景点标志建筑风格及师生员工工作、学习、生活、休息、娱乐的环境等。如花园式的校园、宏伟的教学大楼、先进的仪器设备、整洁的周围环境、突出的主体雕塑以及独特鲜明的校牌、校徽、校歌等学校标志，都属于校园文化建设所创造出来的物质文化的内容。

校园制度文化是校园文化形态中的中层文化，包括管理体制、组织机构、行为规范、规章制度、传统习惯、领导风格、师生关系，以及师生员工工作、学习、娱乐活动等，这些内容会以成文或不成文的规定为学校师生所接受和奉行。其中，学校的领导体制、组织机构和管理方针制度等是校园文化的支架。高校精神形态文化是校园文化的核心和灵魂。它是指在一定的社会历史条件下，为谋求生存与发展，达到既定的教育目标，在长期的校园文化创造过程中积淀、整合、提炼出来的，反映学校师生员工的群体意识和本校特征的文化观念。它主要包括道德观念、价值观念、审美观念、心理情感、思维方式、学术风气、治学风格、学校传统和作风等。

（二）校园文化的功能

校园文化的功能，是指校园文化在内部和外部的联系和关系中表现出来的特性和能力。

1. 感染熏陶功能。校园文化作为一种文化环境更多的是对人的熏陶作用。良好的环境对人的成长和发展具有感染力、号召力和约束力，师生长期置身其中，通过耳濡目染必定会在不知不觉中陶冶情操，养成良好的个人气质和内涵。优良的校园文化能够以浓郁的文化氛围增进大学生的道德修养、思想进步和素质提高。校园文化中的学风、校风、校园氛围的教育，正是通过耳濡目染、内心的体验和情感的熏陶来实现的，使大学生能够在平等自由的气氛下交流思想和情感，使学生在不知不觉中受到心灵的感染、情操的陶冶、哲理的启迪，使人的思想感情发生变化。

2. 价值导向功能。高校校园文化的价值导向功能，是指高校校园文化可以通过自身各种文化要素的综合作用，引导大学生主动接受一定的价值观和行为准则，使他们向着社会和学校所期望的方向发展。高校发挥校园文化的导向功能，必须坚持以中国特色社会主义核心价值体系为校园文化的价值取向，对社会文化进行有针对性的评价、比较和选择，以提高师生员工的鉴别能力和思想政治素质。在大学校园这一特定的环境里，大学生所能看到、听到或以其他方式感受到的，都传递出一定的价值观信息，校园文化强调学校目标与学校成员工作目标的一致性，强调群体成员的信念和价值的共同性。优质的校园文化，能把大学生引导到正确的方向上来，使他们树立正确的世界观、人生观和价值观，端正学习态度，明确学习目的，积极主动地适应当前社会的新要求，成为社会有用之人。利用校园文化的这种导向功能，将符合时代要求的正确的价值观教育融入校园文化活动与文化建设之中，将在校园内形成正确的舆论导向和价值导向，并将持久地对师生产生巨大的作用，使广大师生经由校园文化的熏陶与影响，形成符合时代要求的正确价值观。

3. 行为规范功能。校园文化体现了校园中的主导价值观、集体荣誉感和精神意志，它外化为规章制度，内化为内心信念，是对大学生影响力很强的一种规范力量。校园文化对校园人的行为有着广泛的约束规范作用，这种规范既有硬性约束，也有软约束。其中，大学制度文化中的条例、准则、守则等规章制度具有强制性，起着直接规范和约束大学生思想与行为的作用。这些规章制度划定了大学生日常活动的范围，会对大学生起到相应的约束作用，从而使学生能够调整自己的行为，以便符合社会和学校的要求。与此同时，一定的高校校园文化，为生活在其文化氛围内的大学生在评定自己的品质、行为和人格等方面提供了内在的尺度。这些群体规范或价值准则虽不带有强制性，但它在大学生个体心理上所起到的影响和作用往往比行政命令更为有效，更能改变大学生的个体行为，它使大学生自觉地约束自己，规范自己的行为，使之符合群体的规范，并与群体行为协调起来。

4. 凝聚激励功能。校园精神文化所蕴含的最深的层次是师生共同认同的价值观，校园精神一旦形成，就会长期不断地对师生施加影响，引导师生树立共同的价值观和信仰，形成一种无形的强大的向心力、感召力和凝聚力，从而使其对学校及校园人都具有一定的凝聚和激励作用。高校发挥校园文化的导向功能，必须坚持以中国特色社会主义核心价值体系作为校园文化的价值取向，对社会文化进行有针对性的评价、比较和选择，以提高师生员工的鉴别能力和思想政治素质。校园精神文化由于充分体现了校园人共同的思想意识、价值观念、工作作风、行为方式等，对每一个校园人都具有心理上、情感上的凝聚力量，从而使高校的全体校园人形成团结一致、齐心协力的工作和学习态度以及积极的群体意识，进而创造出极具亲和力的供工作、学习和生活的校园环境。

5. 人格塑造功能。高校校园文化作为师生员工长期生活于其中的、可知可感、具体生动的一种微观社会环境，在一定程度上有利于师生员工人格的塑造及对自我完善、自我发展的追求。校园文化是通过一定的文化氛围和精神环境使生活在其中的个体，无形中在思想观念、心理素质、行动方式、价值取向等诸方面对现在的文化价值产生认同，从而实现对个体精神、心灵、性格的塑造。校园文化所营造的氛围，使校园主体在不知不觉中受到熏陶，进而上升为情感和意志，久而久之便形成了品格。要重视寓德育教育于校园文化建设之中。“大国民的大度，往往立足于小时候的小事情”。德育教育应立足于早，习惯养成应关注细节，这是共识。西谚云“唱诗班的孩子不会变坏”，为什么？第一，从小培养纪律观念、守时意识、公约精神，你迟到我早退那怎么合唱？长大后自由而自律。第二，步调一致，团结协作。英雄主义和落后行为皆不吃香，一个人“跑调”就会打乱“节奏”。第三，内容纯粹，对神灵的歌颂，对美德的赞誉，对自然的热爱，对生命的敬畏，不知不觉在心灵中潜滋暗长，牢固扎根，不易动摇。所以，要见缝插针多一些优秀文化的熏陶，多一些传统美德的赓续，让我们的学生感觉家乡有温度，乡愁是力量，从我做起，从现在做起，爱父母、爱先贤、爱邻人，进而爱家乡、爱祖国、爱人民！

（三）校园文化建设的重要意义

1. 高校校园文化建设是社会主义精神文明建设的重要组成部分。高校校园文化是社会主义文化的一部分，是社会主义精神文明建设的重要内容。长期以来，西方敌对势力一直未放弃以文化渗透的形式来实现他们“和平演变”的图谋，高校校园文化始终是国内外敌对势力抢占、争夺的阵地。因此，高校校园文化建设要以马克思主义、毛泽东思想、邓小平理论、“三个代表”重要思想、科学发展观和习近平新时代中国特色社会主义思想来武装大学生的头脑。学生在和谐健康的校园环境、丰富多彩的校园文化活动中，不断塑造良好的道德品质，形成坚定的共产主义信念。先进的校园文化一旦确立形成，就会形成一股强大的精神力量，对学生的精神世界产生深远而广泛的影响。高校校园文化建设与社会精神文明建设相互联系、相互促进，有益的社会精神文明建设成果能促进高校校园文化的健康向上发展，高校校园文化建设能引导和保证社会精神文明建设目标的实现。

2. 高校校园文化建设是大学生思想政治教育的重要途径。构建校园文化的目的，就是为实现高校人才培养目标服务，使大学生在德、智、体、美等方面得到发展，完善自己的人格，陶冶自己的情操，形成正确的价值观和人生观。高校校园文化的特点决定了利用校园文化进行思想政治教育是行之有效的重要途径之一。高校校园文化符合青年大学生的身心发展特点，体现了青年大学生的要求，它紧密联系时代，关注并积极回应社会的新情况、新问题。同时，学校通过举办一系列丰富多彩的活动，可以广泛吸引大学生的兴趣。校园文化集中体现着全体成员的共同价值观念，它像一根无形的纽带，连接着全体成员，使个体有意无意地受到启发和感染，进而形成一种自觉、内在的驱动力，促使大学生去遵循校园文化的价值规范。

3. 高校校园文化建设有利于提升青年大学生的素质。高校校园文化建设的价值目标就是实现校园文化建设主体的自由全面发展。大学生在校园文化实践中，既是主体，又是客体。学生参加校园文化建设的实践活动，创造自我教育的环境与条件，弥补课堂教学之不足，使大学生在互动过程中发展自己的才能与爱好，提高自己的综合素质。校园文化基于大学生的自主选择性，就必须对高校校园文化建设进行科学规划，积极倡导健康向上的文化活动，坚持弘扬主旋律，反对社会上消极落后的文化现象向校园的渗透。同时，要对大学生进行世界观、方法论的教育，提高他们分辨是非的能力，自觉抵制不健康文化的影响，为青年大学生的全面发展提供更为广阔的空间。

二、当前校园文化建设中存在的主要问题

（一）只注重校园物质文化建设，忽视校园精神文化建设

高校作为培养人才、传承民族精神和文化的主渠道，校园精神层面文化的建设应成为校园文化建设的核心，并形成独特的精神文化风貌。这种精神文化是学校全体人员长期或短期的意识思维活动和一般心理状态的总和，是一个学校的灵魂。

校园精神对大学生的人生观产生着潜移默化的深远影响，而这种影响往往是任何专业课程所无法比拟的。

高校校园文化建设的深层次要求高校形成自己独特的精神财富和文化理念。就校园文化整体发展现状看，相当一部分学校在推进实体文化、制度文化建设，在促进校园精神文化的形成中，尚未注重体现各学校的自身特点、历史渊源和发展趋势，校园文化建设趋于一般化。文化现象应该有其共性，这是由文化的属性所决定的。但文化又是多元的，高校校园文化更是这样。首先，每个学校的历史不尽相同，在长期的发展过程中所形成的传统和精神也是不同的，这需要我们去挖掘这种文化的精华部分。其次，不同的高校有不同的办学定位和办学特色，我们可以创造出反映学校独特办学理念、人才培养模式的文化。抓好挖掘自身文化精华、创造鲜明特色文化这两个方面的建设，形成一种独特的精神财富和文化理念，应成为高校校园文化建设的一个方向。校园文化是满足学生精神生活需求的主要途径，但是，这种现象与全面培养学生综合素质的要求之间存在着矛盾。而且不少活动内容贫乏，形式单调，层次较低，不能满足高层次主体的需要，以致校园文化不能起到导向作用，而难以实现其总体功能。

（二）只追求校园文化活动繁多，忽视校园文化质量建设

当前，高校校园文化繁多，主要偏重于丰富学生的业余生活，但把校园文化建设与学校的专业设置、师资配备、课程开设等割裂开来，文化建设并没有深入到对师生的内在追求的引导上，却强化了世俗功利主义的地位。这样势必使校园文化建设缺乏系统性和长期性，极大地限制了校园文化功能的发挥，削弱其在高校完成其培养目标过程中的作用。当前高校的有些校园活动缺乏思想性和艺术性，没有起到应有的教育作用。在开展校园文化活动时，主办者首先要有明确的目的，即通过这项活动要培养或锻炼学生的什么能力。这就要求校团委、院系分管领导和学生会干部要加强审查。对有意义的校园活动给予大力支持，对毫无意义的活动甚至有些反面的活动要坚决予以抵制。学生一味地忙于组织开展活动，过于频繁又缺乏主题的活动，实际上很可能超越了学生的承受能力，使他们把这看成是走过场，产生厌烦甚至抵触情绪，这既降低了活动的成效，又会使活动丧失长久的生命力，使校园文化片面发展。

三、建设高校校园文化的有效途径

（一）坚持正确的思想导向

高校肩负着培养社会主义事业接班人和建设者的任务，必须坚持马克思主义对校园文化建设的主导地位，让积极健康、高尚的精神产品占领校园文化阵地，形成浓郁的文化氛围，真正做到以科学的理论武装人，以正确的舆论引导人，以优秀的作品鼓舞人，以高尚的情操塑造人。

当前，各种思想文化相互激荡，西方国家的政治观、民主自由观、个人主义、享乐主义等对青年学生的思想道德和价值观也会产生较大的冲击，这将对我国高校校园文化建设带来不良影响。因此，在校园文化建设的过程中，我们要始终坚持以马克思主义、毛泽东思想、邓小平理论、“三个代表”重要思想、科学发展观和习近平新时代中国特色社会主义思想为指导，坚持用社会主义核心价值体系引领各种社会思潮。高校应以科学的理论指导校园文化建设，坚持党的领导和社会主义先进文化的发展方向，引导学生树立坚定的理想信念和知行统一的思想观念。建设校园文化，要牢牢把握社会主义核心价值体系，弘扬和培育民族精神，提炼学校精神的核心价值观念，提升校园文化的内涵品位，发挥校园文化的创造力和辐射力，不断丰富和谐文化的内涵。

（二）深入开展校风建设

校风是学校风气的总称，涉及学校的整体风貌和师生员工的精神状态，是一所高校办学传统和办学经验的积淀。良好的校风，对师生员工的影响是巨大的，它能无形地规范师生的行为，形成激励人们前进的内在动力。高校的校风是校园之魂，是校园文化和全体师生精神风貌的集中体现。优良的校风具有引导学生形成正确的价值判断、调整和规范学生的行为、凝聚师生的力量和精神、促进学生全面发展和辐射社会主义先进文化等功能。因此，必须大力营造崇尚科学、严谨求实、善于创造、具有时代特征和学校特色的良好校园风气。

其建设的内容是要在全体师生员工中形成坚定正确的政治方向，高尚的道德情操，严谨的治学态度，民主的学术空气，团结奋斗、勇于创新的开拓精神，严明的组织纪律，良好的教学和工作秩序，凝聚、激励师生员工奋发向上的校园精神等。

一是加强教风建设。教风是学校中的教师在工作和生活中所形成的并表现出共同的较稳定的特点和行为倾向，是教师职业道德、工作态度、专业知识、教学能力、教学方式的综合表现。在教风建设中，要在师德建设上下功夫，增强教师教书育人的责任感，要把教书与育人有机地结合起来，深入挖掘教材中的育人功能，在传授知识的过程中，实现育人的目的。要从保证教学中心地位、解决教师实际问题、提高教师业务水平、加强教师师德建设等方面建设好教风。全体教职工要发挥潜移默化的示范作用，营造良好的校风。

二是狠抓学风建设。学风是大学生在学习上表现出来的精神风貌和行为作风。优良的学风包括正确的学习目的、巨大的学习动力、端正的治学态度、良好的学习方法。抓学风建设要转变教育观念，以学生为中心，以学习为中心，加强对学生的理想信念教育和专业思想教育；深化教学改革，激发学生参与学风建设的自主性，培养勤奋、严谨、求实、创新的优良学风。

（三）校园文化环境建设

环境在育人中的作用不应忽视，在校园文化建设中，要突出环境在大学生思想政治教育中的育人功能。校园物质文化是高校各种客观实体的总和。它包括学校的环境面貌、自然物、建筑物以及各种设施等。因为这些都是自然界的人化，融入人们的创意、知识、技能、价值取向和精神理念，已经不单单是一个个物体或建筑物，而成为校园文化的重要部分。加强校园文化的环境建设，主要包括自然环境与人文环境。

1. 重视校容、校貌建设。包括学校的建筑风格、绿化美化的程度、自然风景特色环境整洁水平、设备现代化层次等。校园内应有与本校相关的大家、名师的雕像，主题文化广场，校友捐赠的奇石，校园的花草树木，学校的文明标志牌等。加强校园规划和建设，特别是要做好绿化、美化、亮化工作，用优美的校园容貌激发大学生的爱校热情，陶冶大学生关爱自然、关爱社会、关爱他人的美好情操。这些物质文化都应该按“艺术”精品的标准来建设，体现出人文气息，反映出学校的文化传统和价值取向。通过学校建筑造型、人文景点来亮化塑造校园的整体形象，这对学生的成长必将起到潜移默化的教育作用。

2. 注重校园人文环境建设。要写好校史，建好校史陈列室，通过资料记载和图片宣传生动形象地反映学校办学历程，激励大学生继承和弘扬学校优良传统。要倡导大学生牢记校训、学唱校歌、佩戴校徽，激励大学生热爱学校、刻苦学习。要让黑板报、宣传窗、校训标志、电子标语随处可见，广播、校园网进入公寓，使学生在课余随时随地既可以学习相关学科与人文科学等知识，又渲染出浓厚的文化与学术气氛。要在校内主干道旁立下古今中外名人雕塑并刻上名言警句，在教室走廊及教室悬挂名人画像和名人名言，充分发挥校园文化对人的思想情趣的引导作用，以启迪师生的奋进精神。

（四）精心组织校园文化活动

学校要通过多种多样的校园文化活动，为学生提供一个展现自我、锻炼自我的平台，以丰富学生的课余文化生活，陶冶学生的情操，提高学生的精神境界。文化活动是校园文化的突出表现，也是营造校园文化氛围的有效方式。要不断地创新这些文化活动的内容和形式，给校园文化活动源源不断地注入新的生机和活力。我国许多高校近年来采取多种措施加强校园文化建设，开展内容丰富、样式新颖、吸引力强的思想政治、科技学术、文娱体育等校园文化活动，把德、智、体、美渗透到校园文化之中，使大学生在活动中受到潜移默化的影响，收到了很好的教育效果。

1. 开展思想政治教育类活动。思想政治教育类活动是提高学生思想道德素质的重要途径，是最能体现中国特色社会主义大学校园文化的活动形式。充分利用开学典礼、表彰大会及五四青年节、七一建党日、国庆节、“一二·九”运动纪念日等重大节庆日活动和纪念日，对学生进行井冈山精神、长征精神、延安精神、雷锋精神、大庆精神、“两弹一星”精神、抗洪抢险精神、三峡移民精神、载人航天精神的教育，让学生了解、学习、传承中华民族文化传统和民族精神。

2. 开展学术科技活动。学术科技活动是大学校园文化活动中的高层次活动。它不仅可以深化、扩展课堂所学知识，培养学生的创新精神和实践能力，而且在学生面前开启了一扇领略新学科知识的窗口。主要形式有学术讲座、科技创新大赛、科学文化节、科技成果展、大学生“挑战杯”竞赛活动等。

3. 开展丰富多彩的文艺活动。这是校园文化活动体系中的重要组成部分，也是师生员工喜闻乐见的活动形式。文艺体育活动对于丰富学校文化生活、营造文化氛围、展现学生风采、陶冶学生情操、愉悦学生身心有着重要作用。如艺术节、歌咏比赛会、诗歌朗诵会、辩论演讲会、书影展评会、书画摄影展、文娱体育赛等，都是开展校园文化活动的普遍有效方式。

（五）加强校园文化制度

建设校园文化是我国社会主义精神文明建设的重要组成部分，在构建过程中必须始终坚持社会主义方向，弘扬主旋律，倡导新风尚。校园制度文化是对高校师生的培养目标和发展方向提出的进一步规定和具体要求，它作为校园文化的内在机制，是维系学校正常秩序必不可少的保障机制，是校园文化建设的保障系统。高校校园文化建设特别需要进行科学的管理，最大限度地发挥校园文化活动的各种功能。

1. 加强队伍建设。高校要从学校发展全局和人才培养战略的高度，充分认识和加强校园文化建设的重大意义。高校党委要加强对校园文化建设的领导，把校园文化建设纳入学校建设与发展的长远规划和年度计划，并制订具体的校园文化建设方案，形成在学校党委的领导下，党政工团齐抓共管、分工负责的管理体制。校园文化建设与高校的各个方面的工作都有着密切关系，要充分发挥党团组织和学生会、学生社团在校园文化建设中的重要作用，推动校园文化建设深入发展。要把学生、教师、院系学生管理工作者这三种校园文化建设的主体有机地组织起来、整合起来，形成推动校园文化建设的强大合力。

2. 加强制度建设。要制定完善一系列校园文化管理制度，使校园文化活动有章可循，做到张弛适度，实现校园文化活动作为第一课堂的延伸和补充作用。要建立健全校园文化建设的各项管理规章制度，使学校各项工作有章可循。要建立和完善校园文化建设检查评估制度，把校园文化建设纳入高校的教育教学、行政管理、后勤服务评价体系，做到定期检查评估。我们应根据高校师生的具体情况，制定符合学生实际的、操作性较强，体现科学性、人性化的规章制度。

3. 加大经费投入。校园文化建设需要一定的经费予以支持和保证，没有必要的经费支持，再好的办法和措施也难以实现。高校要把校园文化建设经费纳入学校预算，尽可能在人力、财力、物力等方面加大投入，确保校园文化建设的各项工作顺利开展；要采取有效措施，及时解决校园文化建设中遇到的实际问题和困难。

第三节　建设高职和谐校园

一、外在宏观建设

（一）大力宣传引导，进一步克服轻视职业教育的思想，努力营造有利于高职教育发展的社会舆论氛围

对高职教育的社会认同率不高，一直是影响高职教育发展的一个突出问题。

近几年，这个问题有了较大改变，尤其是在“珠三角”和“长三角”地区，高职教育受到空前重视，得到迅速发展。但从整体上说，整个社会对高职教育认识上的误区和偏差仍然存在。职业教育与普通教育的等值性问题，始终没有得到很好的解决。目前，从规模上说，我国高职教育规模已经比较大了，但无论是同国外职业教育相比，还是与国内普通高等教育相比，我国高职教育都还比较弱小，远不能适应经济社会发展需求。与普通高等教育相比，高职教育具有“小”（规模小，2019 年，全国本科院校平均规模 14896 人；高职只有 6837 人，不及本科院校的一半）、“少”（教师中名师少、大师少、高职称、高学历者少）、“短”（办学历史短，大多是 1998 年扩招以后新创办的）、“差”（生源差，无论是高考录取还是中职对口单招，生源都是被筛选过了）、“淡”（校园人文氛围淡，教师学术科研意识淡，学生学习风气淡）的特点。所以与本科院校尤其是与重点本科院校相比，高职教育的弱点十分突出。但高职教育作为高等教育的一种类型，具有普通高校无法比拟的“短”（学制短，多为三年或两年，人才培养周期短）、“低”（学习成本低，由于学制短，再由于上岗实习有一定的报酬，学生家庭实际投入相对低）、“实”（学生能学到实用的一技之长）、“快”（学生毕业后零距离上岗，很快适应岗位工作的要求）的特点。我们要大力宣传高职教育在培养实用型技能型人才方面的突出作用，要让社会公众了解高职教育是高等教育的一种类型，在培养目标和办学模式上与普通高等教育是不同的，因此对高职的评价不能用普通本科教育的标准。要大力宣传高职教育在实现高教大众化、全面建设小康社会、构建终身教育和学习型社会中的特殊地位和作用。

（二）制定政策法规，保障高职教育的法定地位

经济发达国家的成功经验表明，为保证高职教育健康有序发展，政府必须在政策层面上对高职教育予以倾斜和支持。如师资队伍建设，应为高职院校培养和引进“双师型”教师，在编制和人事调动方面提供方便；如毕业生就业工作，应取消对专科生就业的歧视性的限制政策和规定；再如学校基本建设，在征用土地、规划建设、银行贷款等方面，应像对待普通高等教育本科院校一样，予以大力支持。另外，为了办出高职教育的一流学校，国家也应像支持重点高校建设“211 工程”“985 工程”“双一流大学”一样，制定专门政策，开展专项活动，让具备条件的高职院校朝着这个目标努力。

没有区别，就没有政策。对全国一千多所高职院校应区别对待，分类指导，

应鼓励条件较好，升格较早的高职院校利用优势专业试办四年制高职教育。发展四年制高职教育，是高职教育健康持续发展的必然趋势，也是提高我国高等教育整体水平的必然要求。随着经济发展、社会进步，特别是经济全球化和高新技术迅猛发展，社会对高职人才的需求必然多样化。高职教育应准确把握发展趋势，适时地优化培养模式，调高培养层次。

（三）构筑人才成长“立交桥”，加强与普通高等教育、中等职业教育的“联手”和对接

《中共中央国务院关于深化教育改革全面推进素质教育的决定》中提出“构建与社会主义市场经济体制和教育内在规律相适应，不同类型教育相互沟通、相互衔接的教育体制，为学校毕业生提供继续学习深造的机会”。职业技术学院（或职业学院）可采取多种方式招收普通高中毕业生和中等职业学校毕业生，职业技术学院（或职业学院）毕业生经过一定选拔程序可以进入本科高等学校继续学习。

随着社会生产力的发展及“五个文明”的进一步提高，人民群众对接受优质教育的要求在不断提高。根据教育部提出的要求，中等职业教育要加大发展，实现中等职业教育与普通高中规模大体相当。这就意味着，今后几年高职对口单招的数量将大幅增加，高职教育的规模也将继续扩大。同时，为了满足部分高职毕业生继续学习深造的愿望，必然提高高职“专升本”比例。对高职教育面临的形势，我们应有清醒的认识，未雨绸缪，架构多层次的、便捷的、畅通的人才“立交桥”。

（四）组建“职教集团”，促进与行业、企业的结合

为培养“具有必要的理论知识和较强实践能力，生产、建设、管理、服务第一线和农村急需的专门人才”，高职教育必须走产、学、研结合之路，必须探索新的办学模式。组建职教集团，有利于整合职业教育资源，实现优势互补，资源共享；集团内学校与企业在人才培养、人力资本运作、职业信息沟通、科研与技术开发等方面能够形成规模优势，增强学校和企业适应市场的能力，使学校和企业均能获得良好的效益。

二、内在微观建设

（一）科学布局，均衡发展

近年来，伴随着新型工业化的进程，高职教育从小到大，由弱变强。但就区域的布点和均衡发展来说，也有比较突出的矛盾。教育的发展，既要受经济发展的

制约，同时与人力资源、文化教育传统等方面相关联。职业教育从一定意义上说是就业教育，但更重要的是素质教育。对于经济相对落后，办学条件较差的地区，政府应采取有效措施，在政策尤其是经费投入方面，给予较多的优惠。否则，落后地区的高职教育日后将更加落后，而且还会造成更大的教育不公平，这与“和谐教育”的要求是背道而驰的。更为重要的是，由此还加剧了区域经济与社会发展的不平衡。因此，对高职教育的布点，应着眼全国，立足本地，统筹考虑。要引导、鼓励学生尽量就近报考本地区的高职院校，可在录取时予以一定的照顾。因而以科学发展观为指导，统筹职业教育与经济建设、劳动就业、人力资源开发协调发展，统筹职业教育与其他各类教育协调发展，必须建立在布局合理和区域均衡发展的基础上才有实际意义。

（二）专业设置要适应经济社会发展和人的全面发展的需要

高职教育的专业和课程要贴近市场，瞄准市场，跟踪市场，服务市场，适应市场，围绕市场的变化和需要做文章。高职教育能否得到社会的承认，培养的人能否受社会欢迎，关键是看专业设置是否对路，教学安排是否切合实际。

围绕市场办专业，这是高职教育的生命所在。但在实践中要避免两个倾向：一是急功近利、短期行为。市场变化很快，热门专业与冷门专业不是固定不变的。办好一个专业，既要根据市场的需要，同时也要根据学校的办学条件，诸如师资、实验设备、教学条件等，既要以市场需求定取舍，又要按教育规律办事。二是技术至上，忽视人文精神的培养。毫无疑问，职业教育要培养实用型的技能人才，但作为学校教育，必须全面贯彻党的教育方针，培养德智体美全面发展的社会主义建设者和接班人。技术教育与素质教育不是矛盾的，是有机统一的。片面地强调“一技之长”是不利于高职教育健康发展的。在专业设置方面，要实事求是，量力而行，不搞一刀切。

当前，高职教育改革不断深化，在办学模式、学制改革、产学研结合等方面都在进行有益的探索。组建联合职业技术学院、扩大 3+2 招生规模、缩短学制、拓宽对口单招渠道……这些改革与探索，都要与专业建设有机结合。

（三）以人为本，调动教师教书育人和学生学习成才两个积极性

构建和谐教育，首先要建设和谐校园。建设和谐校园，既有人与物的关系，又有人与人的关系。在众多关系中，学校与教师、教师与学生的关系最为重要。高

职院校大多是由重点中专升格建立的，学校升格了，并不代表每一个教师、每一个员工的思想水平、工作能力自然上了一个台阶，而需要有一个逐步提高的过程。此外，由于学校升格，在办学思想、管理理念、管理方法等方面均有较大变化。由于升格，教师职称要转评、科研工作要加强；同时需要引进具有高学历、高职称的师资，还要扩大校园规模，进行基础建设等，这些都可能给干部教师带来许多新的思想问题。这就更要树立以教师为本的思想，一方面，对他们在教学、科研方面提出更高的要求；另一方面，在工作学习和生活上热情关心他们，为他们的发展创造条件，为他们的工作、学习、生活排忧解难。另外，以人为本体现在学生身上，就是一切为了学生成长成才。既要为学生提供食宿方面的良好条件，又要为学生的学习成长提供高质量的教育教学。

（四）摆正教学与科研的关系，推动教学科研相互促进

从高职作为高校角度而言，必须认真抓科研。高校与中等学校的一个重要区别就是对教师在科研方面的要求不同。高校教师不仅要善于教书，而且在学术研究上要有所建树，要出成果。但高职又不同于一般的普通本科院校，尤其是不同于重点本科院校，毫无疑问，高职院校应是以教学为主的高校。因此对高职教师来说，首先必须过教学关，应具有较强的教书育人能力。与此同时，还应具有一定的科研能力和学术水平，并取得一定的科研成果。教学与科研，二者不可偏废，要根据各个学校的不同情况，把握一定的度，使教学与科研相辅相成，相互促进，在校园里营造出浓厚的科研氛围和良好的教书育人风气。

第九章　创新视角下的高职院校科研与就业管理

随着社会经济的快速发展，社会对人才的需求呈多样化特点，高职院校因其对学生的培养目标与人才市场需求高度契合，促进了高职院校的快速发展。但是现阶段高职院校对学生的职业生涯规划缺乏重视，短期规划与长期规划难以统一，一旦毕业便无法找到与自身技能相关的职业，所以本章将对高职学生职业生涯规划进行研究。

第一节　高职院校科研管理体系的构建

一、高职院校科研工作的内涵和特征

（一）高职院校科研的内涵

高校科研一般包括基础理论研究、应用技术研究和教育科学研究。高职院校则以教育科学研究和应用技术研究为主。包括专业领域的科学技术应用研究、社会科学管理技术与服务技能研究、高等职业教育教学规律研究、专业建设研究、课程体系研究、教学内容和教学方法研究、教育教学管理研究等内容。

1. 教育科学研究

高职教育科学方面的研究主要集中于三个方向：高职教育规律、高职教学规律、高职教师队伍建设规律。教育教学研究主要包括两方面：一是专职教科研人员的研究；二是以教师为主的一般教育教学研究。这两方面在高职院校的教育科研中具有

同等重要的地位。专职教科研人员的研究，主要是结合高职教育发展和改革实践中出现的新情况、新问题，探索在教育思想、教育观念、人才培养模式、课程体系等方面较为宏观的问题。以教师为主的一般教育教学研究主要是以教学内容和教学方法为主的研究。教师进行教育科学研究，一方面要尽量结合专业培养目标把自己所执教的学科领域内科技发展的新内容传授给学生；另一方面就是要加强教学方法的研究，遵循高职教育规律，依据高职教育目标和任务，结合学生的个性差异，充分利用现有的办学条件，选择和探索最为有效的教学方法和手段，或教学方法和手段的优化组合，更好地完成教学任务，实现教学目标。

2. 应用技术研究

高职院校应根据自身专业特点及科技优势，结合当地经济社会发展需要及产业结构特点积极开展科研活动。主要包括应用技术的开发、科技成果的推广、生产技术的服务、科学技术咨询等。科技活动的最终目的是发展生产力、改善人民的物质生活和精神生活。因此，高职院校在进行应用技术科研时，从立项开始就要进行市场调查，了解市场需求和企业生产能力，尽量做到技术推广与市场需求相结合。

（二）高职院校科研的特征

高职院校的科研具有地方性、应用性、灵活性、主动性和开放性等特征。

高职院校科研的地方性体现在高等职业教育是与地方经济结合最密切的一种教育类型，地方经济的发展制约着高等职业院校的发展，地方财政扶持是高等职业教育得以生存和发展的有利因素。高职教育科研必须从地方经济与社会发展的需要出发，解决经济、社会发展中急需解决的科学技术问题，并为地方政府部门的决策当好参谋、顾问，提供咨询服务。

高职院校科研的应用性体现在高职院校科研应以应用科技为主，在科研中要与教学相结合、与实际相结合，注重学科专业知识在实践中的应用研究，注重新技术开发、技术革新改造和技术推广应用。

灵活性体现在高等职业教育应以服务为宗旨，以市场为导向来凸显其灵活性。根据社会需要，按技术领域和职业岗位（群）的实际需求灵活设置专业；在科研项目的选择上，面向服务中小企业。中小企业感兴趣的往往是“短、平、快”的科技项目，因而高职院校可以充分发挥自身“船小好掉头”的优势，在“短、平、快”上多做文章。目前，高职院校科研的总体水平还低于普通本科院校，应扬长避短、因地制宜，主要面向一些小项目、杂项目的研究，在普通本科、科研院所不愿搞、不愿做的项目上做文章。

高职院校要主动地为地方经济服务。高职院校科研要面向区域经济的主战场，主动调整科研的主攻方向和重点，围绕区域经济的重大理论和实践问题及技术问题开展科学研究。此外，为了消除被动局面，高职院校还应主动宣传自己、推销自己，努力开拓科技渠道，寻求科技项目，在新知识、新技术、新工艺和新方法的推广与应用方面，走出校园，走向社会，走向生产一线。

高职院校科研的开放性是由高等职业教育的开放性所决定的。高职教师必须走向社会，走进田间，进入车间，深入课堂，在教学实践和社会实践中开展科研活动。此外，高等职业院校还应广泛地开展短期科技培训，为企事业举办各种技术培训，承担企事业生产技术改造与新产品开发，以满足企业转化高新技术产品和技术革新的需要。

二、高职院校科研管理体系的构建

（一）科研管理的基本原则

1. 服务原则

“管理就是服务”。在市场经济条件下，国家计划、横向委托、联合资助等项目都要通过竞争才能取得。这种形势下，服务就是管理，对科研人员提供良好的全方位的综合服务就是科研管理工作的中心内容。

2. 系统性原则

所谓系统，是指具有一定的功能、相互联系相互作用的各种要素组成的统一体。现代管理理论认为组织是一个开放的社会技术系统，不仅包括组织结构和技术的因素，而且包括管理、心理和社会方面的因素。管理心理系统把个体心理、群体心理、组织心理、领导心理等都看成是整体的要素，彼此既相互联系，又互为条件。在管理过程中，这些要素都不是单个人或某种孤立群体的个别心理与行为，而是经过社会心理系统加工了的，所以表现出来的都是社会行为、组织行为和群体行为，它都是借助人们的交往或人际关系进行彼此加工和相互影响的结果，即都是心理系统的产物。在管理心理学的研究中，必须从各种角度、层次去揭示领导和群体的心理活动规律，从而得出全面正确的结论，科学地指导管理实践活动。科研管理中的系统性原则要求把整个科研管理作为一个研究对象，从全局出发，综合利用各学科成果，采用各种方法分析、解决所面临的问题。系统性原则是科研管理中的一条基本原则。

3. 效益原则

科研管理要树立市场意识。一要增强知识产权保护意识，改变科研管理工作中重科研成果鉴定，轻知识产权保护观念，树立、强化知识产权保护意识，防止科研成果流失。建立健全高职院校专利工作体系，提高高职院校专利管理和服务水平。二要把应用性研究成果及时转化为现实生产力，产生社会效益和经济效益。三要节能增效，力求以最少投入取得最大产出，以最少消耗创造最佳效果。

4. 信息原则

信息对科研管理起着决定性作用。随着我国市场经济体制的不断完善，来自国家、各级政府部门的纵向课题立项方式发生了重大变化，形成了基金制、合同制、招标制等方式。同时市场竞争机制促使企业、事业单位增加了依靠科技进步的需求，来自企事业单位的横向课题大量增多。这就要求科研管理部门加强与社会的全方位联系，树立信息观念，扩大信息来源，加强信息管理，提供信息服务，将科研管理机构从办事机构转变为信息服务机构。

5. 民主原则

科学技术的发展与进步有赖于民主精神的发扬和民主制度的健全。在科研管理工作中，应坚持发扬民主精神，活跃学术气氛，坚持学术自由，认真贯彻“百花齐放、百家争鸣”的“双百方针”，从而使科研工作在不受干扰的社会环境和融洽的氛围中进行。

（二）科研管理的组织系统

所谓组织管理，是社会组织为了达到组织目标有意识、有计划地协调组织内部的人力、物力的过程。科研的组织管理是一个系统工程，是根据科研活动的特点，按一定的职权分工，把有关人员或部门组成一个体系，以便协调一致、共同奋斗的过程和机构。

1. 科研管理的组织机构

科研管理的组织机构大致由咨询、执行、监察等三大部分组成。咨询机构的首要职责是为决策机构把握“方向”，进行深入细致的市场调查分析，为决策机构决策重大问题时提供科学论证和决策方案。包括管理咨询、投资项目咨询与信息化建设咨询等。执行机构是执行决策机构发出的各种指令的职能机构。它包括计划管理机构、人员管理机构、财务管理机构、物资管理机构和生活服务机构等。监察机构是受决策机构的委托，对各执行机构和承担科研任务的单位，监察是否正确地贯彻决策的指令，向决策机构提供监察报告。

2. 科研管理组织的模式

科研管理组织是一个系统，它保证科研工作的各个环节相互衔接和科研开发机制的正常运转，从而保证科研开发总目标的实现。

从目前情况来看，高职院校的科研组织模式大致存在以下两种形式。

（1）直属机构模式

这种模式的优点是职责分明，可以充分发挥组织的组织、协调、控制功能，在经济上有相对的自主权。缺点是分工不太明确。

（2）直线职能模式

这种模式的优点在于将科研任务、科技开发技术服务工作紧密结合起来。缺点是这种组织对科研协调控制功能不强，不适应多功能的科研开发工作。

以上两种模式各有利弊。各职业院校要根据自身实力和外部环境，从适宜性、绩效、应变能力、效率等方面来衡量选择合适的科研管理组织模式。

（三）科研管理的常规

科研管理的常规工作牵涉到方方面面，但主要有以下几个方面。

1. 人力资源管理

所谓人力资源管理，是指在组织内部，通过人员配备、培养、工作绩效评估、奖酬以及保全管理活动，在组织内部建立起良好的人际关系，提高科研人员积极性与创造性，以有效地实现组织的目标与社会功能的过程。科研人力资源管理是科研管理的重要环节，其主要作用是对科研人力资源进行开发、调节和控制，使之发挥群体效应，提高科研单位的劳动效率和整个国家的科学技术水平。主要内容有：建立一支既有数量又有质量、结构合理的科研队伍；搞好科研人员的选拔、培训和使用以及考核、激励工作；通过一系列的科学管理方法，培养出一批具有创新精神、强烈事业心，具有一定组织能力和决断能力的高素质的科研人员队伍。

2. 科研经费管理

科研经费是科研部门发展和科研活动中所消耗的物化劳动和活劳动的货币表

现，是实施科研项目的基础保障。高职院校要逐年加大对科研经费的投入，争取企业、行业的经费投入，不断改善科研工作条件。加强科研管理，以最少的投入和消耗取得最佳的经济效益。科研经费管理要讲究科学方法，千方百计拓宽科研经费来源，保证科研经费数量足够、来源稳定可靠，以利于科研工作的正常运转。

3. 科研器材管理

科研器材是为科研工作提供实验手段，直接为科研服务的物质。科研器材管理包括器材的合理配置、器材的现代化水平程度等。科研器材部门不仅承担繁重的技术供应任务，还要承担技术管理和经济管理的任务，要了解科研器材工作的性质，明确任务，搞好科研器材的采购、保管、供应、维修、租赁以及各种资料的加工整理，培养科研器材管理人员。科研器材管理人员要及时地同科研人员、科研部门联系，密切配合做好各项服务工作。

4. 科研档案管理

科研档案是用来记录和反映人类社会科学技术活动，具有一定的经济、社会、技术价值并按规定制度归档的真实的原始的科学技术材料。科研归档管理工作包括科研档案的收集、统计、分类、编目保管、开发利用鉴定以及科研档案管理人员培训等方面。加强科研档案管理，充分利用科研档案，能够推动科研的发展。

5. 科研成果管理

科研成果是指某一科学技术研究项目，经过实验研究、设计试制或调查考察后，得到具有实用价值或学术意义的结果，包括发明、发展与技术改进等方面。科研成果管理工作包括科研成果的鉴定、申报、审查、奖励、推广应用等。科研管理部门要及时组织成果鉴定和报奖，以提高科研成果的档次和水平。成果转化是高职院校特别强调的联系地方经济发展最密切的一个环节，如果不及时转化，即使成果再好也没有实际意义。因此高职院校对已完成或鉴定的成果必须及时进行成果转化、成果开发，并以最快的速度占领市场，服务教学，服务社会，发挥成果应有的价值，突出产、学、研结合的特点。加强科研成果管理，加快科研成果转化，是推动潜在生产力向现实生产力转化，推动生产力发展的需要。

6. 科研情报管理

科研情报是指人类从事科学生产活动时，通过各种传递手段和媒介所获得的新的有价值的科技知识和不同形式的科技信息。建立完善的情报体系和高效运转的科研情报机构是开展和强化科研情报工作，利用最新知识，引进适用技术，加速科学技术事业发展必不可少的基本条件。科研情报管理要采用现代化的手段，加强对科研情报资料的搜集、整理、分析、研究、利用，以推进科研的进步和发展。

（四）科研管理基本体制的构成

高职院校科研管理体制的构成是一个系统工程，搞好高职院校的科研管理工作，必须构建一套完整的管理体系。各高职院校结合本校实际，构建具有自己特色的科研管理体系。但一些基本的结构是不可或缺的，科研管理体系应当包括以下六个方面。

1. 科研管理组织机构——科研处或教学科研管理处；
2. 学术评价与咨询机构——学术委员会；
3. 科学研究机构——高职教育研究所和各专业性研究所或研究中心；
4. 科研成果出版阵地——本院学报编辑部和科研成果推荐机构；
5. 科研信息服务中心——图书馆和科研信息资料库；
6. 科研成果的转化机构——科研发展服务中心和产、学、研实验基地。

第二节　高职院校学生的职业生涯规划

一、职业生涯规划含义

职业生涯，是指一个人一生在职业岗位上所度过的、与工作活动相关的连续经历。它不仅表示职业工作时间的长短，而且内含着职业发展、变更的经历和过程，包括从事何种职业工作、职业发展的阶段、由一种职业向另一种职业的转换等具体内容。

职业生涯规划，是指个人发展与组织发展相结合，对决定一个人职业生涯的主客观因素进行分析、总结和测定，确定一个人的事业奋斗目标，并选择实现这一事业目标的职业，编制相应的工作、教育和培训的行动计划，对每一步骤的时间、顺序和方向做出合理的安排。

职业生涯规划的目的是帮助员工真正了解自己，并且在进一步详细衡量内在与外在环境的优势、限制的基础上，为员工设计出合理且可行的职业生涯发展目标，在协助员工达到和实现个人目标的同时实现组织目标。

职业生涯是一个逐步展开的过程，它能够促使员工去学习新的知识、掌握新的技能、养成良好的工作态度和工作行为。

职业生涯规划有其特有的期限划分，可分为短期规划、中期规划和长期规划。

短期规划，为五年以内的规划，主要是确定近期目标，规划近期完成的任务。

中期规划，一般为五年至十年，规划三年至五年内的目标与任务。

长期规划，其规划时间是十年至二十年以上，主要设定较长远的目标。

职业生涯规划的特性是：

1. 可行性：规划要有事实依据，并不是美好幻想或不着边的梦想，否则将会延误生涯良机。

2. 适时性：规划是预测未来的行动，确定将来的目标，因此各项主要活动，何时实施、何时完成，都应有时间和时序上的妥善安排，以作为检查行动的依据。

3. 适应性：规划未来的职业生涯目标，牵涉到多种可变因素，因此规划应有弹性，以增加其适应性。

4. 连续性：人生每个发展阶段应能持续连贯性衔接。

二、高职学生职业生涯规划与自我要求

（一）制订合理规划，明确社会要求

从近几年高职学生的就业现状来看，出现了如下几种现象：一是高职生就业率随着经济的发展、社会用人观念的改变及高职院校人才培养模式的改革而逐年提高，但普通本科生、中职生就业状况仍然好于高职生。二是制造类专业高职生就业状况好于服务类专业高职生。三是发达地区高职生就业状况好于欠发达地区高职生。四是品学兼优、综合素质好的高职生就业状况好于只是学习好而综合素质差的高职生。五是掌握多种技能的高职生的就业状况好于技能单一的高职生。六是人文素质好的高职生就业状况好于人文素质差的高职生。应该说，随着中国社会主义市场经济的建立和完善，随着产业结构的升级和调整，社会用人单位对劳动者智力的需求越来越高，越来越迫切。因此高职学生应当根据社会的实际要求有针对性地提高自身各方面的素质，具体如下。

1. 专业知识的要求

由于用人单位对毕业生的需求，一般首先选择的是学生某专业方面的特长，

高职生迈入社会后的贡献，主要靠运用所学的专业知识来实现。如果职业生涯规划离开了所学专业，无形当中增加了许多“补课”负担，个人的价值就难以实现。因此，高职生对所学的专业知识要精深、广博，除了要掌握广博的基础知识和精深的专业知识外，还要拓宽专业知识面，掌握或了解与本专业相关、相近的若干专业知识和技术。

2. 外语的要求

现在高职生在外语学习方面普遍存在以下问题：首先，学生英语阅读能力差，一般的英语科技文献资料读不懂，无法使用；使用英语交流困难，甚至是简单的日常用语也不会，无法适应外资企业工作要求；英语书面表达能力差，不便于交流和维护，当然更不能用英语书写英文的学术论文及相关报告。其次，单一的英语语种已不能适应市场竞争的需要。随着全球化进程的加剧，世界各国之间的联系日益密切，英语虽为世界通用语言，但随着多元化的发展，多语言国家之间联系的加强，掌握几种语言的需求越来越强烈。高职生可以在学习之余另学一门或者几门语言。

3. 对计算机的要求

随着科技的进步，无论是在学习中、工作中还是在日常生活中，计算机已经慢慢成为人类生活中的一个重要组成部分。高职学生今后从事的高级技术工作可能更多，因此一些基础的计算机知识，一些有关专业的计算机知识，一些基本的系统操作成了高职生今后工作的一个必备要求。高职生可以根据自己具体的专业，结合自身的具体情况，有针对性地深化计算机有关知识的学习，以为今后发展打下良好的基础。

4. 对综合实力的要求

通过多种途径提高自身综合素质，如参加各项活动，锻炼自己的各种能力；参加兼职工作、社会实践活动，并要具有坚持性；在课余时间长时间从事与自己未来职业或本专业有关的工作，如参与学生科研工作，提高自己的责任感、主动性和受挫能力。

（二）确定奋斗目标，提高执行力

在制定目标时要注意以下几个问题。

1. 目标长短配合要恰当

生涯目标的制定要注重长期与短期相结合。长期目标为人生指明方向、鼓舞斗志。短期目标是实现长期目标的保证，只有不断实现短期目标，才会实现长期目标。特别是在职业生涯发展过程中，通过短期目标的达成，能体验到达成目标的成就感和乐趣，鼓舞自己为取得更大的成就而向更高的目标前进。

2. 同一时期目标不宜多

就事业目标而论，成就一番事业，同一时期，须把目标集中到一个焦点上。你见过同时追逐5只兔子的猎手吗？十个手指能按住十只跳蚤吗？即便你才高气盛，处处高人一等，如果同时设下几个目标，可能一只兔子也打不着，一只跳蚤也按不住，一个目标也实现不了。人生目标的追求，好比坐凳子，一个人同时想坐几个凳子，一会儿坐坐这个，一会儿坐坐那个，换来换去，一不小心，就会从凳子中间掉下去，其结果是哪个凳子也没坐稳，也就是说一个目标也没实现。

3. 目标要明确具体

目标就像射击的靶子一样，清清楚楚地摆在那里。干什么，干到什么程度，要有明确具体的要求，甚至可以简化为“想拥有什么”“什么时候拥有”。比如，从事哪一专业，学习哪些知识，达到什么程度，什么时间完成，都要明确、具体地确定下来。值得一提的是，目标选择要懂得取舍。人的一生总面临着选择，艰难困苦的选择，轻松随机的选择，主动的选择，被动的选择，选择目标、方向和路径，同时也就选择了价值、意义和使命。既然人生得不到全部，为了得到其中的一部分，必须放弃其他的部分。

4. 生涯目标要有余地

要留有余地，就是要留有机动的时间，就是不走进死胡同。即便发生某些意外，也有时间和精力机动处理。实现目标的时间安排要从实际情况出发，不慌不忙，不急不躁。在工作的安排上不要刻板，要灵活机动。在要求不变的情况下，完成的时间和做法可以调整变换。

（三）不断学习，不断调整

职业生涯规划是一个动态的过程，影响职业生涯规划的因素很多。有的变化因素是可以预测的，而有的变化因素却难以预测。在这种状况下，要使职业生涯规划行之有效，就须不断对职业生涯规划进行评估与修正。

几乎每个人在职业生涯中，都会碰到一些一时看起来不可逾越的障碍，有些人这时便会怀疑自己的能力，怀疑自己的前途，怀疑自己的职业定位，从而产生退却的念头。我们的“职业瓶颈”主要有四处：刚开始工作、工作10年左右、40岁和50岁。遇到职业瓶颈的时候，退缩放弃或者放任自流都是对未来不负责，及时调整职业规划才是科学的做法。

第十章　创新视角下的民办高职院校教育管理

民办高职院校的兴起是经济社会发展的必然，它们大都是依托行业或企业办学，具有产学研、就业、机制、资金、品牌及文化等诸多优势。随着2020年中华人民共和国《民办教育促进法》的颁布、《民办教育促进法实施条例（修订）》被列入2020年国务院立法工作计划，以及党的十九大报告指出，优先发展教育事业，支持和规范社会力量兴办教育，我国民办教育发展势头良好。《民办教育促进法》及其实施条例颁布实施以来，民办高等教育得到了快速发展，拓宽了人才培养渠道，不但适应了人民群众对教育的多样化需求，也对深化高等教育办学体制改革起到了积极作用。

第一节　以育人为中心，坚持从严治院

一、民办高职院校必须坚持以育人为中心

（一）坚持以育人为中心，是由民办高职院校的根本任务所决定的

以什么为中心的问题，直接影响并决定着民办高职院校的办学思路，以及学校制定政策的导向性和办学资源如何配置等一系列重大问题。

长期以来，许多高职院校在具体的教育实践中，都是坚持以“教学为中心”，或者强调“确立教学在学校工作中的中心地位”。这种“教学中心论”，其依据的是教育部2004年制定的《高职高专院校人才培养工作水平评估方案（试行）》的有关条文。《高职高专院校人才培养工作水平评估指标等级标准》第一个一级指标第三个观测点“教学中心地位”规定，如果高职院校“重视教学工作，基本能正确

处理教学工作与其他工作的关系，教学工作的中心地位基本落实”，其考核为合格；如果能做到“突出了教学工作的中心地位，各项政策规定向教学、教师倾斜力度大”，则考核为优秀。该观测点在整个考核体系中权重系数为0.3。就是这0.3的权重系数，传递了一种错误信息：高职院校要以教学为中心。这样就将手段和目的混淆，造成了部分高职院校在办学思路上的混乱。目前在高职院校以什么为中心的问题上，应该有比较统一的认识，是到正本清源的时候了。

教育的本义就是为了育人，即培养对社会有用的人。学校的根本任务就是育人，人们通常说“教书育人”，其实教书是手段，育人才是根本。在这方面，古今中外的学者都有精辟的论述。宋代大哲学家张载说“学所以为人”，法国的教育家卢梭则强调“人是靠教育而成”。他们的论断都说明了教育的目的是培养人。马克思主义教育论也认为，教育是为了使一个自然人成为一个“完全的人”。也就是说，人一生下来，只是一个自然人，只有通过完整的教育（主要是学校教育），才能使他成为一个能适应社会的有用的人。

我国的有关法律和政策，对高职院校的根本任务和中心工作规定得比较明确。1999年1月1日起施行的《中华人民共和国高等教育法》（以下简称《高教法》）第五条规定：“高等教育的任务是培养具有创新精神和实践能力的高级专门人才，发展科学技术文化，促进社会主义现代化建设。”第三十一条规定得更加明确：“高等学校应当以培养人才为中心，开展教学、科学研究和社会服务，保证教育教学质量达到国家规定的标准。”2005年公布的《国务院关于大力发展职业教育的决定》强调职业教育要“以服务社会主义现代化建设为宗旨，培养数以亿计的高素质劳动者和数以千万计的高技能专门人才”。职业院校要“改革以学校和课堂为中心的传统人才培养模式”。2006年9月15日，李长春同志在吉林大学思想政治教育工作座谈会上的讲话，进一步明确了高校必须“以育人为中心”。他指出：“落实教书育人、育人为本的要求，首先就要切切实实地把育人为本摆在高校各项工作的中心位置。我们办的是中国特色社会主义的高等学校，培养的是中国特色社会主义事业的合格建设者和可靠接班人。这是育人为本的核心含义，是党和国家最根本、最重要的办学宗旨。高等学校要以对党的事业、国家前途、民族命运高度负责的精神，始终不渝地把育人为本摆在学校全部工作的中心位置，做到全员育人、全程育人、全方位育人，把育人为本融入学校教育教学的各个方面，渗透到学生学习生活的各个环节。”

党的十八大以来，习近平总书记对中国高等教育的发展和高校思想政治教育工作高度重视，并发表了一系列重要论述。“高校思想政治工作关系高校培养什么样的人、如何培养人以及为谁培养人这个根本问题。”在 2016 年 12 月 7 日至 8 日召开的全国高校思想政治工作会议上，习近平总书记在重要讲话中强调，要坚持把立德树人作为中心环节，把思想政治工作贯穿教育教学全过程，实现全程育人、全方位育人，努力开创我国高等教育事业发展新局面。习近平总书记提出“不忘初心、牢记使命”这一重大政治命题，并对党的初心使命进行多次深刻阐释，形成了关于“不忘初心、牢记使命”的重要论述。总书记的重要论述立意高远、思想深邃、博大精深，是我们深入领会、践行初心使命的根本遵循。我们党“为中国人民谋幸福、为中华民族谋复兴”的初心使命，在教育领域具体表现为“为党育人、为国育才”。中国共产党自成立起就高度重视教育工作，把教育作为民族振兴、社会进步的重要基石。

（二）坚持以育人为中心，是民办高职院校教育实践的必然选择

《高教法》明确规定：“高等学校应当以培养人才为中心，开展教学、科学研究和社会服务，保证教育教学质量达到国家规定的标准。”但在具体教育实践中，由于种种原因，有人把高校的教学、科研和社会服务三个职能中的两个拿出来作为高职院校的中心。窃以为这是一种认识上的偏颇。不能认为教学、科研对学校重要，就强调其为中心。社会服务也是高校的一个职能，随着经济的发展，社会服务会越来越重要，也会像教学科研成果一样，是学校的核心竞争力之一。到时也许会有人提出“社会服务中心论”。因此，弄清高职院校到底以什么为中心，意义十分重大。

从具体的教育实践来看，教学只不过是育人的一个主要手段，一个重要环节。尤其是在目前高职院校的招生和就业都面向市场的情况下，教学工作只不过是学校工作的一个重要部分而已。从具体的情况来看，高职院校的工作分为“招生就业、学生管理、教学改革、行政后勤”四大环节。这四大环节就像四个轮子都必须围绕“育人”这个中心转动，做到协调发展。其中“招生就业”是源头性工作和关键性出口，关系高职院校的生存和发展。“学生管理”同样重要，它不仅是校园稳定的根本所在，也是教学得以正常开展、教学质量得以不断提高的前提和保证。如果一个学校管不住学生，一切都无从谈起。行政后勤的管理和服务同样重要，在后勤服务上稍有差池就可能成为学校不稳定的导火索。因而，不能把教学这样一个育人的具体环节和手段当作学校的中心工作。从哲学角度看，只有把目的当作中心，使所

有工作都围绕目的来开展，才能理清思路，纲举目张，才能透过现象抓住本质。只有围绕育人这个中心，学校的各项工作才能避免五官争位，才能协调一致，才能把“教书育人，管理育人、服务育人及环境育人”的功能发挥到最大限度，真正把教育质量抓上去，把学校越办越好。

同时，教学工作也存在教什么、怎么教、为什么教的问题。

一是教什么。就是要坚持以就业为导向，紧密结合社会经济发展对人才的需求，来确定教学内容。除教给学生本专业所需的重点知识和核心技能外，要突出职业道德和职业操守的教育。育人为中心，包括了对学生全面素质的培养，如文化素质、专业才能、职业道德、公民素养等。当然，职业教育不同于普通教育，学生就业并由此促进社会与学生自身的发展是重点。因此育才应是课程设计的重点。但毕业生也是社会成员，职业道德与人所应有的素质必须得到保证，因此育人既是学生全面发展又是课程设计的根本。教育部启动《面向 21 世纪教育振兴行动计划》，把实施素质教育列为一项世纪工程。素质教育的实施就是教育学生“学会求知，学会做事，学会共处，学会做人”。

二是怎么教。这是一个教学改革的问题。要改变旧的课程教学理念，要掌握并应用“泰勒新课程论”，切实根据企业对人才的需求设置课程，制订和实施课程计划。改革以学校和课堂为中心的传统人才培养模式，积极探索和创新人才培养新方法和新模式。要探索校企结合、校社结合的培养模式，让企业参与教学和教改，让学生提前进入岗位，边干边学。积极探索特长生培养模式，推行“骨干教师培养特长生——特长生带动一般学生”的“师父带徒型”的技能学习和培养方法。

三是为什么教。这是教学的目的和任务问题。教师的根本职责是育人。韩愈说：“师者，所以传道授业解惑也。”传道，就是要引领学生担负天下责任，传承高尚品德。授业，就是传授知识，研修学业。解惑，既解传道之惑，也解授业之惑。传道授业解惑都是教育人，传道为先。因此，教学工作始终要围绕育人这个中心展开，育人是教师职业的本质，是教师职业的最高追求，也是教学的根本目的所在。

（三）坚持以育人为中心，是民办高职院校稳步发展的体制性保障

民办高职院校的一切工作要围绕育人这个中心，精心构筑全员参与的全程、全方位育人的工作机制。建立从院长到每一个教职员工都应确定“人人是教育工作者、处处是教育工作阵地、事事是教育工作内容”的新育人观。切实做到教书育人、管理育人、服务育人及环境育人。

在具体实践上，要做到以育人为中心，“招生就业、学生管理、教学改革、后勤保障”四轮驱动，协调发展，把“教书育人、管理育人、服务育人及环境育人”贯彻落实到每个工作环节上。

1. 招生就业

在招生工作方面，必须坚持诚信招生，坚持“不搞虚假宣传，不诋毁别人，不乱承诺”的“三不原则”。招生的过程就是对学生进行诚信教育的过程。在就业服务方面，要求学生学有所长，正确定位，不好高骛远。采取“2+1”模式让学生提早实习，了解社会，熟悉企业，掌握技能。采取个人自主择业与学院推介相结合的方法，促进就业，提高就业率，使学生真正成为社会所需的有用之才。

2. 学生管理

在学生管理方面，坚持严格管理，狠抓行为规范，坚持育人为本，德育为先。建立由领导、学生管理人员、课任教师、行政人员以及学生干部组成的轮流值日制度。领导必须亲自挂帅，全体教师、行政人员共同参与，院、系两级学生干部协同管理。确保学院每天从晨跑到就寝，从寝室、课堂到食堂整个校园，均有相关人员值日，对学生的日常行为规范、不文明现象、违纪情况等进行督查，真正形成全员、全程育人氛围。进一步总结“两课”教学改革经验，积极发挥“两课”主渠道作用；按照政治强、业务精、纪律严、作风正的要求，坚持专兼职结合的原则，建设一支适应新时期需要的思想政治工作队伍。针对目前高校思政教育内容空泛，效果不好的现象，开展形式多样的理想信念教育、爱国主义教育、自由与纪律教育、艰苦奋斗教育等主题教育。从学生心理特点、思想道德特征出发，采取从最亲的人、最小的事着手，由近及远、由低到高的思想教育工作思路，把重点放在激发学生内在情感，强化学生道德观念上，以期收到良好效果。推行德育百分制考核，全面推进“新三进”工作。加强学生思想政治工作队伍和班主任队伍建设，提高学生管理水平。完善学生思想政治工作网络，抓好思政主题网站建设。进一步完善思政工作进公寓体制，加强学生行为规范和安全的教育管理，加强学生社团建设，开展丰富多彩的文娱活动，建立一个覆盖全校、辐射社会、延伸课外的“全员育人、全过程育人、全方位育人”“教书育人、管理育人、服务育人”的立体化思想政治工作网络系统。

3. 教学改革

在教学管理方面，狠抓教学规范管理，高度重视课堂教学和实践教学，采取硬性措施和鼓励措施，抓好精品课的建设；抓好教学改革，引导和鼓励教师进行教改。逐步克服教学内容学过的用不上、用上的没学过的弊端。将课程分为一般课程和重点课程，突出重点课程的教学。在学生能力的培养上，将能力分为一般动手能力和重点动手能力，突出重点动手能力的培养。积极进行教材改革，对教材按照岗位需要进行必要整合，使教材贴近生产和企业实际，适应提高学生动手能力的需要。优化资源配置，在资源不够充足的情况下，首先保证教学的需要；制定公平、公正、合理的教师评价体系；建立严格的考核制度，要求广大教师必须努力具备理论教学能力、实践教学能力和管理能力。

4. 后勤保障

在行政后勤服务方面，以学生为本，一切为了学生，给学生更多的人文关怀。克服学生人数急剧增加，后勤管理压力大等困难，采取有力措施，从学生的吃、住、行关心起，从每一个细节上做工作，坚持全员育人、全程育人。学院从领导到职员、课任教师，从早上起床一直管到晚上 10 点，从学生的早操、上课、吃饭到晚自习与就寝全程监督管理。形成了富有特色的管理和育人模式，得到了领导和媒体的充分肯定。

总之，民办高职院校必须坚持以育人为中心，以服务为宗旨，以就业为导向，学校的各类人员都要提高对本职工作的认识，教师要树立教书育人的思想，管理干部人员要树立管理育人的思想，后勤人员要树立服务育人的思想，从育人这个高度对待自己的工作。充分发挥教书育人、管理育人、服务育人及环境育人的全方位育人功能，培养出深受社会欢迎的政治品行良好、技能素质过硬、工作作风踏实的高技能人才，为社会和经济发展做出应有贡献。

二、民办高职院校必须坚持从严治院方针

（一）从严治院是企业对民办高职院校人才培养的必然要求

企业从严管理是建立现代企业制度的内在要求，是提高企业竞争力的基本途径。企业发展靠管理，管理才能出效益。有了严明的管理，企业就能立于不败之地。从严管理说白了就是对人的管理，要在人的身上做文章，一切管理行为和决策首先应以尊重人、理解人为立足点。企业要发展，人是关键因素。因此，现代企业对人才行为规范、道德素养等非技能素质的要求越来越高。

浙江广厦建设职业技术学院的举办者，中国广厦控股公司董事局主席楼忠福

先生在办学之初，就要求学院实行从严治院方针，并要求落实责任制，实行班主任跟班制，教师坐班制，严格管理，规范管理。因为，广厦是搞建筑起家，知道从严管理的重要性。广厦是全国著名大型企业，广厦视质量如生命，强调产品即人品，这是广厦的质量理念。一流的质量来自严格的管理。广厦对人才的第一要求就是“责任”，就是责任心、事业心与敬业精神。高职教育就是就业教育，企业对人才的要求就是高职院校人才培养的目标。因此，坚持从严治院，实施从严治院的方针，就是坚持以就业为导向的高职教育的基本方针。

（二）从严治院是领导对民办高职院校的殷切期望

《国务院办公厅关于加强民办高校规范管理引导民办高等教育健康发展的通知》（国办发［2006］101号）指出：当前和今后一个时期，加强民办高校规范管理的重点是：民办高校要贯彻国家的教育方针，坚持社会主义办学方向和教育公益性原则。严格按照国家规定标准充实和完善办学条件。健全教学管理机构，改进教学方式方法，不断提高教育教学质量。加强教师队伍建设，保障教师的工资、福利待遇，按国家有关规定为教师办理社会保险和补充保险，为教师全身心投入教育教学活动创造良好的条件。教育部《关于全面提高高等职业教育教学质量的若干意见》（教高［2006］16号）要求高职院校：从严治教，规范管理，特别是规范办学行为，严格招生管理。建立健全各种规章制度，完善运行机制，维护稳定，保障高等职业教育持续健康发展。从严治教，规范管理，特别是规范办学行为，严格招生管理。中华人民共和国教育部令第25号《民办高等学校办学管理若干规定》第十九条强调：民办高校应当建立健全教学管理机构，加强教学管理队伍建设。改进教学方式方法，不断提高教育质量。

（三）从严治院是民办高职院校一切从实际出发的必然选择

有人分析，民办高职学院的学生普遍存在“三差二多一悬殊”现象。所谓“三差”就是成绩差、自主能力差及行为习惯差。由于家长和考生对民办高职学院还缺乏应有的了解，报考民办高职学院的学生几乎都是刚上分数线的，招生宣传工作做得不够到位的一些民办高职，在录取普高考生时往往还要降分录取。进民办高职大多被家长和考生看作是“无奈的选择”，甚至是“最失败的人生”。因此，不少学生进校后学习目的不明确，情绪不稳定，没有兴趣、没有动力、自觉性不强、主动性不够、缺乏远大志向，浑浑噩噩度日，花钱却大手大脚，上课迟到早退，上网玩游戏没日没夜，寝室卫生和个人卫生脏乱差，问题成堆。“二多”就是问题多：一是学生自身问题多。从教学实践来看，这些学生之所以成绩差，并非智力不好，而是“问题”缠身所致。二是家庭问题多。家庭问题是导致“三差生”的一个重要因素，这些“三差生”的家庭要么是单亲家庭，缺少必需的亲情；要么父母常年外出经商，家庭经济富裕，对子女却没有精力过问，对孩子放任自流。“一悬殊”就是学生家庭经济状况悬殊。我国民办教育的学费不仅包括教育的成本费，还包括一部分学校的建设发展费。进入民办高职学院的学生，相当一部分家庭条件优越，父母职业好，学生对学习期间的学费、生活费及日常开支没有丝毫压力；但另有一部分学生家庭并不富裕，缴了费用后，生活上捉襟见肘，维持正常的学习都存在困难。这种状况导致一些学生心理失衡，问题增多。

面对这样的学生，管理难度可想而知。有人甚至做出“多办一所高职，少办一座监狱”的偏激论断。这恰恰说明，对这类高职学生只能遵循“因材施教”原则，从严管理。要让学生成才，首先要教会他们如何做人，如何成人，要从培养他们良好的行为习惯入手。没有规矩，难成方圆。这个规矩就是规章制度，就是严格训练，要从学生的生活起居习惯到学习习惯，从教育全过程到每个细节一一抓起。我们强调以学生为本，要热爱学生。但是“爱”字不能只挂在嘴上，要留在心里，关键要落实在行动上。

“爱”字落实到行动就成了一个“严”字。管理学生必须“严”字当头，正所谓松是害、严是爱。因此，从严治院是我们唯一正确的选择。

（四）从严治院是民办高职院校教学质量不断提高的前提和保证

学校的根本任务是育人，教学质量是学校的核心问题，全面提高教学质量，关系着学校的生存与发展。良好的教学秩序是提高教学质量的前提和保证。教学秩序一团糟，教学质量又从何谈起？那么，良好的教学秩序从哪里来？它靠全体教职员工管出来，带出来。良好的教学秩序来源于“从严治院”。

稳定教学秩序，严格控制教学是学校教学管理的中心环节，也是学校教务部门的主要工作。它关系到学校的教学工作能否顺利地进行，学生的学习质量能否不断地提高这样一个全局性的问题。在这里，课堂秩序起着关键的作用，课堂秩序是提高教学质量的前提和保证。好的课堂秩序能激发教师的灵感，使教师充满激情，发挥自如，教师讲得津津有味，学生听得意犹未尽，教学任务可以圆满地完成。然而纪律混乱的课堂秩序会带来什么样的结果呢？教师课前无论怎样精心准备，如果他不能很好地驾驭课堂，教学质量便无从谈起。没有好的课堂秩序，上课举步维艰。所以，提高教学质量，要从管理好课堂秩序入手。民办高职院校必须坚持从严治院，只有保证良好的教学秩序，才能有效地实施质量兴院的战略。

（五）坚持从严管理与倡导学生自主管理的一致性

高职院校学生在生理、心理上比中学生成熟。因此，许多高职院校对学生实行自主管理，培养他们自我管理能力和创造精神。但大学生也分三六九等，特别是高职学生，他们来自普高第五批及“三校”考生。尤其是地处县级市的民办高职院校，生源情况就更为复杂，有高职、成高、五年一贯制等，不能与普通高校相提并论。对这样的学生，实行放羊式的自主管理，实践证明是不行的。

当然，坚持从严管理与倡导学生自主管理并不矛盾。关键是要正确理解和把握自主管理的内涵。自主管理不是放羊式的放任自流，而是在从严基础上的学生全员积极参与管理。如浙江广厦建设职业技术学院形成了富有特色的“民办高职学生教育和管理模式”，积极探索“让学生自己管理自己”的自主管理模式。先后建立起学生干部参与“全员育人管理制度”“公益服务周活动制度”“学生助理班主任制度”“楼层长参与公寓管理制度”，取得了明显成效。建筑工程学院于 2006 年 9 月，率先在全院推行“学生助理班主任制度”，制定了工作职责和考核办法，定期进行考核交流，为创新学生管理模式提供了范式。学生处狠抓学生公寓“楼长、层长、寝室长”的三长队伍建设，举办团委、学生会主要干部，各班长、团支书，学生公寓楼层长学生干部培训班。学院开展了“公益服务周”活动和“行为规范”教育活动，让全体学生真正参与到学院各项日常管理工作中，通过管理别人促进自身各项素质的提高。

总之，坚持从严治院方针，实施从严管理，不是高职院校领导心血来潮的胡乱选择，而是企业对高职人才培养的要求，是我们从实际出发的正确选择，是党中央对加强大学生思想政治工作的要求，是我们必须牢固树立的一个高职教育的基本管理理念。

第二节　构建全员育人的格局

一、构建民办高职学院全员育人格局内涵

要探讨如何构建民办高职学院全员育人格局，首先应该搞清楚其内涵。所谓构建民办高职院校全员育人格局，就是民办高职院校要以《关于学习贯彻落实全国加强和改进大学生思想政治教育工作会议精神的通知》精神为指导，坚持以人为本，以育人为中心，充分发挥民办高职院校政党工学团等组织的整体效能，使学院的全体教职员工都确立育人意识，把教书育人、管理育人、服务育人渗透到各个环节，形成领导、学生管理人员、课任教师、行政人员以及学生干部等人人参与的全程、全方位的育人网络。坚持以就业为导向，全面推进教学改革，不断提高民办高职院校的育人水平，为地方和区域经济社会的发展做出应有贡献。

为了表述方便，我们这里探讨的全员育人概念，应该包括全程育人、全方位育人的含义。同时必须强调，构建全员育人的格局只不过是手段，其目的是提高学院的育人水平，通过全员育人、全程育人、全方位育人增强民办高职院校的核心竞争力。

二、构建民办高职院校全员育人格局要把握的几个问题

（一）构建民办高职院校全员育人格局，必须坚持以育人为中心

民办高职院校的师生，对坚持以育人为中心存在不少模糊认识。一是否定以育人为中心。民办高职学院大都创办不久，有人就提出学院工作必须以招生为中心或者按照传统思路强调以教学为中心。二是不能坚持以德为先。一些领导没有真正把大学生思想政治教育摆在首位并贯穿于教育教学全过程，而是忙于招生、建新校区等事务性工作。三是没有形成全员育人氛围。部分教师不重视课堂育人的功能，只重教书不重育人。一些社会科学课程的教材建设滞后，只注重知识的传播，忽视对学生进行爱国主义、集体主义、民族精神和职业道德的教育和培养。有些教材照抄照搬，不分析、不批判，任由错误思想泛滥。四是只重技能培养，忽视品德培养。不少学生认为，自己毕业以后从事的是技能型岗位，所以一门心思学习技能，认为“只要一技在身，走遍天下都不怕”。一些思想政治理论课教师讲课脱离学生的思

想实际和社会实际，吸引力、感染力不够，针对性、实效性不强，贴近生活、贴近实际、贴近学生做得不够。五是学生管理工作与形势发展的要求不相适应，不能体现“以人为本”的思想。六是只重视教师队伍的学历和技能素质，忽视师德师风建设。

这些模糊认识不澄清，构筑全员育人格局就缺乏基础和动力。因此，构建全员育人格局，必须坚持育人为中心，从提高全院师生的思想认识上入手，真正形成全员育人氛围。

（二）构建民办高职院校全员育人格局，要毫不动摇地坚持以德为先

有人认为，高职学院以培养高等技能型人才为主要任务，强调德育为先，是否会与高职院校的培养目标起冲突。事实证明，注重高职学生技能素质的培养，是一个直接关系培养什么人，培养出来的人是否受用人单位欢迎的大问题。

《礼记·大学》曰：“大学之道，在明明德，在亲民，在止于至善。”可以看出，我国古代就把高等教育的要义规定为“明明德”，在于“止于至善”。孔子的“成人”之道，就是培养仁智统一的理想人格。《论语·问宪》在解释什么是“成人”时说：“子路问成人。子曰：‘若臧武仲之知，公绰之不欲，卞庄子之勇，冉求之艺，文之以礼乐，亦可以成人矣。’”臧武仲、孟公绰、卞庄子、冉求者，皆古代贤人。孔子的意思是能兼臧武仲之知、孟公绰之仁、卞庄子之勇与冉求之艺，然后，用礼乐加以节制，这样就已“成人”了。尽管要求过高，但可以看出孔子“成人”的标准。孔子认为“知”“仁”“勇”是成人的必备品质。其中“仁”是核心，“仁者必勇”；“智”是仁人、勇士的前提条件；而“勇”是实现其道德理想的具体手段。孔子还把“温、良、恭、谦、让”“义、直、信、敏、笃”等都看作成人的必备品质。强调以德为核心的全面素质，是现代企业对高职毕业生的必然要求。

素质特征的研究始于20世纪60年代后期，直到1973年，心理学家麦克利兰在《美国心理学家》杂志上发表文章《测量胜任素质而非智力》认为，从第一手材料直接发掘的真正影响工作业绩的个人条件和行为特征就是素质特征。

美国心理学家斯班瑟1993年对素质给出了一个较完整的定义：所谓素质，是指决定一个人行为习惯和思维方式的内在特质。从广义上还可包括技能和知识。素质是一个人能做什么（技能、知识）、想做什么（角色定位、自我认知）和会怎么做（价值观、品质、动机）的内在特质的组合。

一个人的素质就好比一座冰山，浅层的知识和技能只是露在水面上冰山的一小部分，他的自我认知、动机、个人品质以及价值观这些东西都潜藏在水面以下，

很难判断和识别。其深层面的动机、特质、自我形象、态度或价值观素质，比浅层的知识和技能素质更为重要。素质模型已越来越为企业家所接受和重视。

（三）构建民办高职院校全员育人格局的实现途径

1. 要坚定不移地贯彻从严治院方针

构建民办高职院校全员育人格局，必须认真贯彻从严治院方针，落实人责到位，“实行班主任负责制和老师跟班制”。要从“治校、治教、治学”三个方面着手，制定出《学生工作考核细则》《教学工作考核细则》《行政工作考核细则》，根据责、权、利到位的原则，对各系部从行政、教学、学生管理、经费使用等方面进行考核，建立相关考核台账，考核结果与年终奖挂钩。加强对班主任工作考核，不断提高班主任业务水平。树立正面典型，实行新老班主任传帮带制度，促进教学秩序稳定和各项工作的稳步发展。

2. 切实构建起全员育人机制

民办高职院校的领导必须认真学习领会“学校教育，以人为本；德智体美，以德为先”这一指示精神，坚持以德为先，强化育人意识，完善全员育人机制。

民办高职院校的一切工作要围绕育人这个中心，人人都要参与到育人工作中来。从院长到每一个教职员工都应确定“人人是德育工作者、处处是德育工作阵地、事事是德育工作内容”的新育人观，切实做到教书育人、管理育人、服务育人。要坚持以育人为中心，坚持“招生就业、学生管理、教学工作、行政后勤”四轮驱动。并按照这一要求，构筑起全员育人机制。要根据自身实际积极探索行之有效的全员育人格局，建立由领导、学生管理人员、课任教师、行政人员以及学生干部组成的轮流值日制度。

（四）以就业为导向是构建全员育人格局的根本落脚点

1. 以就业为导向的德育重点

职业教育是以就业为导向的教育，其德育的特色和重点在于以就业为导向，注重职业意识、职业理想、职业道德及就业观、创业观教育。从满足受教育者需求服务出发，引导受教育者把自己的职业生涯发展与全面建设小康社会的经济社会发展融为一体，突出职业教育德育的特色和重点，贴近学生，贴近职业，贴近社会，提高德育的针对性和实效性。为此，职业指导必然成为职业学校德育的重要内涵。

职业指导工作的任务包括教育与援助两方面。其中教育内容涵盖了职业教育德育的重点和特色，而就业援助是为学生就业、创业提供具体的指导和帮助。两方面相互影响，不可割裂。只有真心实意地为学生做好就业、创业指导，并给予必要的帮助，让学生从内心接受职业意识、职业理想、职业道德教育，形成竞争上岗和先立足后发展的就业意识和创业意识，才能把德育工作落到实处，收到实效。

就当前高等职业教育的生源来看，“成功教育”应得到重视。通过职业教育德育的有效载体职业生涯设计引导学生在了解自己、了解社会的基础上调整就业意愿，看到自己的长处和即将从事的职业的发展前景，树立对未来职业生涯发展的信心；看到自己的不足和与即将从事的职业对从业者素质要求的差距，形成自觉提高自己的动力机制。以就业为导向，帮助学生以成功者的心态走上社会，是职业教育德育必须落实的任务。

2. 就业率是全员育人的根本落脚点

学校的核心竞争力就是一所院校的人才培养能力。这种人才培养能力必须放到就业市场上去检验，也是我们办学的最根本目的。人才培养能力主要表现为两方面、四项指标：第一方面即就业率，包括当年就业率和对口就业率两项指标；第二方面即就业质量，包括起点工资高低和就业后的发展前景两项指标。其他的评价指标及其权重，应主要以与这四项指标的相关程度来确定。一所高校培养出来的毕业生受不受社会欢迎，就业率是主要检验指标。就业率越高，说明你培养出来的学生质量好。但这还不够，还要看你毕业生的起点工资。

因此，毕业生的就业率是全员育人的根本目的和落脚点。民办高职院校如果能培养出政治品行良好、技能素质过硬、工作踏实、人格高尚的人才，那么她的明天一定会更加光明灿烂。

第三节　建设特色校园文化

一、引入企业文化，促进民办高职院校校园文化建设

民办高职院校不应该建设像普通高校那种“学术型”的校园文化，而是应该建设一种企业化的校园文化，即为企业服务的“技术型”的校园文化。企业文化对

校园文化建设有巨大的促进作用。

（一）有利于树立产学结合的办学理念

民办高职院校引入企业文化，有利于树立产、学结合的办学理念。

这种办学理念主要体现在以下几个方面：一是树立一种现代开放的办学思想，尽可能利用企业的资源为教学服务。二是始终把为企业培养高技能人才作为主要办学目标。三是积极创造条件，推行产、学、研相结合的办学模式，采用多种形式，实施校企合作。四是树立资本经营观念，像企业那样合理配置和经营教育资源，使其在产、学、研结合中发挥最大作用。

（二）有利于进一步明确办学目标

民办高职院校的人才培养目标是培养生产第一线所需要的高技能人才。因此，民办高职院校的“校园文化”，应注重营造一种像企业一样的氛围，坚持以技能教育为主导的办学思想。教育资源的配置、师资队伍建设、课程体系建设、教育教学手段、考试考核及校园文化活动等诸多方面都要体现技术教育的特点。在校园文化活动方面，要以营造学技能、练技能的学习氛围为主题，践行“技能创业”的教育思想，广泛开展技能创新活动。

当然，不同类型的企业对技术人员有不同的要求。如，工艺美术类企业要求的侧重点在思维创新，研发设计能力突出，社会责任感强；建筑类企业要求有能吃苦耐劳、不怕失败和创业精神强等素质；机电类企业要求有思维严密、办事精确、技术熟练等素质；经营类企业则要求有诚信理念、市场理念、创新理念、竞争理念和良好的沟通能力等。因此，各个专业应该根据不同企业的不同要求，建立起各自的“专业文化”，把相应行业企业需要的不同素质要求贯彻于各专业的教育教学环节中，在教学计划、教学大纲、教学内容、教学方法、考试考核以及学生日常行为管理和文体生活等方面都要体现出对这些专业素质的养成教育。

（三）有利于树立为企业服务的价值标准

校园文化中的价值标准，是指学校全体师生员工对实现培养目标所实施各种活动的意义与重要性的看法与评价，是全体师生员工为人处世及判别是非、好坏、善恶、美丑的价值取向，是他们心理上的约束和行为上的规范。

民办高职院校要确立为企业服务的价值标准，首先要把为企业服务看成是民办高职院校的最大价值取向，培养出来的学生，企业适用不适用、喜欢不喜欢，是衡量民办高职院校办学水平的最重要的标准。坚决克服那种认为高职教育与社会经济发展无关的主观偏见和消极影响。其次，民办高职院校确立的为企业服务的价值标准，要充分体现人本主义，即在各种办学的实践活动中，要时时、处处关心和维护学生和教师的权益，使他们的积极性、主动性和创造性能够得到充分的发挥。

（四）有利于实施企业化管理，培养学生的创新精神

由于高职教育培养的大多是在企业基层从事现场管理的技术人才，从事的是团队型工作，这些工作要求有非常严格的纪律，非常规范的操作和管理，高标准的技术要求和高效率的劳动。因此，在制度与行为上，民办高职院校必须多方面向现代企业学习和借鉴。一是要建立并实施一套完整严格的管理制度，形成严格高效的管理体系。特别是学生管理应与普通高校有较大的不同，在学习及生活纪律方面，应更强调过程的严格管理，培养学生守时、守纪的习惯。二是要培养师生特别是学生的团队合作精神。三是要培养学生的创新精神和创业能力，特别是技术创新的能力。

二、认真开发高职人文素质课程

高职教育的培养目标是一线高技能人才，目前，民办高职院校普遍存在对人文素质教育目标及功能定位把握不准，人文素质教育课程开发迟缓，以及没有把在专业课教学中融入人文素质教育当作一个重要课题来研究等问题。开发高职人文素质课程，必须处理好人文素质培养与技能强化的关系，显性课程开发与隐性课程开发的关系，以及人文素质培养与法制教育、纪律教育的关系。

（一）人文素质培养与技能强化的关系

所谓人文精神，是指在历史中形成和发展，由人类优秀文化积淀凝聚而成的精神，是一种主体内在的精神品格。这种精神品格在宏观层面，体现在民族精神之中；在微观层面，体现在人的气质和价值取向之中。如追求崇高的理想、崇尚优秀道德情操、向往和塑造健全完善的人格、热爱和追求真理及养成和采取科学的思维方式等，都是人文精神的体现。人文素质指一个人称其为人和发展为人才的内在品质。如果说生理机制是一个生命体称其为人的物质条件，那么，人文素质则是决定这个生命体是人还是非人，或是人才还是非人才的最主要的内在因素之一。所以，不少学者认为“人文教育具有基础的地位”。不同的人文素质会有不同的个性表现。可将其大体分为三个层次来比较，即基本层、发展层和高境界。基本层的人文素养

主要表现为珍惜生命，有同情心、羞耻感、责任感，己所不欲，勿施于人，乐于助人，有一定的自制力，做事比较认真，能顺利运用母语，思维顺畅、清楚，有逻辑性和个人见解，言行基本得体，懂得一些文艺基本知识等。发展层的人文素养表现为积极乐观、崇尚仁善、热情助人、热爱生活，有较强的责任感，有明确的奋斗目标和较强的自制力，做事认真，能准确、流畅地运用母语，思维清晰、灵活，逻辑严密，有独到见解，言行得体，有一定文艺特长，会品评高雅艺术等。高境界层次的人文素养则表现为关爱所有生命和自然，有高度的使命感，百折不挠，奋斗不息，能优雅、生动、自如地运用母语和熟练应用一门外语，思维敏捷、深刻，善于创新，言行得体且优雅，有魅力，对艺术有较高的悟性等。人文素质包括的内容还很多，还有许多交叉，例如心理素质、创新素质、管理素质都与人文素质水乳交融。

由于高职教育以培养高技能人才为目标，突出技能培养，在具体教学实践中，人文素质培养与技能强化必定会产生矛盾。如课时的安排、教学计划的实施及师生对课程教学的重视度等，作为高职院校边缘课程的人文素质课程，不可能与处于核心课程的专业技能培养有同等的地位。但应该看到，在具体的就业过程中，一些非技能素质越来越为用人单位所重视，如流畅的语言表达、秀丽的文字书写，特别是恰如其分的交往态度。因此，应该引起高职院校的重视，在培养学生技能素质的同时，也在培养学生人文素质上下一番功夫。

（二）显性课程开发与隐性课程开发的关系

要注重人文素质显性课程的开发。具体地说，在培养目标上要使学生在以下三个层次上有所提高：一是知识层面。要使学生具有比较广博的人文知识面，了解人文方面的基本知识，了解所学专业的历史沿革及在当代社会的发展趋势。二是能力层面。美国著名心理学家葛敦纳认为人的智慧能力由七个方面构成：语文能力、数理能力、空间能力、音乐能力、运动能力、社交能力和自知能力。他认为这七个方面综合起来才能构成真正的智慧。显而易见，其中多种能力与人文修养有关。通过人文素质教育，使学生具备较强的综合能力，有较强的观察分析能力、研究思考能力、语言文字能力、行为组织能力及处理复杂关系的能力。三是修养层面。要使学生具有高度的爱国主义和社会责任感，树立正确的世界观、人生观和方法论，有高尚的精神追求、高雅的生活情趣和健康的审美观点。要使学生懂得学习专业技术中所包含的人文精神。如建筑类专业高职学生，在掌握建筑施工与管理等方面技术的同时，也应该懂得建筑的文化意义和人文精神，从而更加热爱自己的专业，并在今后的实践中，能自觉地为创造更美的建筑而奋斗。人文素质类课程开发可以涵盖以下几个方面的主要内容：一是人文学科的基本知识。根据社会主义市场经济对人才的要求，当前大学生在专业知识以外还应具备经济管理、社会学、法律、当代社会发展状况等各个方面的基本知识。要系统开发相关课程，介绍人文学科主要领域中的基本知识、基本理论和基本方法，使学生有机会了解和掌握立足社会、服务社会所需要的基本知识和技能，力求在知识面的拓宽和综合能力的提高方面有较大的发展。二是树立正确的人生观、世界观和方法论。哲学修养对确立正确的世界观和思维方法，提高学生的全面素质有着十分重要的影响。要开发以马克思主义哲学为核心内容的相关课程，介绍有价值的人类文化遗产和优秀思想，力求使学生对人生、社会等种种现象有正确的认识和把握。三是文学艺术修养。文学艺术教育的主要目的在于陶冶情操和审美情趣。这一教育对学生人文精神的形成具有潜移默化的作用。相关课程要引导学生赏析优秀的文艺作品，使学生学习有关艺术门类的基本技巧，从而具备一定的艺术修养，达到陶冶情操的目的。

隐性课程是现代课程论的重要研究课题。一般认为，“隐性课程”有与“显性课程”相对应的范畴。如果说显性课程是学校教育中有计划、有组织实施的“正式课程”，那么，隐性课程则是学生在学习环境（包括物质环境、社会环境和文化环境）中所学习到的非预期或者非计划性的知识、价值观念，规范和态度。由于我国的高职院校办学历史普遍不长，有特色的校园文化还处在建设阶段，因此高职院校的隐性人文素质课程的开发任务很重。高职院校必须处理好人文素质显性课程与隐性课程的关系，处理好主课堂的主导作用与校园文化大环境协调的关系。在抓好人文素质显性课程系统开发的同时，必须注重校园文化建设等人文素质隐性课程的开发。

（三）人文素质培养与法制教育、纪律教育的关系

人文素质的培养不同于法制教育和纪律教育。人文素质培养起始于人性的自觉，着眼于情感的潜移默化。中国的传统文化中十分重视这一点。他不是强迫你要怎样，而是启发你从心灵深处自悟到应该怎样。虽然有“性善论”“性恶论”之争，但都主张自我修炼，陶冶灵魂，从根本上让人领悟做人的道理。做人的根本在于品质培养，人的言行仪态只是内在的一种反映。由于高职学生的特殊性，大多数高职院校实行的是“严格管理”，比较注重纪律和法制教育，而纪律教育和法制教育都具有刚性。

三、打造民办高职院校文化品牌

（一）民办高职院校文化品牌的打造

第一，要准确定位，这一点非常重要。这要求每一学院要运用比较优势来分析，从办学指导思想，服务对象，社会对人才的需求，学校所处地区经济环境等来进行比较，然后打造与众不同的精品工程。第二，要保持特色，并不断创新、发展与强化特色，以特色带动包括无形资产品牌的核心竞争力的提升。第三，以校园文化为核心，做到物质、制度、精神三结合。物质是指学校的硬件建设，它既是大学生学习、生活、工作的物质基础，又因其蕴含丰富的人文精神和自然美感而成为影响学生思想感情、道德行为、全面素质发展的重要外部力量，它是学校“文化”的一部分。制度是指高职院校在其发展过程中形成的特有管理思想和观念，品牌的各种规章制度应体现一种精神，一种文化。精神文化是校园文化的灵魂和核心，是群体的向心力和凝聚力，是校园群体共有的价值认同、价值取向和行为方式。第四，品牌与服务并进。服务其实也是一种文化行为，通过高超的服务艺术，建立良好的服务理念，并将其转化为能感知的服务措施，可在文化情愫与情感色彩中形成强大的亲和力。

（二）民办高职院校品牌文化的营销

首先是内部对品牌文化的认同。从心理角度看，当内部员工被告知他们的行为将影响品牌文化的发展时，他们会有一种主人翁的感觉，会全力打造品牌的价值。其次是传播。品牌在发展过程中，要进行品牌化营销。它强调办学的历时性、特定的内外部条件相联系的概念，使之成为名副其实的教育品牌。再次是广告宣传。由于学校有限的资源，因此要注意高校品牌广告运作的独特性，找准其中某一点，通过具有创意的设计并加以宣传，最终在社会上树立起良好的形象。最后是体验营销。学校必须创造一种让消费者体验品牌的能力，这是超越电视或印刷广告的。它可以通过校园参观来展示独特的环境，介绍历年的就业情况等，让消费者明白学校品牌所蕴含的文化内涵。

（三）民办高职院校校园文化品位的提升

校园文化建设直接影响到高职人才培养质量，民办高职院校随着办学历史的不断发展，校园文化建设要与时俱进，要不断提升校园文化的品位。本着以学生的内在成才为动力，坚持社会主义性质的主流文化，坚持以科学的理论武装人，以正确的舆论引导人，以高尚的精神塑造人，以优秀的作品鼓舞人，激发他们自觉地为祖国的富强、人民的幸福、人类的进步而积极开拓，奋发努力。要不断创新文化活动，思路上要变中求新意、求精品。内容上要给学生的不仅是知识的补给、情趣的添加和视野的开阔，更是人格的升华和创新能力的提高。方式上，要把校园文化建设的触角延伸至校外，与企业、社区、部队、媒体联“姻”，建立社会实践基地，形成校园、社会互动网络。

四、加强高职院校学生社团建设

学生社团是高校中的非正式群体，是大学生为满足自身心理、情感、文化、生活及社会交际需要而自发建立的，并具有特定目标和一定活动规范的组织。它以自我教育、自我管理和自我服务为宗旨，以丰富课余生活、增长知识、陶冶情操为目的，其最大特点是具有情感的倾向性。加强高职院校学生社团建设，是校园文化建设的题中应有之义，意义十分重大。诚如人们所说：“多一个健康发展的学生社团，就多一块教育的阵地，多一个展示的舞台，多一个创新的堡垒，多一批受益的学生。”

（一）改革课堂教学体制，建立新的素质评价机制，保证学生社团活动的时间和空间

在传统课堂教学体制下，在学习过程中学生往往被通常的思维定式所左右。这样，学生在长年学习中形成盲目迷信书本、迷信教师的状况，严重影响了学生思维的自由发展。高职院校应该优化课堂设置，积极寻找和建立新的学生素质评价体系，给学生留出自主学习的空间，如社团成果学分制的探索及德育综合考评制等，为鼓励和扶持学生社团发展指明方向。

（二）加强学生社团干部队伍建设

社团干部是学生社团的核心，他们的行为影响着社团活动的方向、质量、作用甚至命运。社团凝聚力如何、是否兴旺，与社团负责人的综合素质、工作方法及指导思想等直接相联系。因此，要对学生社团干部进行培训和考核，提高他们的政治思想素质和对社团工作的管理水平，使社团活动更加组织有序，让学生在社团活动中更能操作自如。社团管理中心要建立社团后备干部库，确保学生社团工作的平稳交接，每个社团的主要负责人推荐 2 至 3 名该社团干部后备人选，建立社团负责人例会制度。同时，建立激励约束机制，激发他们搞好社团活动的积极性。必须纠

正一些人的错误动机，强调参加社团不能仅凭兴趣，要促进学习，增强能力，绝不仅仅是为了好玩。制定科学规范的社团工作评价体系，引进激励与淘汰机制，通过评选“精品社团”“优秀社团”“社团工作标兵”等方式对管理有方、工作扎实、富有创新意识的社团及个人给予精神和物质奖励；对不合格的社团进行限期整改，甚至予以撤销，从而促进社团的良性发展。

（三）加强学生社团思想政治工作，营造良好的社团文化

推优和组织活动的规范管理，社团整体功能的发挥，都有待于我们做进一步的探索。团委要引导、鼓励社团团支部定期开展思想政治理论学习和主题团日活动，积极寻找社团自身建设与社团团支部建设的有效结合点，选派优秀团员参加业余党校的学习，提高社团骨干的素质，增强社团团支部的凝聚力和战斗力，使社团成为共青团组织开展思想政治工作的重要阵地。加强学生社团的思想政治工作，应着眼于人的需要、重视人的需要，即体现以学生为本的价值理念。要尊重学生、理解学生、关心学生的主体需要，发展学生的主体能力，培育和塑造学生的主体性人格。要注重思想政治工作载体建设，开展丰富多彩的教育活动，增强教育的主动性。

（四）健全管理机构，完善管理制度

要加强高职学生社团的管理，就必须健全管理机构，完善管理制度。如学生社团组织的审批程序、社团组建的原则、社团组织设置的基本要求、社团活动评价方法等。要规范好各学生社团组织的章程。学生社团章程一般应有宗旨（性质、目的、意义）、主要任务、成员加入和退会的条件、主要活动方式、组织机构的设置及负责人的推选办法，对成员参加活动的要求和纪律条例及活动资金的筹集与管理办法等。

五、突出服务功能，加快民办高职院校图书馆发展

在我国，“服务第一，读者至上”的图书馆办馆宗旨早已深入人心。为读者提供充分的个性化的知识信息服务，满足他们对知识信息的需求，赢得较高“读者满意度”，是图书馆工作的目标。而作为我国高等学院图书馆事业的一个组成部分的民办高职院校图书馆要达到这个目标，必须结合自身的独特背景，从各馆的实际出发，发挥馆员的创造力，充分利用馆内外的信息资源，才能使图书馆的发展与学校的发展甚至是企业的壮大紧密相连，提高图书馆的价值。

（一）建设实用的有特色的文献信息资源

文献信息资源是图书馆提供信息服务的基础，所以，民办高职院校图书馆必须重视对它的建设和完善。在知识信息时代，以计算机和网络技术为主的信息技术和通信技术的飞速发展和广泛应用不仅改变了图书馆的传统服务方式和服务手段，转变了图书馆的形象和理念，更为重要的是使图书馆突破了馆舍空间和纸质文献的限制，与世界共享庞大的信息资源。民办高职院校图书馆应该从本馆实际出发，有计划、有步骤地建设一个比例合理的纸质文献与非书资源（包括数字资源）并存的复合型文献信息资源，其中要重视数字资源如数据库、电子书籍等的引进或自建工作，为加大服务广度，提升服务品质创造条件。

民办高职院校专业设置灵活多变，能够把握住市场发展趋势来调整教学方案，培养市场急需的人才。因此，民办高职院校图书馆应该以建设实用型图书馆为主要目标，不可盲目追求藏书的大而全，而是要根据学校的专业设置和发展重点及时调整采购方案，满足读者的需求。同时，民办高职院校图书馆应该重视特色馆藏的建设，支持专业化人才的培养和企业发展重点的建设。特色馆藏的建设，应该包括相关的图书、报刊和数据库，国内外的主要专业刊物等。民办高职院校图书馆不仅应是教学的第二课堂，更应该成为专业人才培养的阵地。

（二）利用现有馆藏，开展深入的信息服务

要利用现有馆藏开展深入的信息服务，目前主要应做好以下几项工作。

1. 要利用现有馆藏开展深入的信息服务

要重视馆藏资源的“深加工”和网上资源的整合。民办高职院校图书馆馆员应该充分发挥积极性，在调查主要读者群的信息需求的基础上，利用图书馆拥有的丰富的图书报刊和各种网上资源，有针对性地开展二、三次文献和专题信息的服务。如对馆藏专业文献进行选择、收集和加工，通过编制书目、文摘、述评和综述等多途径利用文献资源。结合专业设置和教学任务，收集网上的相关信息，为教师学生提供实用的基础知识和最前沿的发展动态等。又如充分发挥专业优势，为相关行业提供生产动态、技术发展等信息。

2. 利用现有条件，开展各种活动，吸引读者利用图书馆资源

图书馆不仅仅是读书的场所，更是读者相互交流和学习的场所。图书馆应该利用其拥有的良好设施，多为读者开办多样化的讲座、报告会、交流会等。如毕业

生辅导咨询会、不同年级学生交流会和各种读书会，丰富读者的生活，又如有计划地开展为相关企业员工送书活动等，都能调动读者利用图书馆的积极性，更大程度地实现图书馆的价值。

3. 与教师、企业合作，加强企业与学生的交流，使图书馆成为连接学校和企业的纽带，为学生创造更多与社会面对面的机会

民办高职院校图书馆应该与学校的教师和相关企业合作，从理论和实践两个方面为学生提供更多专业学习的机会。可以通过邀请企业家或企业的技术专家来馆开展专题讲座，举办教师、学生、企业三方专业研讨和就业讨论等形式，提高学生的社会适应能力。这是易于施行的方式，而且能极大地体现图书馆的价值，使其成为民办高职院校的又一亮点。

（三）树立合作发展观，增强信息服务能力

知识是全人类的财富，图书馆是全人类的事业，文献信息资源的共建共享可以增强图书馆的信息服务能力。民办高职院校图书馆也不能囿于一校一馆，要从时代特点出发，从周围环境出发，来考虑图书馆建设。例如，可以与毗邻的公共图书馆或学校图书馆进行数字资源的共建共享，与对口专业图书馆或者大型企业建立信息共享的项目等。江西“蓝天职业技术学院”图书馆与江西省图书馆合作，挂“江西省图书馆蓝天职业技术学院分馆”牌子，开创了全国省级图书馆与民办高职院校合作的先河，同时也为民办高职院校图书馆创新办馆模式和提高信息服务能力做了有益的尝试。

结语

在我国的教育体系中，高职院校占据着重要的地位，因为其承担着为国家和社会培养应用型、复合型人才的重任。特别是党的十八大以来，党中央把职业教育摆在突出位置，使得高职院校的作用和价值更加凸显。随着经济社会发展对人才的需求越来越大，高职院校为了满足形势不断扩大办学规模，这对高职院校的管理提出了更高的要求，创新教育管理模式势在必行。另外，随着素质教育的深入，高职教育在历经多年的洗涤与发展之后，前景一片光明。为了促进高职教育更加健康持久地发展，做到与时代同行，打上时代的标签，满足学生与社会的需求，使其具有时代的特色，必须在原有的基础上优化创新管理教育模式，实现理念创新、功能管理创新、模式创新，提高高职院校的教育管理水平，在管理实践中实现更好的人才培养效益。

参考文献

[1] 赵宗尹，杨泉良. 高职教育管理与校园文化建设研究 [M]. 济南：山东大学出版社，2007.
[2] 蒋洁. 高职教育管理创新论 [M]. 长春：吉林大学出版社，2007.
[3] 仲耀黎. 高职院校教育教学管理 [M]. 北京：中国科学技术大学出版社，2010.
[4] 杨家坤. 高等职业教育管理研究 [M]. 长春：吉林人民出版社，2012.
[5] 郭玉梅. 高等职业教育实践教学管理研究 [M]. 北京：中国农业大学出版社，2009.
[6] 何向荣. 高职教育创新创业研究 [M]. 上海：上海交通大学出版社，2014.
[7] 杨为群，董新伟. 高等职业教育学校管理 [M]. 大连：东北财经大学出版社，2004.
[8] 周建松. 高等职业教育质量管理理论与实践 [M]. 杭州：浙江大学出版社，2007.
[9] 欧阳丽. 高等职业教育与管理研究 [M]. 长春：吉林大学出版社，2013.
[10] 张建羽. 高等职业教育教材管理概论 [M]. 哈尔滨：黑龙江教育出版社，2007.
[11] 都本伟. 高职教育创新与实践 [M]. 大连：东北财经大学出版社，2003.
[12] 谢一风. 高职教育教学改革与实践 [M]. 北京：经济管理出版社，2006.
[13] 周建松. 高职教育规范与创新研究 [M]. 杭州：浙江大学出版社，2005.
[14] 李贤瑜，邱小林，彭跃红. 高职教育新体系的研究与实践 [M]. 南昌：江西高校出版社，2006.
[15] 高林，鲍洁. 高等职业教育专业课程体系改革与创新 [M]. 北京：人民邮电出版社，2009.
[16] 董步学. 高等职业教育学 [M]. 南昌：江西高校出版社，2006.
[17] 李玉春. 高职教育的新探索 [M]. 广州：暨南大学出版社，2011.
[18] 李全文. 高职教育改革的理论与实践 [M]. 西安：电子科技大学出版社，2011.
[19] 温景文. 现代高职教育观念与文化建设探论 [M]. 沈阳：沈阳出版社，2005.
[20] 王琦，陈云涛. 文化自觉：高职教育可持续发展 [M]. 杭州：浙江大学出版社，

2008.
[21] 贺亮明 . 企业参与高职教育发展的有效机制研究 [M]. 成都：西南交通大学出版社 , 2011.
[22] 李秋华, 王振洪 . 构建高职教育校企利益共同体育人机制 [M]. 北京: 西苑出版社, 2011.
[23] 刘晓欢 , 向丽 . 高职教育人才培养研究专论 [M]. 天津：天津大学出版社 , 2013.
[24] 王琦 . 高职教育文化的建构 [M]. 杭州：浙江工商大学出版社 , 2012.
[25] 侯元 . 高职教育改革与探索 [M]. 呼和浩特：内蒙古教育出版社 , 2010.
[26] 魏晓锋 , 盛建军 , 张敏珠 . 高职教育产、学合作机制研究 [M]. 苏州：苏州大学出版社 , 2012.
[27] 王庆杰 . 高职教育发展新视野 [M]. 北京：光明日报出版社 , 2012.
[28] 许华春 . 民办高职院校管理创新论 [M]. 杭州：浙江大学出版社 , 2007.
[29] 陈贵虎 . 高职院校的学生管理与创新 [M]. 北京：中国戏剧出版社 , 2013.